HOLT, RINEHART AND WINSTON

Retrato.

de Hispanoamérica

Eugenio Florit

Barnard College

Beatrice P. Patt

Queens College

03-017135-0
Printed in the United States of America
4567   090   9876

 Advertencia

El propósito del presente volumen es ofrecer al estudiante un resumen de la cultura hispanoamericana condensado en 20 capítulos y tres breves resúmenes referentes a las Bellas Artes. Hemos tratado de centrar cada capítulo en una figura representativa de modo que al estudiar sus escritos se pueda tener una idea, aunque aproximada y desde luego fragmentaria, de su época. La obra aparece dividida en tres partes principales, al final de cada una de las cuales colocamos el resumen artístico correspondiente. Así, la primera parte comprende un tema inicial sobre el mundo prehispánico y siete capítulos en los que se presenta a los personajes que hicieron historia y literatura durante los siglos XVI y XVII. El primer resumen corresponde a la Arquitectura, estudiada en conjunto, desde sus orígenes en el Nuevo Mundo hasta el presente.

La segunda parte la forman textos de historia y literatura del siglo XIX que se refieren a las guerras de independencia, personalizadas en Bolívar, y a los hombres de letras que con mayor brillantez ilustran esa época. No es preciso decir que hemos tenido que prescindir de algunas personalidades representativas, o de algunos hechos sociales e históricos capitales como por ejemplo, la *Reforma* en México, con su figura principal, Benito Juárez, a cuya memoria deseamos rendir el merecido homenaje. Como segundo resumen presentamos ahora un capítulo sobre pintura y escultura.

Y por fin, en la tercera parte aparecen algunas figuras importantes de los tiempos modernos, desde José Martí, el apóstol de la independencia de Cuba, hasta Francisco Romero, el filósofo argentino contemporáneo, dando como tercer resumen un cuadro general de la música hispanoamericana.

ADVERTENCIA

En algunos casos damos textos íntegros; pero en la mayoría hemos tenido que limitarnos a ofrecer fragmentos, los que nos han parecido más significativos para explicar la vida, el carácter, o la obra de una figura determinada. De todos modos, confiamos en que al hacerlo así, el estudiante podrá apreciar algunos valores de nuestra historia y nuestra cultura y ello tal vez incite su curiosidad y lo lleve a otras lecturas más amplias. Si logramos ese propósito, nos consideraremos ampliamente satisfechos.

Algunos nombres de escritores que aparecen en el texto van seguidos de un asterisco, para indicar que en la página 235 puede hallarse información complementaria sobre ellos.

La intención de los editores fue, desde luego, incluir en este libro una personalidad tan importante como Gabriela Mistral, Premio Nobel de Literatura de 1945. Dificultades relacionadas con los derechos de autor nos han impedido hacerlo, cosa que lamentamos sinceramente.

Damos las gracias a los autores que nos han permitido reproducir fragmentos de sus obras.

E. F.

Nueva York, 1962   B. P. P.

Contenido

Retratos de Hispanoamérica

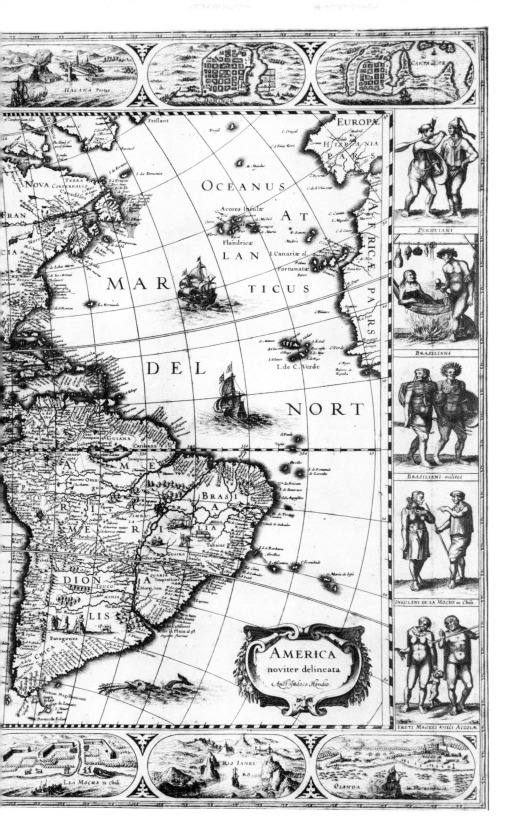

Prefacio

El profesor de la Universidad de Yale, José Juan Arrom, en un reciente estudio titulado « Hispanoamérica : carta geográfica de su cultura », que con su permiso nos permitimos reproducir, dice en parte :

Hispanoamérica es, ante todo, una variada geografía en la cual
5 vive y se afana una comunidad de pueblos de una insoslayable unidad cultural. El convencimiento de que formamos una sola comunidad cultural no es nuevo. Lo tenían los colonizadores, que pasaban de una región a otra de las tierras recién descubiertas sin sentir que trasponían los límites de lo que se llamó, con toda razón,
10 el Nuevo Mundo. Lo tenían los libertadores que iban, como San Martín, de la Argentina a Chile, y de Chile al Perú, llamando en sus proclamas a todos los habitantes « mis paisanos »; o como Bolívar, cruzando ríos y escalando sierras para libertar desde Venezuela hasta Bolivia, porque sentía, como lo declara en su Carta de Jamaica, que

5

« somos un pequeño género humano... No somos indios ni europeos, sino ... americanos ». O como Martí, el último de los libertadores, para quien « del río Bravo a la Patagonia somos un solo pueblo ». Y el mismo convencimiento lo tenemos hoy todos los que hemos visto más allá del limitado horizonte de nuestro terruño natal. 5

Políticamente, es cierto, estamos fragmentados en un puñado de repúblicas que sobre el mapa parecen, como ha señalado Arciniegas, pedacitos de papel de distintos colores. Pero no hay que equivocarse : ese conglomerado de repúblicas forma una sola comunidad histórica, lingüística y cultural. Constituímos, como alguien nos ha 10 llamado con áspera razón, los Estados Desunidos de América. Sólo que ni estamos tan desunidos como nuestros enemigos quieren ni tan unidos como nos exige ya nuestro futuro de hombres libres.

Ahora bien, unidad no es uniformidad, meta peligrosa que resulta en pueblos despersonalizados. Dentro de nuestra orgánica unidad 15 cabe también la diversidad. Desde los inicios de la colonia, factores tales como el clima de una región, la presencia de metales preciosos, la densidad de población indígena, las inmigraciones subsiguientes y hasta el grado de sosiego político, han ido paulatinamente elaborando cierta matización regional que, por lo demás, no destruye 20 la superior unidad del conjunto. Así tenemos que, aun dentro de un mismo país, se dan esos matices regionales.

Pasa después Arrom a estudiar esa matización dentro de algunos países y procede a establecer seis zonas principales para el estudio de nuestra cultura, que serían : México y la América Central ; las islas 25 (Cuba, Santo Domingo y Puerto Rico) ; las naciones que formaban el antiguo virreinato de Nueva Granada, es decir, Colombia y Venezuela ; los países que formaron el antiguo Tahuantinsuyo incaico (Ecuador, Perú y Bolivia) ; Chile, entre la cordillera y el mar ; y finalmente las tres repúblicas rioplatenses (Argentina, Uruguay y Paraguay). Y agrega : 30

Esas seis zonas, empero, no quedan delimitadas por líneas profundas que separan como si fueran abismos. Al contrario : las líneas son tenues y van precisamente por donde aquellas zonas se funden y se confunden. Nos hallamos, en realidad, ante un maravilloso mural de dimensiones continentales, al cual, para observarlo de cerca y 35 con mayor detenimiento, queremos reducir a secciones abarcables por nuestra vista. Olvidar el diseño general sería perder el concepto del conjunto y engañarnos con una perspectiva falsa.

Así concebidas estas fajas o porciones de matización, podemos aplicarlas no sólo al teatro, sino a la poesía, al ensayo y, especialmente, a la novela y el cuento, pues en ellos es donde con mayor abundancia de pormenores se refleja el medio, tanto el geográfico o primario, como el social o secundario.

La segunda parte del ensayo que comentamos estudia con algún detalle las características y la producción literaria de cada una de esas seis zonas; pero al llegar a la cuarta, hagamos, con el autor, el viaje a pie, y reproduzcamos sus palabras :

Pasemos de la tercera a la cuarta zona, y crucemos la frontera a pie, como lo hice yo en uno de mis viajes por aquella región. Del lado de Colombia hay un pueblecito, Ipiales, de mayor resonancia en las letras ecuatorianas que en las colombianas, porque allí escribió sus más fuertes panfletos el prosista máximo del Ecuador, Montalvo. Y del lado de Ecuador hay otro pueblecito, Rumichaca, separado del primero por una pequeña quebrada. Políticamente pasa por allí la línea divisoria. Pero la naturaleza misma lo contradice : con elocuente ironía ha dejado sobre la quebrada un puente natural de roca. A un lado del puente un aduanero colombiano me dijo : « Su pasaporte, señor! » Le puso un cuño y me lo devolvió con un « Muchas gracias ». Di algunos pasos y el aduanero ecuatoriano me dijo : « Su pasaporte, señor ». Puso un cuño y me lo devolvió con otro « Muchas gracias ». Y habiendo cumplido ambos con su deber, volvieron al puente a seguir conversando como de costumbre, en la misma lengua, en el mismo tono, como si no hubiese pasado nada, o nadie. Mientras un mozo volvía a cargar mis maletas en el automóvil para seguir viaje pensé yo : « Así son las barreras políticas que nos dividen. »

Y así son, agregamos nosotros, las barreras culturales. Con todas sus diferencias y peculiaridades, que son muchas, Hispanoamérica es una, y así esperamos que continúe siendo. Una unión libre de repúblicas libres y de hombres libres en esta parte del planeta que es nuestra América.

PREFACIO

I

LOS PRIMITIVOS

Los pueblos que habitaban este Continente antes de 1492, año del Descubrimiento, tuvieron diferentes grados de cultura y tres o cuatro de ellos, por lo menos, llegaron a adquirir un alto nivel de civilización. Las artes plásticas, la arquitectura, y ciertas manifestaciones de carácter literario de los pueblos maya (Yucatán y Guatemala), incaico [5] (la región que hoy ocupan las repúblicas del Perú, Bolivia y parte del Ecuador), y azteca (la meseta mexicana) son muy admiradas en la actualidad, y cada vez más estudiadas y mejor interpretadas.

Cada una de esas culturas principales podría caracterizarse por ciertos rasgos que se advierten en sus artes plásticas; así, tanto la [10] arquitectura como la escultura mayas demuestran una gran elaboración de los elementos decorativos, junto con una delicada representación de la figura humana. Tanto es ello así,[1] que el arte maya ha sido llamado alguna vez el « barroco »[2] de la América prehispánica.[3]

El primer imperio maya estaba situado en Petén[4] hasta el siglo VIII [15] de nuesta era, y después de un período de decadencia y otro segundo imperio que aparece hacia el siglo X, esta cultura se disgrega y casi

---

[1] *tanto es ello así* — so much so, that.
[2] From 650 to 1000 A.D. Mayan art is ornate and flamboyant, in a way reminiscent of the baroque style characteristic of the arts in Europe in the seventeenth and eighteenth centuries.
[3] *prehispánica* refers to the period before the Spanish conquest.
[4] *Petén (El)* — the first Mayan center, located in northern Guatemala.

desaparece en el siglo XV. Las ruinas de varias « ciudades » mayas, que más bien eran centros religiosos, como Palenque, Uxmal, Copán, Chichén Itzá, o Tikal,[5] revelan un conocimiento perfecto de las leyes de la arquitectura, planificación y emplazamiento de edificios; mientras que, por otra parte, su calendario indica que estudiaban los eclipses y las variaciones de los planetas y las estrellas. Poseían instrumentos astronómicos superiores a los asirios y los egipcios, y usaban el *cero* en sus cómputos.[6] Uno de los descubrimientos más recientes en relación con el pueblo maya ha sido el de Bonampak, cerca de Chiapas, en los límites con Guatemala,[7] realizado en 1946 por el Profesor Giles G. Healy, y que reveló la existencia de ocho templos y muchas ruinas más, y pinturas murales muy bien conservadas, en las que se representan ceremonias, batallas, procesiones, instrumentos musicales y otros detalles curiosos. Se supone que todo ello corresponde al siglo VII de nuestra era.

[5] *Palenque* — a great center of the ancient Mayan empire, discovered in the jungles of Chiapas (Mexico) in 1773; *Uxmal* stone city in Yucatán; *Copán* the most southerly of the important Mayan cities, situated in what is now Honduras; *Chichén Itzá* in Yucatán, sacred city of the Maya and a center of pilgrimage; it is particularly notable for its great pyramid of Kukulcán (The Plumed Serpent); *Tikal* largest of the Mayan cities, known for the number of its monuments and the quality of its wood carvings.
[6] The ancient Hindus and Arabs used only nine elements in their system of numerals. The Arabs did not begin to use the zero until the ninth century.
[7] *en los límites con* — on the border of.

Uxmal

Teotihuacán

En México existieron muchos y diversos pueblos y culturas antes de llegarse a la de los aztecas, que aparece en el siglo XIV. Tenemos las culturas arcaicas, caracterizadas por el uso del *jade* y el estilo llamado « olmeca »;[8] y sobre todo, en el siglo VI la de Teotihuacán,[9] con sus famosas pirámides y templo de Quetzalcoatl, la serpiente emplu- 5 mada.[10] Tras el imperio tolteca,[11] y su decadencia, se forma el imperio de los aztecas, pueblo enérgico y guerrero del norte del país, que en 1325 funda Tenochtitlán.[12] Desde esa fecha a 1519 —llegada de Hernán Cortés— es decir, en menos de dos siglos, los aztecas se convirtieron en el pueblo más importante de la América del Norte, con un arte 10 inspirado por los toltecas, pero al que ellos dieron su vigor. Un arte piramidal y escultórico presidido por la muerte en diferentes manifestaciones, por ejemplo, la de la diosa Coatlicue.[13] Ese culto los llevó a realizar algunas de sus obras más artísticas, como el cráneo de cristal de roca que se reproduce. La frecuencia de los sacrificios humanos 15 como práctica religiosa es característica de este pueblo.

[8] Jade came from the Mayan highlands, and constituted a Mayan symbol; the Olmecas were the northern neighbors of the Mayas.

[9] *Teotihuacán*, located northeast of Mexico City, was the capital of the Toltecs from 200 B.C. to 900 A.D.

[10] *Quetzalcoatl*, the plumed serpent, was the culture hero of the Toltecs; at first priest and ruler, he subsequently became divine. Kukulcán, the plumed serpent god of the Mayas, is identified with the Toltec Mexican Quetzalcoatl.

[11] The Toltecs were established in the valley of Anáhuac (Mexico) to the north of the Maya. Their decline had already set in by 1200 A.D., at which time the Aztecs were beginning to emerge as a tribe.

[12] Tenochtitlán = Mexico City. Tenochtitlán meant Place-of-the-Tenochas. The descendants of the northern tribes called themselves « tenochas »; the name « Aztec » does not seem to have been applied to them before the Spanish conquest.

[13] *Coatlicue* was the Aztec goddess of death.

Templo de Quetzalcoatl, Teotihuacán

Los aztecas no tenían un idioma común, y su organización era más bien de tipo feudal, aunque ya en la época de la conquista española estaban adquiriendo más unidad y conformación de imperio. Se han salvado, por la transcripción posterior, numerosos ejemplos de su poesía tanto épica como lírica. Y entre todos sus poetas ha llegado 5 hasta nosotros un nombre: Netzahualcoyotl, el rey de Texcoco,[14] que vivió hacia 1467 y que fue autor de unos poemas de tono elegíaco y profético muy notables, como el que reproducimos a continuación.

Quien vió la casa y corte del anciano Tezozomoc y lo florido y poderoso que estaba[15] su tiránico imperio, y ahora lo ve tan mar- 10 chito y seco, sin duda creería que siempre se mantendría en su ser y esplendor, siendo burla y engaño lo que el mundo ofrece, pues todo se ha de acabar y consumir.

Lastimosa cosa es considerar la prosperidad que hubo durante el gobierno de aquel caduco monarca, que semejante al árbol, 15 anunciado de codicia y ambición[16] se levantó y señoreó sobre los débiles y humildes; prados y flores le ofreció en sus campos la primavera por mucho tiempo que gozó de ellos; mas, al fin, car-comido y seco, vino el huracán de la muerte, arrancándolo de cuajo, lo rindió, y hecho pedazos cayó al suelo. 20

Ni fué menos lo que sucedió a aquel antiguo rey Cozaztli, pues ni quedó memoria de su casa y linaje. ¿ Quién, pues, habrá, por duro que sea, que notando esto no se deshaga en lágrimas, puesto que la abundancia de las ricas y variadas recreaciones viene a ser como ramilletes de flores, que pasan de mano en mano, y al fin, todas se 25 marchitan y deshojan en la presente vida ?

(Traducido al castellano por don Fernando de Alva Ixtlixóchitl, descendiente de los reyes de Texcoco, que nació hacia 1568)

[14] *Texcoco* — city-state on the Mexican mainland, facing Tenochtitlán.
[15] *lo florido ... que estaba* — how flourishing and powerful was (Tezozomoc was the King of Texcoco, who died in 1427).
[16] *anunciado ... ambición* — displaying greed and ambition.

LOS PRIMITIVOS   **12**

Sacsahuaman, Cuzco

Y la tercera de las grandes civilizaciones prehispánicas, que como sabemos es la de los incas, estaba centrada en el Cuzco, ciudad fundada en el siglo XII en el Perú; había llegado a un gran desarrollo territorial y se extendía por gran parte de Suramérica, entre Ecuador y el norte de Chile.

Pero antes de este pueblo, tenemos las ruinas de Tiahuanaco,[17] en las alturas de los Andes, como su monumental puerta del Sol; y noticias de dos civilizaciones de la costa: una al norte, la llamada Chimu,[18] que se distingue especialmente por su cerámica, y otra al sur, la Nazca,[19] que produjo pirámides truncadas, cerámica y tejidos notables. La alfarería Chimu, por ejemplo, reproduce, con vivos colores, formas estilizadas de hombres y animales.

[17] *Tiahuanaco.* The empire of Tiahuanaco was the dominant civilization of Peru and Bolivia from 1000 to 1300 A.D. Their stonework was particularly notable.
[18] The Chimu empire (1000-1476 A.D.) overlaps that of Tiahuanaco.
[19] *Nazca.* This culture is one of the earlier, pre-Inca civilizations, probably belonging to the period between 400 and 1000 A.D.

LOS PRIMITIVOS

Los incas produjeron una arquitectura sólida, de carácter ciclópeo y de formas sencillas y duraderas, de las que nos quedan entre otras, las famosas ruinas de Machu Picchu en los Andes del Perú; también tenían artes suntuarias[20] y decorativas, con trabajos de plata y oro, tejidos y arte plumario.[21] A diferencia de otras civilizaciones indígenas, el pueblo incaico había llegado a una concepción casi monoteísta, en religión; teniendo un dios último, apenas nombrable,[22] Pachacamac, y como padre de su estirpe y linaje, al Sol, al que adoraban en sus grandes templos.

También fueron maestros en la construcción de caminos y puentes, algunos de los cuales se usan hoy día, y tuvieron una organización social muy desarrollada y un sistema de gobierno, de leyes y costumbres de un gran sentido moral.

[20] *artes suntuarias* — purely decorative, rather than functional art.
[21] *arte plumario* — the art of feather « weaving ». (The feathers are arranged in a color pattern to form a mosaic).
[22] *apenas nombrable* — whose name could scarcely be invoked.

Machu Picchu

14

En todas esas culturas existían, como vemos, arquitectura, escultura, alfarería, artes decorativas, teatro, baile, canciones, según lo conocemos por el testimonio de los conquistadores y misioneros y por los propios indígenas que en muchas ocasiones escribieron los recuerdos de épocas pasadas.

La obra más importante de todas ellas es el libro llamado *Popol Vuh*, que quiere decir « Libro del consejo », o « Libro del común »,[23] del cual Hubert Howe Bancroft,* escribe :

> De todos los pueblos americanos, los quichés[24] de Guatemala son los que nos han dejado el más rico legado mitológico. Su descripción de la creación, según aparece en el *Popol Vuh*, que puede llamarse el libro nacional de los quichés, es, en su ruda y extraña elocuencia y poética originalidad, una de las más raras reliquias del pensamiento aborigen.
>
> *(The Native Races)*

Se trata, en efecto, de una serie de narraciones mitológicas escritas por mano india pero ya con influencia europea, entre los años 1554 y 1558. En ellas se presenta un cuadro muy completo « de las tradiciones populares, creencias religiosas, emigraciones y desarrollo de las tribus indígenas que poblaron el territorio de la actual Guatemala después de la caída del Viejo Imperio maya », según expresa Adrián Recinos.*

Para dar un ejemplo del carácter de esta obra reproducimos un fragmento de su capítulo primero, que trata de la creación del mundo y que, desde luego, contiene bastante semejanza con nuestro libro del Génesis.

Esta es la relación de cómo todo estaba en suspenso, todo en calma, en silencio; todo inmóvil, callado, y vacía la extensión del cielo.

Esta es la primera relación, el primer discurso. No había todavía un hombre, ni un animal, pájaros, peces, cangrejos, árboles, piedras, cuevas, barrancas, hierbas ni bosques; sólo el cielo existía.

* Véase página 235 para más detalles acerca de los personajes marcados con asteriscos.
[23] *Book of the Council* or *Book of the Community*.
[24] *quiché* is the name applied to the Guatemalan Indians and also to their language.

No se manifestaba la faz de la tierra. Sólo estaban el mar en calma y el cielo en toda su extensión. No había nada junto, que hiciera ruido, ni cosa alguna que se moviera, ni se agitara, ni hiciera ruido en el cielo.

No había nada que estuviera en pié; sólo el agua en reposo, el 5 mar apacible, solo y tranquilo. No había nada dotado de existencia.

Solamente había inmovilidad y silencio en la oscuridad, en la noche. Sólo el Creador, el Formador, Tepeu, Gucumatz,[25] los Progenitores[26] estaban en el agua rodeados de claridad. Estaban ocultos bajo plumas verdes y azules, por eso se les llamaba Gucumatz.[27] 10 De grandes sabios, de grandes pensadores es su naturaleza. De esta manera existía el cielo y también el Corazón del Cielo, que éste es el nombre de Dios y así es como se llama.

Llegó aquí entonces la palabra, vinieron juntos Tepeu y Gucumatz, en la oscuridad, en la noche, y hablaron entre sí Tepeu y Gucumatz. 15 Hablaron, pues, consultando entre sí y meditando; se pusieron de acuerdo, juntaron sus palabras y su pensamiento. Entonces se manifestó con claridad, mientras meditaban, que cuando amaneciera debía aparecer el hombre. Entonces dispusieron la creación y crecimiento de los árboles y los bejucos y el nacimiento de la vida 20 y la creación del hombre. Se dispuso así en las tinieblas y en la noche por el Corazón del Cielo, que se llama *Huracán*.[28] [...]

Entonces vinieron juntos Tepeu y Gucumatz; entonces conferenciaron sobre la vida y la claridad, cómo se hará para que aclare y amanezca,[29] quién será el que produzca el alimento y el sustento. 25

— ¡Hágase así! ¡Que se llene el vacío![30] ¡Que esta agua se retire y desocupe el espacio, que surja la tierra y que se afirme! ¡Que aclare, que amanezca en el cielo y en la tierra! No habrá gloria ni grandeza en nuestra creación y formación hasta que exista la criatura humana, el hombre formado. Así dijeron. Luego la tierra 30 fué criada por ellos. Así fué en verdad como se hizo la creación de la tierra:

[25] In Part III, Chapter I of the *Popol Vuh*, Tepeu and Gucumatz are called the Forefathers, the Creators and Makers: « y dijeron los Progenitores, los Creadores y Formadores, que se llaman Tepeu y Gucumatz... ».

[26] The *Progenitores* or Forefathers are further identified as « those who conceive and give birth » and « those who beget the children » or, to put it simply, as the Great Mother and the Great Father.

[27] *Gucumatz* is the plumed serpent which lives in the water. The name is derived from « kuk » (the green feathers of the quetzal) and « cumatz » (serpent). Gucumatz is the Quiché version of Quetzalcoatl.

[28] *Huracán* is one of the three elements comprising the Heart of Heaven. The word variously suggests leg, lightning, a giant, among other things. From this word is derived the word « hurricane » in English as well as in other European languages.

[29] *cómo se hará ... amanezca* — what could be done to bring about the dawning of day.

[30] *Hágase ... Que ...* — Indirect commands, translated as « let ».

— ¡Tierra!, dijeron, y al instante fué hecha.

Como la neblina, como la nube y como una polvareda fué la creación, cuando surgieron del agua las montañas; y al instante crecieron las montañas.

5 Solamente por un prodigio, sólo por arte mágica se realizó la formación de las montañas y los valles; y al instante brotaron juntos los cipresales y pinares en la superficie.

[...] Primero se formaron la tierra, las montañas y los valles; se dividieron las corrientes de agua, los arroyos se fueron corriendo
10 libremente entre los cerros, y las aguas quedaron separadas cuando aparecieron las altas montañas.

Así fué la creación de la tierra, cuando fué formada por el Corazón del Cielo, el Corazón de la Tierra, que así son llamados los que primero la fecundaron, cuando el cielo estaba en suspenso y la
15 tierra se hallaba sumergida dentro del agua.

Así fué como se perfeccionó la obra, cuando la ejecutaron despúes de pensar y meditar sobre su feliz terminación.

El ensayista y poeta guatemalteco Luis Cardoza y Aragón,* resume así algunas características del *Popol Vuh:*

20 El *Popol Vuh* es el libro fundamental, la Biblia de nosotros, hijos del maíz.[31] [...] Por su fabulación, el *Popol Vuh* no pierde, ni en las versiones menos felices, su poder de encantamiento. Como la Biblia, es un conjunto de textos sagrados y profanos, con proporciones heroicas, en donde fermentan dioses, hombres y animales, en un ámbito
25 mágico que envuelve el origen del mundo, del hombre y de los dioses. Mito, leyenda, historia: edades en la mente del hombre. [...] El Popol Vuh cuenta el Diluvio, la destrucción de los primeros hombres, la creación de los buenos y definitivos, hechos con maíz blanco y maíz amarillo. [...] La obra es prodigiosa en lo germinal y telúrico,
30 en la lucha entre los hombres de la muerte y las tinieblas —los de Xibalbá[32]— y los primeros hombres de la vida. La dualidad del bien y el mal, cielo e infierno, día y noche, se debate a lo largo de su párvulo fluir nocturno. Poesía densa y bullente, refinada y brutal. Hombres dioses y dioses hombres, con ritmo de obsesión mágica,
35 recorren el amanecer del sueño y el tiempo, creando y destruyendo mundos. [...]

---

[31] *hijos del maíz.* According to the *Popol Vuh* (Part III, Chapter I) the first four men, the so-called leaders, were created out of a paste made of corn. These four men were the forefathers of the quichés.

[32] *Xibalbá.* The quichés believed Xibalbá to be a subterranean region inhabited by the enemies of man.

II

CRISTÓBAL COLÓN, el descubridor
(1451-1506)

Cristóbal Colón era un genovés al servicio de España. Bajo la protección de los Reyes Católicos[1] emprendió el viaje hacia occidente que dió como resultado final el descubrimiento y la colonización del Nuevo Mundo. La fecha del descubrimiento —la llegada a la isla de Guanahaní, en el archipiélago de las Bahamas,[2] que Colón denominó [5] San Salvador, el 12 de octubre de 1492—, es conmemorada anualmente en todo el mundo de habla española[3] como uno de los acontecimientos más importantes de la historia de la humanidad.

Su hijo don Hernando nos lo describe así:

> El Almirante fué hombre bien formado y de estatura más que [10] mediana, la cara larga, los pómulos algo salientes, sin declinar a gordo ni macilento.[4] Tenía la nariz aguileña, los ojos garzos, la color[5] blanca y encendida. En su mocedad tuvo los cabellos rubios, pero cuando llegó a los treinta años, todos se le pusieron blancos. En el comer y el beber, y en el adorno de su persona, era muy [15] comedido y modesto. Afable en la conversación con los extraños y muy agradable con los de casa, si bien con modesta gravedad. Fué tan observante en las cosas de la religión que podría tenérsele por profeso[6] en la manera de observar los ayunos y de rezar el oficio divino. Fué tan enemigo de juramentos y blasfemias que yo juro [20] que jamás le oí echar otro juramento que por San Fernando. Y cuando más airado se hallaba con alguno, su represión era decirle « de vos a Dios ¿ por qué hiciste o dijiste esto? »

> (*Vida del Almirante*)

---

[1] *Los Reyes Católicos* — The Catholic Sovereigns, the title given to King Ferdinand of Aragon (1452-1516) and Queen Isabella of Castile (1479-1516).
[2] San Salvador, now the island of Watling.
[3] *en todo el mundo de habla española* — everywhere in the Spanish-speaking world.
[4] *sin declinar a gordo ni macilento* — inclined neither toward stoutness nor to leanness.
[5] *la color* — In modern Spanish *color* is masculine.
[6] *podría tenérsele por profeso* — one might take him for a monk.

Cristóbal Colón con su familia

Por su parte, Fray Bartolomé de las Casas[7] completa este retrato físico, y agrega otros rasgos de su carácter, diciendo:

> Fué varón de grande ánimo, esforzado, de altos pensamientos, inclinado naturalmente, a lo que se puede colegir de su vida y hechos y escrituras y conversación, a acometer hechos y obras 5 egregias y señaladas; paciente y muy sufrido, perdonador de las injurias, y que no quería otra cosa, según de él se cuenta, sino que conociesen los que le ofendían sus errores y se le reconciliasen los delincuentes[8]; constantísimo y adornado de longanimidad en los trabajos y adversidades que le ocurrieron siempre, las cuales fueron 10 increíbles e infinitas, teniendo siempre gran confianza de la Providencia divina, y verdaderamente, a lo que de él entendí, y de mi mismo padre, que con él fué cuando tornó con gente a poblar esta Isla Española[9] el año 93, y de otras personas que le acompañaron y otras que le sirvieron, entrañable fidelidad y devoción tuvo y 15 guardó siempre a los reyes.[10]
>
> *(Historia de las Indias)*

Además de su *Diario de viaje*, los documentos que más nos sirven para conocer a Cristóbal Colón son sus cartas escritas entre los años 1493 a 1504 y de las cuales ha dicho don Marcelino Menéndez y Pelayo* que por todas razones; « por el interés científico, por el interés 20 literario y por el interés moral, [...] son su primera y su mejor historia ». En una de ellas, de 1501, dirigida a los Reyes Católicos, les cuenta de su vida como navegante:

> Muy altos Reyes: De muy pequeña edad entré en la mar, navegando, y lo he continuado hasta hoy. La misma arte inclina, a quien la 25 prosigue, a desear saber los secretos de este mundo. Ya pasan de cuarenta años que yo soy en este uso.[11] Todo lo que hasta hoy se navega he andado. Trato y conversación he tenido con gente sabia, eclesiásticos y seglares, latinos y griegos, judíos y moros, y con otros muchos de otras sectas. A este mi deseo hallé a Nuestro 30

---

[7] Fray Bartolomé de las Casas (1474-1566), whose *Historia de las Indias* and *Relación de la destrucción de las Indias* constitute an ardent defense of the Indians and a harsh criticism of their treatment at the hands of the conquistadores.

[8] *no quería ... delincuentes* — all he wanted, according to stories told about him, was that those who offended him should recognize their mistakes, and that the guilty become reconciled with him.

[9] *Isla Española* = Hispaniola (now Santo Domingo and Haiti).

[10] *entrañable ... reyes* — The order is « tuvo y guardó siempre entrañable fidelidad y devoción a los reyes ».

[11] *Ya pasan ... uso* — I have been doing this for more than forty years.

9

Colón llega al Nuevo Mundo

Señor muy propicio, y hube de El para ello espíritu de inteligencia. [12]
En la marinería me hizo abundoso; de astrología me dió lo que bastaba, y así de geometría y de aritmética, e ingenio en el ánima y manos
para dibujar esta esfera, y en ella las ciudades, ríos y montañas,
5 islas y puertos, todo en su propio sitio. En este tiempo he yo visto
y puesto estudio en ver [13] todas escrituras: cosmografía, historias,
crónicas y filosofía y de otras artes, de forma que me abrió Nuestro
Señor el entendimiento con mano palpable, a que era hacedero navegar [14] de aquí a las Indias, y me abrasó la voluntad para la ejecu-
10 ción de ello, y con este fuego vine a Vuestras Altezas. Todos aquellos
que supieron de mi empresa, con risa y burlando la negaban. Todas
las ciencias que dije no aprovecharon, ni las autoridades de ellas.
En sólo Vuestras Altezas quedó la fe y constancia.

[12] *A este... inteligencia* — I found that God favored my desires, and I was endowed
with the talent to pursue them. (The next sentence illustrates the gifts given Columbus
by God).
[13] *he yo visto ... en ver* — I have seen and have made an effort to examine.
[14] *de forma que... hacedero navegar* — with the result that God clearly enlightened me with
the knowledge that it was feasible to sail.

CRISTÓBAL COLÓN, EL DESCUBRIDOR

ENOR por que se que aureis plazer dela grand vitoria que nuestro señor me ha dado en mi viaje vos escriuo esta por la ql sabreys como en veinte dias pase A las indias cō la armada q los illustrissimos Rey e Reyna nros señores me dieron dōde yo falle muy muchas Islas pobladas cō gente sin numero: y dellas todas he tomado posesion por sus altezas con pregon y vādera rreal estendida y non me fue cōtradicho Ala primera q yo falle pose nombre sant saluador a comemoracion desu alta magestat el qual marauillosamente todo esto andado los indios la llaman guanaham Ala segūda pose nombre la isla de santa maria deconcepcion ala tercera ferrandina ala quarta la isla bella ala quita la Isla Juana e asi a cada vna nombre nueuo Quando yo llegue ala Juana segui io la costa della al poniente yla falle tan grande q pense que seria tierra firme la prouincia de catayo y como no falle asi villas y lugares enla costa dela mar saluo pequeñas poblaciones con la gente delas quales no podia hauer fabla por q luego fuyan todos: andaua yo a delante por el dicho camino pēsando deuo errar grādes Ciudades o villas y al cabo de muchas leguas visto q no hauia inouaciō i que la costa me leuaua alsetētriō de adōde mi voluntad era cōtraria porq el yuierno era ya encarnado yo tenia proposito de hazer del al austro y tan bien el viēto medio adelāte determine deno aguardar otro tiēpo y bolui atras fasta vn señalado prieto de adōde ēbie dos hōbres por la tierra para saber si hauia Rey o grādes Ciudades ādoui erō tres iornadas yhallarō ifinitas poblaciōes pequeñas i gēte si numero mas no cosa de regimiēto por lo qual se boluierō yo entēdia harto de otros indios q ia tenia tomados como cōtinuamēte esta tierra era Isla e asi segui la costa della al oriēte ciento i siete leguas fasta dōde fazia fin del qual cabo vi otra Isla al oriēte disticta de esta diez o ocho leguas ala qual luego pose nombre la spañola y fui alli y segui la parte del scentrion asi como dela iuana al oriente. clxxviii grādes leguas por linea recta del oriēte asi como dela iuana la qual y todas las otras sō fortissimas en demasiado grado y esta en estremo en ella ay muchos puertos enla costa dela mar si cōparaciō de otros q yo sepa en cristianos y fartos rrios y buenos y grandes q es marauilla las tierras della sō altas y ē ella muy muchas sierras y mōtañas altissimas si cōparaciō de la isla te cētre fre tōdas fermosissimas de mil fechuras y todas ādabiles y llenas de arbol s de mil maneras i altas i parecen q llega al cielo i tēgo por dicho q iamas pierdē la foia segun lo puede cōprēder q los vi tā verdes i tā hermosos como sō por mayo en spaña i dellos staua floridos dellos cō fruto i dellos en otro termino segū es su calidad i cātaua el rui señor i otros pa xaricos de mil maneras en el mes de nouiēbre por alli dōde 10 ādaua ay palmas de seis o de ocho maneras q es admiracion vellas por la diformidad fermosa dellas mas asi como los e otros arboles y frutos eyeruas en ella ay pinares amarauilla eay cāpiñas grādissimas eay mi el i de muchas maneras de aues y frutas muy diuersas enlas tierras ay muchas minas de metales eay gēte istimabile numero La spañola es marauilla la sierras ylas mōtañas y las vegas ilas campiñas y las tierras tan fermosas ygruesas para plantar ysēbrar pacriar ganados de todas suertes para hedificios de villas elugares los puertos dela mar aqui no hauria chencia sin vista y delos rios muchos y grandes y buenas aguas los mas delos quales traē oro ē los arboles y frutos e yeruas ay grandes differencias de aquel las dela iuana en esta ay muchas specierias y grandes minas de oro y de otros metales. La gente desta isla y de todas las otras q he fallado y hauido: ni aya hauido noticia andan todos desnudos hōbres y mugeres asi como sus madres los parē aun que algunas mugeres se cobriā vn solo lugar cō vna foia de yeruao vna cosa de algodō quepa ello fazen ellos no tienen fierro ni azero ni armas ni sō aqllo no por que no sea gente bien dispuesta y de fermosa estatura saluo que sō muy temarauilla no tiene otras armas saluo las as delas cañas quando cōla simiente e qual ponen al cabo vn palillo agudo eno osan vsar deaqllas que vezes me eibio embiar anora dos otres hōbres alguna villa pa hauer fabl iuize

Todo ello indica que, si bien Colón no sospechó la existencia de este continente, sí tenía la certidumbre[15] de que, por ser la tierra redonda, se podía, navegando siempre al oeste, llegar al Asia, que fué lo que creyó siempre. En su *Diario de viaje* escribe, el 24 de octubre :

5 Esta noche a media noche levanté las anclas de la Isla Isabela[16] para ir a la isla de *Cuba*, a donde oí de esta gente que era muy grande y de gran trato, y había en ella oro y especierías y naos grandes y mercaderes; y me mostró que al Oestesudoeste iría a ello, y yo así lo tengo, porque creo que es así como por señas que me hicieron to-
10 dos los indios de estas islas y aquellos que llevo yo en los navíos, porque por lengua no los entiendo, es la isla de *Cipango*[17], de que se cuentan cosas maravillosas, y en las esferas que yo vi y en las pinturas de mapamundos es ella en esta comarca...

Por otra parte, también el Almirante supo ver la naturaleza de los
15 nuevos países descubiertos, y fijarse en las gentes que los poblaban:

...y seguí la parte del septentrión así como de la *Juana* (Cuba) al oriente ciento setenta y ocho grandes leguas por vía recta del Oriente así como de la *Juana*, la cual y todas las otras son fortísimas en demasiado grado, y ésta en extremo;[18] en ella hay muchos puertos en la
20 costa de la mar sin comparación de otros que yo sepa en cristianos, y hartos ríos y buenos y grandes que es maravilla :[19] las tierras de ellas son altas y en ellas muchas sierras y montañas altísimas [...] todas hermosísimas, de mil hechuras, y todas andables[20] y llenas de árboles de mil maneras y altos, y parecen que llegan al cielo; y
25 tengo por dicho que jamás pierden la hoja[21] según lo que puedo

[15] *sí tenía la certidumbre* — he was sure.
[16] *Isla Isabela.* Columbus found five islands on his first voyage which he named San Salvador, Santa María de Concepción, Fernandina, Isabela, and Juana (Cuba).
[17] *y me mostró... Cipango* — and they showed me that by steering west-south-west I would arrive there, and that is my opinion too, for I was given to believe by the signs made to me by both the Indians of these islands and those I carry on board (since I don't understand their language) that it is the island of Cipango. Cipango was the ancient name for Japan.
[18] *y seguí... en extremo.* In the section immediately preceding, Columbus writes that first he had followed the coast of Juana (Cuba) eastward to its very end. Then, from that point he sighted another island which he called *Española.* He then went to the latter island and "I followed its northern coast as I had followed that of Juana, for 178 long leagues due east; this island and all the others are extremely fertile, and this one is particularly so..."
[19] *sin comparación... maravilla* — incomparably superior to the seaports in Christian countries, and so many good, big rivers that it is truly astonishing.
[20] *todas andables* — all of them accessible.
[21] *tengo por dicho... hoja* — I hear that they never lose their foliage.

CRISTÓBAL COLÓN, EL DESCUBRIDOR

comprender, que los vi tan verdes y tan hermosos como son por Mayo en España. De ellos[22] están floridos, de ellos con fruto, y de ellos en otro término[23] según su calidad: y cantaba el ruiseñor y otros pájaros de mil maneras, en el mes de Noviembre por allí donde yo andaba. Hay palmas de seis o de ocho maneras, que es admiración verlas por la diformidad[24] hermosa de ellas, mas así como los otros árboles[25] y frutos y hierbas: en ella hay pinares a maravilla, y hay campiñas grandísimas, y hay miel, y de muchas maneras de aves y frutas muy diversas. En las tierras hay muchas minas y hay gente en inestimable número. [...]

La gente de esta isla y de todas las otras que he hallado y he habido noticia,[26] andan todos desnudos, [...] No tienen hierro ni acero: armas, ni son para ello; no porque no sea gente bien dispuesta y de hermosa estatura, salvo que son muy temerosos a maravilla.[27] No tienen otras armas salvo las armas de las cañas cuando están con la simiente,[28] a la cual ponen al cabo un palillo agudo, y no osan usar de aquellas: que muchas veces me acaeció enviar a tierra dos o tres hombres a alguna villa para haber habla, y salir a ellos de ellos sin número, y después que los veían llegar huían a no aguardar padre a hijo;[29] y esto no porque a ninguno se haya hecho mal, antes a todo cabo adonde yo haya estado y podido haber habla,[30] les he dado de todo lo que tenía así paño como otras cosas muchas, sin recibir por ello cosa alguna, mas son así temerosos sin remedio. Verdad es que después que se aseguran y pierden este miedo ellos son tanto sin engaño y tan liberales de lo que tienen, que no lo creerá sino el que lo viese.[31] Ellos de cosa que tengan pidiéndosela jamás dicen de no[32]; antes convidan a la persona con ello y muestran tanto amor que

---

[22] *De ellos* — some.
[23] *en otro término* — in another stage.
[24] *diformidad* — diversity, variety.
[25] *mas así ... árboles* — but the same is true of the other trees.
[26] *y he habido noticia* — and (of which) I have heard.
[27] *No tienen... a maravilla* — They have neither iron nor steel; they are scarcely apt to bear arms, not because they are either not fit or not of handsome stature, but because they are remarkably timid.
[28] *cañas... simente* — canes, cut during seeding time.
[29] *que muchas veces... padre a hijo* — it often came about that I sent two or three men ashore to some village to communicate with them, and countless people came out to meet the men, but after they saw them approach they ran away so fast that parents didn't even wait for their children.
[30] *antes... habla* — rather, wherever I've been and have been able to communicate with them.
[31] *Verdad es... viese* — It is true that after they feel safe and lose their fear they are so guileless and generous with all their possessions, that one would have to see it to believe it.
[32] *Ellos... no* — No matter what they are asked for, they never say no.

darían los corazones, y cualquier cosa de valor, aunque sea de poco
precio, luego por cualquiera cosa de cualquiera manera que sea
que se les dé por ello son contentos.[33] Yo defendí que no se les diesen
cosas tan ceviles[34] como pedazos de escudillas rotas y pedazos de
5 vidrio roto y cabos de agujetas: aunque cuando (a) ellos esto
podía llegar les parecía haber[35] la mejor joya del mundo. [...] Y
daba yo graciosas mil cosas buenas que yo llevaba porque tomen
amor y allende esto se harán cristianos, que se inclinan al amor y
servicio de sus Altezas[36] y de toda la nación castellana; y procurar
10 de ayudar y nos dar de las cosas que tienen en abundancia que
nos son necesarias y no conocían ninguna secta ni idolatría, salvo

[33] *luego por... contentos* — then, no matter what they're given in exchange, they are satisfied.
[34] *cevil* — niggardly, worthless.
[35] *haber = tener.*
[36] *y daba yo... sus Altezas* — and I gave them many of the fine things I had with me in order that they might like us, and, further, that they might become Christians and be inclined to love and serve Your Highnesses.

que todos creen que las fuerzas y el bien es en el cielo;[37] y creían muy firme que yo con estos navíos y gente venía del cielo y en tal acatamiento me reciben en todo cabo después de haber perdido el miedo.[38] Y esto no procede porque sean ignorantes, salvo de muy sutil ingenio, y hombres que navegan todas aquellas mares, que es   5 maravilla la buena cuenta que ellos dan de todo, salvo que nunca vieron gente vestida ni semejantes navíos.[39] Y luego que llegué a las Indias, en la primera isla que hallé, tomé por fuerza algunos de ellos para que aprendiesen y me diesen noticia de lo que había en aquellas partes; y así fué que luego entendieron y nosotros a ellos cuando   10 por lenguas[40] o señas, y estos han aprovechado mucho; hoy en día los traigo que siempre están de propósito que vengo del cielo por mucha conversación que hayan habido conmigo.[41] Y estos eran los primeros a pronunciarlo[42] adonde yo llegaba, y los otros andaban corriendo de casa en casa, y a las villas cercanas con voces altas[43]   15 « Venid a ver a la gente del cielo ». Y así todos, hombres como mujeres, después de haber el corazón seguro de nos, vinieron que no quedaba grande ni pequeño que todos traían algo de comer y de beber,[44] que daban con un amor maravilloso. [...]

(Carta a Luis de Santángel, escribano de los Reyes Católicos, del 15 de febrero de 1493.)

[37] *y no conocían... cielo* — and they have no religious beliefs nor do they worship idols, but they all believe that heaven is the source of power and good.

[38] *y en tal acatamiento... miedo* — and it is with this belief that they receive me everywhere, once they have lost their fear.

[39] *Y esto no procede. porque sean ignorantes... salvo que nunca vieron gente vestida ni semejantes navíos* — And this has come about not because they are ignorant... but because they had never seen people in clothes nor had thay ever seen such ships. The intervening phrases and clauses, from *salvo de* to *dan de todo* are parenthetical.

[40] *lengua* — interpreter.

[41] *hoy en día... conmigo* — I have them with me still, and they are still convinced that I came from heaven, despite all the conversations they have had with me.

[42] *pronunciar = anunciar.*

[43] *con voces altas* — in loud voices.

[44] *Y así todos... beber* — And so everybody, men and women alike, once their minds were set at rest concerning us, came out without exception, old and young, and everybody brought us something to eat and to drink.

CRISTÓBAL COLÓN, EL DESCUBRIDOR   **26**

POR CASTILLA Y POR LEON

NUEVO MUNDO HALLÒ COLON

.S.
.S. A .S.
X M Y
XPO FERENS

III

HERNÁN CORTÉS, el conquistador
(1485-1547)

La conquista de México es uno de los hechos más audaces de la historia, y Hernán Cortés, que la llevó a cabo, un extraordinario personaje. Estudió en la Universidad de Salamanca, en su España natal, y más tarde se embarcó para el Nuevo Mundo, tomando parte en la conquista de Cuba, y en 1511 fue secretario del Gobernador de la isla, Diego 5 Velázquez. Pocos años más tarde, contrariando las órdenes del propio Velázquez, organizó una expedición que salió de allí el 10 de febrero de 1519 y que llegó a la costa de México, en donde fundó la ciudad de Veracruz. Desde entonces, ayudado por las tribus de indios que lo recibieron como un defensor contra Moctezuma[1], que amenazaba 10 su independencia, hace un fantástico viaje hasta la ciudad de Tenochtitlán (hoy México); se apodera de ella y de su rey; organiza su gobierno en ella; es rechazado por las fuerzas aztecas y tiene que retirarse de la ciudad la noche del 30 de junio de 1520, llamada por ese motivo la

---

[1] *Moctezuma or Montezuma* (1466-1520) became Emperor of Mexico in 1502; his despotism soon earned the enmity of some of his subjects, who presently took the opportunity to undermine his authority by allying themselves with Cortés.

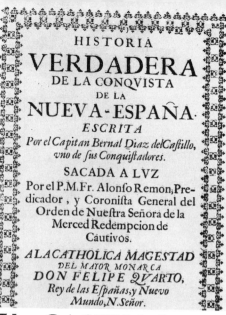

HISTORIA
VERDADERA
DE LA CONQVISTA
DE LA
NUEVA-ESPAÑA.
ESCRITA
Por el Capitan Bernal Diaz delCaſtillo,
vno de ſus Conquiſtadores.
SACADA A LVZ
Por el P.M.Fr. Alonſo Remon,Pre-
dicador , y Coroniſta General del
Orden de Nueſtra Señora de la
Merced Redempcion de
Cautivos.
ALACATHOLICA MAGESTAD
DEL MAYOR MONARCA
DON FELIPE QVARTO,
Rey de las Eſpañas,y Nuevo
Mundo,N.Señor.

y BERNAL DÍAZ DEL CASTILLO,
su cronista
(1495?-1584)

« Noche Triste », hasta que reorganiza sus tropas y vuelve a tomar la ciudad el año siguiente. El Emperador Carlos V[2] le otorga el título de Marqués del Valle y en 1541 regresa a España, donde falleció en 1547, cuando pensaba en volver a México.

5   No es posible hablar de la conquista de México sin recordar al más importante de todos sus cronistas : Bernal Díaz del Castillo, soldado de Cortés y fiel y cuidadoso reseñador de sus campañas. Su « *Verdadera Historia de la Conquista de la Nueva España* » es un libro ya clásico. Se caracteriza su autor por su honradez, objetividad, espíritu de justicia
10 e imparcialidad. El libro, publicado por primera vez en Madrid en 1632, ha sido traducido a varios idiomas. Bernal Díaz del Castillo murió en Guatemala en 1584. De esa obra damos dos fragmentos : un retrato de Hernán Cortés, y el relato de la entrada solemne y triunfal de los españoles en la ciudad de Tenochtitlán.

---

[2] Charles V (1500-1558), grandson of the Catholic Sovereigns, King of Spain from 1516 to 1555, and elected Holy Roman Emperor in 1519.

Cortés y Montezuma

Retrato de Hernán Cortés

Fué de buena estatura y cuerpo, y bien proporcionado y membrudo, y la color de la cara tiraba algo a cenicienta, y no muy alegre, y si tuviera el rostro más largo, mejor le pareciera, y era en los ojos en el mirar algo amorosos, y por otra parte graves[3]; las barbas tenía algo prietas y pocas y ralas, y el cabello, que en aquel tiempo se usaba, de la misma manera que las barbas,[4] y tenía el pecho alto y la espalda de buena manera, y era cenceño y de poca barriga y algo estevado, y las piernas y muslos bien sentados; y era buen jinete y diestro de todas armas, así a pié como a caballo, y sabía muy bien menearlas, y, sobre todo, corazón y ánimo, que es lo que hace al caso.[5] Oí decir que cuando mancebo en la isla Española,[6] fué algo travieso sobre mujeres,[7] y que se acuchilló algunas veces con hombres esforzados, y diestros, y siempre salió con victoria; y tenía una señal de cuchillada cerca del bezo de abajo que si miraban bien en ello se le parecía,[8] mas cubríaselo con las barbas, la cual señal le dieron cuando andaba en aquellas cuestiones.[9] En todo lo que mostraba, así en su presencia como en pláticas y conversación, y en comer y en el vestir, en todo daba señales de gran señor. [...]

Era de muy afable condición con todos sus capitanes y compañeros, especial[10] con los que pasamos con él de la isla de Cuba la primera vez, y era latino,[11] y oí decir que era bachiller en leyes, y cuando hablaba con letrados u hombres latinos, respondía a lo que le decían en latín. Era algo poeta, hacía coplas en metros y en prosas, y en lo que platicaba lo decía muy apacible y con muy buena retórica. [...][12]

[3] *y si tuviera... graves* — he would have looked better if his face had been longer; and the expression of his eyes was both mild and sober.

[4] *que en aquel... las barbas* — worn in the fashion of the day, was like his beard.

[5] *que es lo que hace al caso* — which is what counts.

[6] *Isla Española* — Hispaniola, now Santo Domingo and Haiti.

[7] *fué algo travieso sobre mujeres* — he was a bit of a woman-chaser.

[8] *que si... parecía* — which could be seen if one looked carefully.

[9] *la cual... cuestiones* — which scar he received in one of those affairs of his (referring to his quarrels over women).

[10] *especial = especialmente.*

[11] *latino* — Latinist.

[12] *y en lo... retórica* — and whenever he conversed his tone was mild and his manner of expression excellent.

HERNÁN CORTÉS, EL CONQUISTADOR

Luego otro día de mañana partimos de Estapalapa,[13] muy acompañados de aquellos grandes caciques que atrás he dicho;[14] íbamos por nuestra calzada adelante, la cual es ancha de ocho pasos, y va tan derecha a la ciudad de México, que me parece que no se torcía
5 poco ni mucho, y puesto que es bien ancha, toda iba llena de aquellas gentes que no cabían, unos que entraban en México y otros que salían,[15] y los indios que nos venían a ver, que no nos podíamos rodear de tantos que vinieron,[16] porque estaban llenas las torres y cúes[17] y en las canoas y de todas partes de la laguna,[18] y no era
10 cosa de maravillar, porque jamás habían visto caballos ni hombres como nosotros. Y de que vimos cosas tan admirables no sabíamos que decir, o si era verdad lo que por delante parecía, que por una parte en tierra había grandes ciudades, y en la laguna otras muchas, y veíamoslo todo lleno de canoas, y en la calzada muchas puentes[19]
15 de trecho a trecho, y por delante estaba la gran ciudad de México; y nosotros aún no llegábamos a cuatrocientos soldados, y teníamos muy bien en la memoria las pláticas y avisos que nos dijeron los de Guaxocingo y Tlaxcala y de Tamanalco,[20] y con otros muchos avisos que nos habían dado para que nos guardásemos de entrar en
20 México, que nos habían de matar desde que dentro nos tuviesen. Miren los curiosos lectores si esto que escribo si había bien que ponderar en ello ¿qué hombres (ha) habido en el Universo que tal atrevimiento tuviesen?[21]

[13] *Estapalapa or Iztapalapa* — a city on Lake Texcoco, with a causeway leading to Tenochtitlán; now a southern suburb of Mexico City.
[14] *que atrás he dicho* — In Chapter 87 Bernal Díaz describes how Moctezuma had sent his nephew Cacamatzín to welcome Cortés, and how the Spaniards were received by the lords of Cuitlahuac and Culuacán (Coyoacán), who were also relatives of the Emperor.
[15] *toda iba llena... salían* — it was overcrowded with people who were entering or leaving Mexico City.
[16] *que no nos... vinieron* — that we could not move in the crush.
[17] *cúes* — temples (pyramidal buildings used for sacrificial worship). The singular is *cu*.
[18] Mexico City (Tenochtitlán) was situated at that time in the middle of Lake Texcoco. It was accessible to land travelers via causeways from the mainland. Bernal Díaz mentions three such causeways, leading from Estapalapa, Tacuba, and Tepeaquilla (Guadalupe).
[19] *puente* is now masculine.
[20] Cortés and his men had stayed in Guaxocingo, Tlaxcala and Tamanalco (towns lying to the east of Mexico City in the vicinity of modern Puebla) on the way to Tenochtitlán and had been warned by the chiefs that the city was strongly defended and full of warriors.
[21] *Miren... tuviesen?* — Let interested readers consider if what I write here is not food for thought; have there ever been men in the entire world to display such daring?

BERNAL DÍAZ DEL CASTILLO, EL CRONISTA

muy ricas mantas fobre fi, con galania, y libreas diferenciadas las de los vnos Caciques á los otros, y las calçadas llenas dellos, y aquellos grandes Caciques embiaua el gran Monteçuma delante á recebirnos: y affi como llegauan delante de Cortès, dezian en fus lenguas, que fueffemos bien venidos, y en feñal de paz tocauan con la mano en el fuelo, y befauan la tierra con la mefma mano. Affi que eftuuimos detenidos vn buen rato, y defde alli fe adelantaron el Cacamacan, feñor de Tezcuco, y el feñor de Iztapalapa, y el feñor de Tacuba, y el feñor de Cuyoacan á encontrarfe con el gran Monteçuma, que venia cerca en ricas andas acompañado de otros grandes feñores, y Caciques, que tenian vaffallos: è ya que llegauamos cerca de Mexico, adonde eftauan otras torrecillas, fe apeò el gran Monteçuma de las andas, y traianle del braço aquellos grandes Caciques debaxo de vn Palio muy riquiffimo á marauilla, y la color de plumas verdes con grandes labores de oro, con mucha argenteria, y perlas, y piedras chalchihuis, que colgauan de vnas como bordaduras, que huuo mucho que mirar en ello: y el gran Monteçuma venia muy ricamente atauiado fegun fu vfança, y traia calçados vnos como cotaras, que affi fe dize lo que fe calçan, las fuelas de oro, y muy preciada pedreria encima en ellas: è los quatro feñores que le traian del braço, venian con rica manera de veftidos á fu vfança, que parece fer fe los tenian aparejados en el camino, para entrar con fu feñor, que no traian los veftidos con que nos fueron á recebir: y venian fin aquellos grandes feñores, otros grandes Caciques, que traian el Palio fobre fus cabeças, y otros muchos feñores que venian delante del gran Monteçuma barriendo el fuelo, por donde auia de pifar, y le ponian mantas, porque no pifaffe la tierra. Todos eftos feñores, ni por penfamiento le mirauan á la cara, fino los ojos baxos, è con mucho acato, excepto aquellos quatro deudos, y fobrinos fuyos, que le lleuauan del braço. E como Cortès viò, v entendiò, è le dixeron que venia el gran Monteçuma, fe apeò del cauallo, y defque llegó cerca de Monteçuma, á vna fe hizieron grandes acatos, el Monteçuma le diò el bien ve-

Señores de vaffallos, q̃ falieró á recebirlos.

Sale á las puertas de Mexico Monteçuma.

Grandeza cõ que venia.

nido, è nueftro Cortès le refpondiò con Doña Marina, que él fueffe el muy bien eftado. E parèceme que el Cortès con la lengua Doña Marina, que iba junto á Cortès, le daua la mano derecha, y él Monteçuma no la quifo, è fe la diò á Cortès: y entonces facó Cortès vn collar que traia muy amano de vnas piedras de vidrio, que ya he dicho que fe dizen margaritas, que tienen dentro muchas colores, è diuerfidad de labores, y venia enfartado en vnos cordones de oro con almizque, porque dieffen buen olor, y fe le echò al cuello al gran Monteçuma, y quando fe lo pufo, le iba á abraçar, y aquellos grandes feñores que iban con el Monteçuma, detuuieron el braço á Cortès, que no le abraçaffe; porque lo tenian por menofprecio: y luego Cortès con la lengua Doña Marina le dixo, que holgaua agora fu coraçon en auer vifto vn tan gran Principe, y que le tenia en gran merced la venida de fu perfona á le recebir, y las mercedes que le haze á la contina. E entonces el Monteçuma le dixo otras palabras de buen comedimiento, è mandó á dos de fus fobrinos de los que le traian del braço, que era el feñor de Tezcuco, y el feñor de Cuyoacan, que fe fueffen con nofotros, hafta apofentarnos: y el Monteçuma con los otros dos fus parientes Cuedlauaca, y el feñor de Tacuba, que le acompañauan, fe boluiò á la Ciudad, y tambien fe boluieron con èl todas aquellas grandes Compañias de Caciques, y Principales, que le auian venido á acompañar: è quando fe boluian con fu feñor, eftauamoslos mirando, como iban todos los ojos pueftos en tierra, fin miralle, y muy arrimados á la pared, y con gran acato le acompañauan: y affi tuuimos lugar nofotros de entrar por las calles de Mexico, fin tener tanto embaraço. Quien podra dezir la multitud de hombres, y mugeres, y muchachos, que eftauan en las calles, è açuteas, y en Canoas en aquellas acequias, que nos falian á mirar? Era cofa de notar, que agora que lo eftoy efcriuiendo, fe me reprefenta todo delante de mis ojos, como fi ayer fuera quando efto paffò, y confiderada la cofa, y gran merced que Nueftro Señor Jefu-Chrifto nos hizo, y fue feruido de darnos gracia, y esfuerço

Quifo Cortès abraçar á Mõteçuma, y no le confintieron, y porque.

La reuerencia con que affiftian á Mõteçuma aquellos grãdes feñores.

Ya que llegábamos cerca de México, adonde estaban otras torrecillas, se apeó el gran Montezuma de las andas, y traíanle de brazo aquellos grandes caciques, debajo de un palio muy riquísimo a maravilla, y el color de plumas verdes con grandes labores de oro,
5 con mucha argentería y perlas y piedras chalchiuis,[22] que colgaban de unas como bordaduras, que hubo mucho que mirar en ello.[23] Y el gran Montezuma venía muy ricamente ataviado, según su usanza, y traía calzados unos como cotaras, que así se dice lo que se calzan;[24] las suelas de oro y muy preciada pedrería por encima de
10 ellas; y los cuatro señores que le traían de brazo venían con rica manera de vestidos a su usanza, que parece ser se los tenían aparejados en el camino para entrar con su señor, que[25] no traían los vestidos con los que nos fueron a recibir, y venían, sin aquellos cuatro señores, otros cuatro grandes caciques que traían el palio sobre sus
15 cabezas, y otros muchos señores que venían delante del gran Montezuma, barriendo el suelo por donde había de pisar, y le ponían mantas por que no pisase la tierra. Todos estos señores ni por pensamiento le miraban en la cara, sino los ojos bajos y con mucho acato, excepto aquellos cuatro deudos y sobrinos suyos que lo
20 llevaban de brazo. Y como Cortés vió y entendió y le dijeron que venía el gran Montezuma, se apeó del caballo, y desde que llegó cerca de Montezuma, a una se hicieron grandes acatos.[26] [...] Y entonces sacó Cortés un collar que traía muy a mano de unas piedras de vidrio, que ya he dicho que se dicen margaritas,[27] que
25 tienen dentro de sí muchas labores y diversidad de colores y venía ensartado en unos cordones de oro con almizque por que diesen buen olor, y se le echó al cuello al gran Montezuma, y cuando se le puso le iba (a) abrazar, y aquellos grandes señores que iban con Montezuma detuvieron el brazo de Cortés que no lo abrazase,
30 porque lo tenían por menosprecio.

Y luego Cortés con la lengua doña Marina[28] le dijo que holgaba ahora su corazón en haber visto un tan gran príncipe, y que le tenían en gran merced la venida de su persona a recibirle y las mer-

---

[22] *chalchiuis* — a type of emerald.

[23] *que colgaban... en ello* — which hung from something that resembled embroideries that was truly marvelous to behold.

[24] *traía calzados... lo que se calzan* — he was wearing a sandal-like shoe, *cotaras* as they are called here.

[25] *que = porque.*

[26] *a una... acatos* — they both showed mutual reverence.

[27] *margaritas*, as described throughout the chronicle by Bernal Díaz, are glass stones rather than pearls.

[28] *lengua* — interpreter. Doña Marina was a Spanish-speaking Indian woman who accompanied Cortés.

BERNAL DÍAZ DEL CASTILLO, EL CRONISTA

cedes que le hacía a la contina.[29] Entonces Montezuma le dijo otras palabras de buen comedimiento, y mandó a dos de sus sobrinos de los que le traían de brazo, que era el señor de Tezcuco y el señor de Cuyuacán,[30] que se fuesen con nosotros hasta aposentarnos, y Montezuma con los otros dos parientes, Cuedlavaca[31] y el señor de Tacuba, que le acompañaban, se volvió a la ciudad; y también se volvieron con él todas aquellas grandes compañías de caciques y principales que le habían venido a acompañar; y cuando se volvían con su señor estábamoslos mirando cómo iban todos los ojos puestos en tierra,[32] sin mirarle, y muy arrimados a la pared, y con gran acato le acompañaban; y así tuvimos lugar nosotros de entrar[33] por las calles de México sin tener tanto embarazo.

Quiero ahora decir la multitud de hombres y mujeres y muchachos que estaban en las calles y azoteas y en canoas en aquellas acequias que nos salían a mirar. Era cosa de notar, que ahora que lo estoy escribiendo se me representa todo delante de mis ojos como si ayer fuera cuando esto pasó, y considerada la cosa,[34] es gran merced que Nuestro Señor Jesucristo fué servido[35] darnos gracia y esfuerso[36] para osar entrar en tal ciudad y me haber guardado de muchos peligros de muerte, como adelante verán. Doile[37] muchas gracias por ello, que a tal tiempo me ha traído para poderlo escribir, y aunque no tan cumplidamente como convenía y se requiere.

El deseo que impulsaba a Bernal a escribir su Historia es el natural de contar los sucesos en que se había visto actuar y el de rectificar algunos juicios que él creía equivocados y que habían aparecido en otros libros de la época; por eso dice en una ocasión, en el preámbulo de su obra :

... que como testigo de vista me hallé en todas las batallas y encuentros de guerra : y no son cuentos viejos ni Historias de Romanos de más de setecientos años, porque a manera de decir,[38] ayer pasó lo que verán en mi historia, y cómo y cuando y de que manera...

[29] *y que le tenían... contina* — and that he was grateful for his having come in person to welcome him, and for all the favors that he was constantly conferring upon him.
[30] *Tezcuco* = Texcoco, northeast of Mexico City; *Cuyuacán* = Coyoacán, now a southern suburb of Mexico City. The lord of Texcoco was Cacamatzín (cf. n. 14).
[31] *Cuedlavaca* (Cuernavaca), lord of Estapalapa; Tacuba is northwest of Mexico City.
[32] *estabámoslos... tierra* — we observed how they all had their eyes cast down.
[33] *y así tuvimos... de entrar* — and thus we had the opportunity of entering.
[34] *se me representa... considerada la cosa* — I see it all before my eyes as if it had happened only yesterday, and when one thinks about it.
[35] *fué servido* — was pleased.
[36] *esfuerso* = *esfuerzo*.
[37] *doíle* = *le doy*.
[38] *a manera de decir* — in a manner of speaking.

Cortés llega a la ciudad de México

La obra militar de Cortés se completa con su obra literaria, las famosas *Cartas de Relación* escritas a su Emperador, en las que relata con todo detalle sus campañas, y también describe con gran cuidado las ciudades, las gentes y las costumbres de los mexicanos.

5 Así, por ejemplo, conocemos el suceso de su derrota en la Noche Triste, según aparece de la « Segunda Carta de Relación », escrita el 30 de octubre de 1520, en la que se lee :

[...] Y por seguir la victoria que Dios nos daba, salí, en amaneciendo,[39] por aquella calle donde el día antes nos habían desbaratado,
10 donde no menos defensa hallamos que primero. Pero como nos iban las vidas[40] y la honra, porque por aquella calle estaba sana la calzada que iba a la tierra firme, aunque hasta llegar a ella había ocho puentes muy grandes y hondas,[41] y toda la calle de muchas y altas azoteas y torres, pusimos tanta determinación y ánimo, que ayudán-
15 donos Nuestro Señor les ganamos aquel día las cuatro y se quemaron todas las azoteas, casas y torres, que había, hasta la postrera de ellas : aunque por lo de la noche pasada[42] tenían en todas las puentes

[39] *en amaneciendo* — at dawn.
[40] *Pero... vidas* — But since our lives were at stake.
[41] *puente* — cf. note 19.
[42] *por lo... pasada* — because of what had happened last night (Cortés and his men had burned more than 300 houses).

35   **BERNAL DÍAZ DEL CASTILLO, EL CRONISTA**

Carta de relació ēbiada a su. S. majestad del ēpa-
dor nro señor por el capitā general dela nueua spaña: llamado fernādo cor
tes. Enla ãl haze relació ōlas tierras y prouicias sin cuēto ã hā descubierto
nueuamēte enel yucatā del año de. xix. a esta pte: y ha sometido ala corona
real de su. S. M. En especial haze relació de vna grādissima prouicia muy
rica llamada Culua: ēla ãl ay muy grādes ciudades y de marauillosos edificios: y de grādes tratos y riãzas. Entre las ãles ay vna mas marauillosa
y rica ã todas llamada Timiçtitā: ã esta por marauillosa arte edificada so
bre vna grāde laguna. dela ãl ciudad y prouicia es rey vn grādissimo señor
llamado Muteeçuma: dōde le acaeció al capitā y alos españoles espāto
sas cosas de oyr. Cuenta largamēte del grādissimo señorio del dicho Muteeçuma y de sus ritos y cerimonias. y de como se sirue.

Segunda Carta de Relación

hechas muchas y muy fuertes albarradas de adobes y barro, en manera que[43] los tiros y ballestas no les podían hacer daño; las cuales dichas puentes[44] cegamos con los adobes y tierra de las albarradas, y con mucha piedra y madera de las casas quemadas:
5 aunque todo no fué tan sin peligro, que no hiriesen muchos españoles. [...] Y estando yo reparando aquellas puentes y haciéndolas cegar, viniéronme a llamar a mucha prisa diciendo que los indios combatían la fortaleza y pedían paces,[45] y me estaban esperando allí ciertos señores, capitanes de ellos. Y dejando allí toda la
10 gente y ciertos tiros, me fuí con dos de caballo a ver lo que aquellos principales querían; los cuales me dijeron que si yo les aseguraba que por el hecho no serían punidos,[46] que ellos harían alzar el cerco y tornar a poner las puentes, y hacer las calzadas, y servirían a Vuestra Majestad, como antes lo hacían: y rogáronme que hiciese
15 traer allí uno como Religioso de los suyos,[47] que yo tenía preso, el cual era como General de aquella Religión: el cual vino y les habló y dió concierto entre ellos y mí y luego pareció que enviaban mensajeros, según ellos dijeron, a los capitanes y a la gente que tenían en las estancias, a decir que cesase el combate que daban a la fortaleza
20 y toda la otra guerra: y con esto nos despedimos y yo metíme en la fortaleza a comer; y en comenzando, vinieron a mucha prisa a decirme, que los indios habían tornado a ganar las puentes que aquel día les habíamos ganado, y habían muerto ciertos españoles, de que Dios sabe cuanta alteración recibí, porque yo no pensé que habíamos
25 que hacer con tener ganada la salida;[48] y cabalgué, a la mayor prisa que pude, y corrí por toda la calle adelante con algunos de caballo que me siguieron, y sin detenerme en alguna parte torné a romper por los dichos indios, y les torné a ganar la puente, y fuí en alcance de ellos hasta la tierra firme; y como los peones estaban
30 cansados y heridos, y atemorizados, y vieron al instante el grandísimo peligro, ninguno me siguió. A cuya causa, después de pasadas yo las puentes, ya me quise volver, las hallé tomadas y ahondadas mucho de lo que habíamos cegado: y por la una parte y por la otra de toda la calzada llena de gente, así en la tierra como en el agua,
35 en canoas, la cual nos garrochaba y pedreaba en tanta manera,[49] que si Dios misteriosamente no nos quisiera salvar, era imposible escapar

---

[43] *en manera que = de manera que.*
[44] *las cuales dichas puentes* — which aforementioned bridges.
[45] *pedían paces* — were asking for terms.
[46] *punidos* — punished.
[47] *uno como Religioso de los suyos* — one who seemed to be one of their priests.
[48] *porque yo no pensé... salida* — because I didn't know what to do once we had secured an exit.
[49] *la cual... manera* — who pricked us with spears and stoned us so heavily.

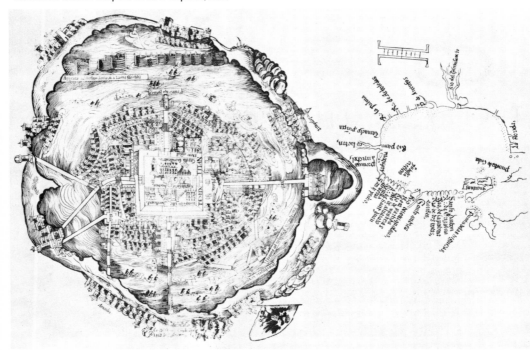

de allí; y aun ya era público entre los que quedaban en la ciudad, que yo era muerto. Y cuando llegué a la postrera puente hacia la ciudad hallé a todos los de caballo, que conmigo iban, caídos en ella, y un caballo suelto, por manera que yo no pude pasar y me fuí forzado[50] de revolver solo contra los enemigos, y con aquello 5 hice algún tanto de lugar para que los caballos pudiesen pasar; y yo hallé la puente desembarazada y pasé, aunque con harto trabajo, porque había de la una parte a la otra casi un estado de saltar[51] con el caballo; los cuales, por ir yo y él bien armados, no nos hirieron más de atormentar el cuerpo[52]. Y así quedaron aquella 10 noche con victoria, y ganadas las dichas cuatro puentes. [...]

[50] *me fuí forzado* — I was forced to.
[51] *casi un estado de saltar* — almost a seven-foot jump (the *estado* is a measure of approximately seven feet).
[52] *no nos hirieron... cuerpo* — they hurt us only superficially.

HERNÁN CORTÉS, EL CONQUISTADOR

IV
MOTOLINÍA, el misionero
(m. 1569)

Se ha insistido mucho, demasiado, en que lo que más importaba a los conquistadores españoles era la busca del oro — cosa que, como lo hace notar Mariano Picón Salas*, el ensayista venezolano — « no diferiría, tampoco, de cualquiera otra conquista hecha por los demás
5 países europeos ». Y también afirma este escritor que « el español casi ama más la aventura de buscar la riqueza que la especulación económica ». Además de todo este tema, hay, sin embargo, otro que parece ser más importante y permanente : el impulso hacia la fama, la honra personal, que fue el que también llevó a aquellos hom-
10 bres del siglo XVI a salir de la península, embarcarse en ligeros navíos y entrarse por[1] los desconocidos caminos del Nuevo Mundo, descubriendo, viajando y poblándolos en menos de 50 años. Y hay un tercer motivo, que muchas veces resulta el primero, en la empresa de la conquista y colonización : el motivo religioso. Había que salvar las
15 almas de los indios, atrayéndolos al cristianismo para que ingresaran de ese modo en la economía de la Redención. Ya el propio Colón expresa varias veces esa idea, que se repite en todos o en muchos de los hombres de aquella época.

Es ese motivo el que impulsa a los reyes de Castilla a enviar misione-
20 ros al Nuevo Mundo. Unos, con la tarea de ir adoctrinando a los indios, aprendieron sus lenguas y costumbres y se identificaron con ellos, como Bernardino de Sahagún,[2] el primero de nuestros etnógrafos y lingüistas,

---

[1] *entrarse por* — to penetrate.
[2] Bernardino de Sahagún (d. 1590) was a Franciscan who arrived in Mexico in 1529.

cuyo libro, titulado *Historia de las cosas de la Nueva España*, es un verdadero monumento científico, y el mejor que con relación a los aztecas se escribió en mucho tiempo. Otros, como fray Bartolomé de las Casas, luchan con tesón para conseguir justicia social para los aborígenes; y así sus predicaciones y viajes, apostolado y fortaleza de espíritu, todo ello puesto en su defensa, inspiraron las famosas « Leyes de Indias »,[3] dictadas en España para tratar de corregir las actividades no siempre benévolas de los conquistadores.

Fray Juan de Torquemada,[4] en su libro *Monarquía Indiana*, al referirse a la llegada de los primeros misioneros franciscanos a la Nueva España en 1524, nos cuenta que :

> Pasados estos siervos de Dios por Tlaxcala,[5] se detuvieron allí algunos días... y aguardaron el día del mercado, que los indios llaman *tianquiztli*, cuando la mayor parte de la gente de aquella provincia se suele juntar a sus tratos y granjerías, acudiendo a la provisión de sus familias. Y maravilláronse de ver tanta multitud de almas, cuanta en su vida jamás habían visto junta[6], alabaron a Dios con grandísimo gozo por ver la copiosísima mies que se les ofrecía y ponía por delante. Y movidos con el celo de la caridad que venían, ya que no les podían hablar por ignorar su lengua, comenzaron con señas (como hacen los mudos) a declararles su intento, señalando al cielo, queriéndoles dar a entender[7] que ellos venían a enseñarles los tesoros y grandezas que allá en lo alto había. Los indios andaban detrás de ellos, como los muchachos suelen seguir a los que causan novedad, y maravillábanse con verlos con tan desarrapado[8] traje, tan diferentes de la bizarría y gallardía que en los soldados españoles habían visto.

Se dice también que aquellos indios repetían una cierta palabra, al referirse a los frailes, y como uno de ellos, fray Toribio de Benavente, preguntase a un intérprete cuál era su significado, y le dijeron que aquella palabra, « motolinía », quería decir « pobre », exclamó : « Este

---

[3] *Leyes de Indias*. In effect from the beginning of the sixteenth century, this advanced colonial code declared that the native Indians were free, and established a set of humanitarian laws to govern their working conditions. The application of these *Leyes*, however, frequently fell short of the theory. For Bartolomé de las Casas, cf. chapter II, n. 7.
[4] *Juan de Torquemada* (1563-1624).
[5] *Tlaxcala* = east of Mexico City.
[6] *cuanta... justa* — more than they had ever seen together at one time.
[7] *queriéndoles... entender* — trying to make them understand.
[8] *desarrapado* = *desharrapado* — shabby.

es el primer vocablo que sé de esta lengua, y porque no se me olvide, éste será de aquí en adelante mi nombre». Y desde entonces, añade Torquemada, «dejó el nombre de Benavente y se llamó Motolinía».

Fray Toribio demostró en todo momento gran celo y constancia
5 infatigable para propagar la religión y la civilización en dondequiera que sus viajes le llevaran y que fué por todos los caminos y montañas de México, Guatemala y Nicaragua; y al mismo tiempo, como dice su biógrafo José Fernando Ramírez*, «aprovechando la oportunidad
10 que le presentaban las mismas tareas apostólicas para estudiar las bellezas y prodigios de la naturaleza, de que era gran admirador, según lo manifiestan sus escritos».

Por su parte, el historiador norteamericano Prescott, autor de una famosa *History of the Conquest of Mexico* (1847), al referirse a Moto-
15 linía, dice:

El largo e íntimo trato que mantuvo Fray Toribio con los indios le colocó en situación favorable para adquirir todo el caudal de los conocimientos que poseían en su teología y ciencias; y como su estilo, aunque un tanto escolástico, es llano y natural, sus ideas se
20 comprenden sin dificultad alguna. Sus deducciones, en que se reflejan las supersticiones de la época y el carácter peculiar de la profesión del autor, no pueden adoptarse siempre con entera confianza; pero como su integridad y medios de instrucción son indisputables, su autoridad es de primer orden para el estudio de
25 las antigüedades del país, y para el conocimiento del estado que guardaba al tiempo de la conquista.

En su *Historia de los Indios de la Nueva España,* Motolinía nos ha dejado una vívida descripción de una representación dramática celebrada en Tlaxcala, México, en 1538. Esas representaciones tenían lugar en muchas regiones en las que era necesario difundir la religión cristiana entre los aborígenes, ya que aquellos misioneros consideraron, con gran 5 acierto, que el modo más eficaz para ello era hacer representar a los mismos indios, y muchas veces en su propia lengua, autos o pequeñas escenas relacionadas con la religión.

La descripción que da Motolinía de esa representación de 1538 es la siguiente : 10

> Porque se vea la habilidad de estas gentes, diré aquí lo que hicieron y representaron luego adelante en el día de San Juan Bautista,[9] que fué el lunes siguiente, y fueron cuatro autos, que sólo para sacarlos en prosa,[10] que no es menos devota la historia que en metro, fué bien menester todo el viernes, y en solo dos días que quedaban, que 15 fueron sábado y domingo, lo deprendieron,[11] y representaron harto devotamente.
>
> Lo más principal he dejado para la postre,[12] que fué la fiesta que los cofrades de Nuestra Señora de la Encarnación celebraron [...] Tenían cerca de la puerta del hospital para representar apare- 20 jado un auto,[13] que fué la caída de nuestros primeros padres, y al parecer de todos los que lo vieron fué una de las cosas notables que se han hecho en esta Nueva España. Estaba tan adornada la morada de Adán y Eva, que bien parecía paraíso de la tierra, con diversos árboles con frutas y flores, de ellas[14] naturales y de ellas contrahechas de 25 pluma y oro ; en los árboles mucha diversidad de aves, desde buho y otras aves de rapiña hasta pajaritos pequeños [...] y también aves contrahechas de oro y pluma, que eran cosa muy de mirar.[15] Los conejos y las liebres eran tantos, que todo estaba lleno de ellos, y otros muchos animalejos que yo nunca hasta allí los había visto. 30
>
> Llegada la procesión, comenzóse luego el auto ; tardóse en él gran rato, porque antes que Eva comiese y Adán consintiese, fué y vino Eva, de la serpiente a su marido y de su marido a la serpiente, tres o cuatro veces, siempre Adán resistiendo, y como indignado alan-

---

[9] San Juan Bautista = St. John the Baptist. St. John's day is June 24.
[10] *para sacarlos en prosa* — to put them into prose form. The *autos* (short religious plays) were usually in verse form.
[11] *deprendieron = aprendieron.*
[12] *Lo más... postre* — I've saved the best for last.
[13] *Tenían... auto.* Read *Tenían aparejado un auto para representar cerca de la puerta del hospital.*
[14] *de ellas* — some.
[15] *que eran... mirar* — which were extraordinary.

zaba de sí a Eva;[16] ella rogándole y molestándole decía que bien
parecía el poco amor que le tenía,[17] y que más le amaba ella a él que
no él a ella,[18] y echándose en su regazo tanto le importunó, que fué
con ella al árbol vedado, y Eva en presencia de Adán comió y dióle
5 a él también que comiese; y en comiendo,[19] luego conocieron el
mal que habían hecho; y aunque ellos se escondían cuanto podían,
no pudieron hacer tanto que Dios no los viese; y vino con gran
majestad acompañado de muchos ángeles; y después que hubo
llamado a Adán, él se excusó con su mujer, y ella echó la culpa a la
10 serpiente, maldiciéndolos Dios y dando a cada uno su penitencia.
Trajeron los ángeles dos vestiduras bien contrahechas, como de
pieles de animales, y vistieron a Adán y a Eva. Lo que más fué de
notar fué el verlos salir desterrados y llorando: llevaban a Adán
tres ángeles y a Eva otros tres, e iban cantando en canto de órgano[20]
15 *Circumdederunt Me*[21]. Esto fué tan bien representado, que nadie lo
vió que no llorase muy recio; quedó un querubín guardando la
puerta del paraíso con su espada en la mano. Luego allí estaba el
mundo, otra tierra cierto bien diferente de la que dejaban, porque
estaba llena de cardos y de espinas y muchas culebras; también
20 había conejos y liebres. Llegados allí los recién moradores del mundo,
los ángeles mostraron a Adán cómo había de labrar y cultivar la
tierra, y a Eva diéronle husos para hilar y hacer ropa para su marido
e hijos; y consolando a los que quedaban muy desconsolados, se
fueron cantando [...] en canto de órgano, un villancico[22] que decía:

25 Para qué comió   La primer casada,
      la primer casada,   ella y su marido,
      para qué comió   a Dios han traído
      la fruta vedada.   en pobre posada

                              por haber comido
30   la fruta vedada.

Este auto fué representado por los indios, en su propia lengua,
y así muchos de ellos tuvieron lágrimas y mucho sentimiento, en
especial cuando Adán fué desterrado y puesto en el mundo.

---

[16] *alanzaba... Eva* — pushed Eve away (*alanzaba = lanzaba*).
[17] *que bien... que le tenía* — it was obvious how little he loved her.
[18] omit *no* in translation.
[19] *en comiendo* — as soon as they ate.
[20] *canto de órgano* — a term formerly used to designate measured music, which is regular
  in rhythm, in contrast to plain song or Gregorian chant which is unmeasured.
[21] *Circumdederunt Me* — usually sung as Introit at Mass for Septuagesima Sunday (the
  ninth Sunday before Easter).
[22] The *villancico* is a popular poetic composition, usually of a religious nature, sung not
  only at Christmas but on other occasions as well.

Dk achiualo yntlalticpacin
nemoneuiltia, yniuh chiua
lo ynilhuicac, Yn totlaxcal
momoztlae tetechmonequi
ma axcan ritechmomaquili.
Maxitechmopopolhuili yn
totlatlacol, yniuhtiquimpo
polhuia yn techtlatlacalh-
uia. Macamo xitechmotlal
cauilti, ynicamo ypan tiue
tzizque yn tlatlacolli. Ma-
xitechmomaquixtili yniuic-
pa yn amo qualli. Ak a yn-
mochiua.

¶ P. Catlehuatl in otiqtoc
R. Cayehuatl in Pr nr.

¶ P. Acquitlali yn Pr nrc
R. Ca vel yehuatzin o-
quimotlalili oquimotéquix
tili yn totecuiyo Jesu Chri
sto.

¶ P. Catlehuatl ypampac
R. Ca ypampa, ynic vel
ticmatizque, yn quenin titla
tlatlauhtizque.

¶ P. Tlein quitoznequi tla
tlatlauhtiliztli?
R. Ca yehuatl ynic ticti
tlanililia y teicnelilitzin tote
cuiyo Dios.

¶ P. Yniquac tiquitoa Pa
ter noster, aquin ticnotza, a
quin tictlatlauhtia?
R. Ca yehuatzin yn tote

Hagase tu vo
luntad, assi
en la tierra,
como en el
cielo. El pan
nuestro de ca
da dia danos
lo oy. Y per-
donanos nuestras deudas, assi
como nosotros las perdona-
mos a nuestros deudores. Y no
nos dexes caer en tentacion,
mas libranos de mal. Amen.

¶ P. Que aueys dicho?
R. El Padre nuestro.

¶ P. Quien dixo el padre nuestro?
Res. Iesu Christo, por su bo
ca.

¶ P. Paraque?
Res. Para enseñar nos a o-
rar.

¶ P. Que cosa es orar?
Res Pedir mercedes a Dios
nuestro Señor.

¶ Pregunta. Quando dezis el
padre nuestro, con quien habla
ys?
¶ Respue. Con Dios nuestro

cuiyo Dios.

¶ P. Campã moyetztica in totecuiyo Dios?

R. La nouiyan moyetztica, occenca ōpa ynilhuicac, yua oncan ynitic sanctissimo Sacramento.

¶ Nican ytenonotzaloz, in quenin nouiyan moyetztica totecuiyo Dios, yuã ynquenin muchipa, yuan nouiyan tech notztiatica.

¶ P. Y ye muchi tlatlatlauhtliztli, ca tlehuatl yn occenca tlapanauia yc vey?

R. Cayehuatl yn Pater noster.

¶ P. Tleyca?

R. Yehica ca yehuatzin quimotlantili in totecuiyo Ye su Christo, vel ycam copatzinco quiz, yquac ynquimo tlatlauhtilique Apostolome, ynic quimmomachtiliz, yn queni tlatlatlauhtizque. Auh chicontlamantli ynitech ca tlaytlaniliztli, yvel y tech nelhuayotica ynitech teutlaçotlaliztli, ymmoteneua Charidad.

¶ P. Xiquito í Aue maria.

Señor.

¶ P. Donde esta Dios nuestro Señor?

R. En todo lugar, especialmé te enel Cielo, y en el Sanctissimo Sacramento del ltar

¶ Aqui se a luierta la presencia de Dios nuestro Señor, y como nos mira en todo lugar y tiempo.

¶ P. Qual delas Oraciones, es la mayor?

R. El padre nuestro.

¶ P. Porque?

R. Porque Christo nuestro señor lo dixo por su boca, a petición delos Apostoles. Y contiene en si siete peticiones: fundadas en toda Charidad.

¶ P. Deziel Aue Maria.

¶ El Aue maria, en lengua Mexicana y Castellana.

V

ALONSO DE ERCILLA, el poeta épico (1534-1594)

La empresa de la conquista del Nuevo Mundo era vista en Europa como algo casi legendario, y encendía la imaginación y el deseo de aventura de muchos jóvenes españoles de diferentes clases sociales. No sólo vinieron soldados, adelantados, capitanes, gobernadores y gentes de guerra, sino, como se ha visto, misioneros, y también gentes 5 de letras.

Entre estos últimos figura en primer término don Alonso de Ercilla y Zúñiga, joven cortesano, paje del príncipe don Felipe, el que iba a ser más tarde Felipe II.[1] Su educación se desarrolló junto a la del heredero del trono español, y así fué esmerada y cumplida, sobre todo en las 10 letras, que desde niño fueron su pasatiempo favorito. Con Felipe viajó por muchos países de Europa, y con él estaba en Inglaterra con ocasión de las bodas del príncipe con María Tudor,[2] cuando oyó hablar de la insurrección de los araucanos de Chile.[3] Al conocer a don Jerónimo de Alderete, que acababa de ser nombrado Capitán y Adelantado de 15 Chile para la pacificación del territorio, Ercilla, que tenía entonces 21 años, logró permiso para formar parte de la expedición de Alderete y trasladarse así al Nuevo Mundo.

Más tarde, en el Canto XX de *La Araucana*, su poema épico, Ercilla parece arrepentirse de haberse dedicado a las armas y no a las letras, 20 como quiso en sus primeros años. Sin embargo, el deseo de aventura

---

[1] Philip II (1527-1598) was the son of the Emperor Charles V. Philip II reigned from 1556 to 1598.

[2] Mary Tudor (1516-1558), the daughter of Catherine of Aragon and Henry VIII of England. Prince Philip and Mary were married in 1553 but two years later the Spanish prince left England.

[3] *araucanos* — The Araucanian Indians were an extremely independent and warlike tribe inhabiting central and southern Chile.

y gloria militar debió ser más fuerte en aquellos años de su juventud
que el de consagrarse a la poesía lírica; y, también, ya en suelo
americano, el deseo de perpetuar las hazañas de sus compañeros de
conquista, « por el agravio que muchos españoles recibirían quedando
sus hazañas en perpetuo silencio, faltando quien las escriba,[4] no   5
por ser ellas pequeñas, pero porque la tierra es tan remota y
apartada... »

La Araucana es pues, un largo poema épico escrito en octavas reales,[5]
según la moda renacentista, del que su autor nos dice en el Prólogo que

> (el tiempo) que pude hurtar, le gasté en este libro, el cual, porque 10
> fuese más cierto y verdadero, se hizo en la misma guerra y en los
> mismos pasos y sitios, escribiendo muchas veces en cuero por falta
> de papel y en pedazos de cartas, algunos tan pequeños que apenas
> cabían seis versos, que no me costó después poco trabajo juntarlos[6]
> [...]   15

Es indudable que esos fragmentos los escribió el poeta en Chile, durante su estancia allí; pero más tarde, al regresar a España se dedicó a or-
ganizarlos y a componer y terminar el poema, cuya Primera Parte se
publicó en 1569. Y es también indudable que, aunque Ercilla se pro-
pusiera cantar las hazañas de los soldados españoles en esa conquista, 20
bien pronto su interés se volvió hacia el pueblo araucano que tan
heroicamente luchaba por conservar su libertad, siendo innumerables
los ejemplos que de esa actitud podemos encontrar en el poema. El
propio autor se da cuenta de ello, y así lo hace constar en el Prólogo,
ya referido, en el que dice: 25

> Y si a alguno le pareciere que me muestro algo inclinado a la parte
> de los araucanos, tratando sus cosas y valentías más extendidamente
> de lo que para bárbaros se requiere; si queremos mirar su crianza,
> costumbres, modo de guerra y ejercicio de ella, veremos que muchos
> no les han hecho ventaja,[7] y que son pocos los que con tal constan- 30
> cia y firmeza han defendido su tierra contra tan fieros enemigos
> como son los españoles. [...]

---

[4] *faltando... escriba* — for lack of anyone to write about them (the deeds).
[5] *octava real* — a verse form of Italian origin consisting of strophes of eight eleven-syllable
lines. The rhyme scheme is abababcc.
[6] *que no me costó... juntarlos* — and it caused me no small difficulty to piece them together
afterwards.
[7] *muchos no... ventaja* — they have been surpassed by few.

Como ejemplo de lo que es *La Araucana* y del arte de Alonso de Ercilla hemos escogido dos fragmentos. En el primero, del Canto VII, se describe el saqueo e incendio, por los indios, de la ciudad de Concepción, después que sus habitantes, los colonizadores españoles, deciden
5 abandonarla. En estos versos podrá notarse la habilidad que tenía Ercilla para expresar el movimiento, la agitación, y para presentar al lector grupos de personas, animadas, como en este caso, por la ambición y el deseo de venganza. Dice así :

> [...] La ciudad yerma en gran silencio atiende
> 10   el presto asalto y fiera arremetida
> de la bárbara furia, que desciende
> con alto estruendo y con veloz corrida :
> el menos codicioso allí pretende
> la casa más copiosa y bastecida :[8]
> 15   vienen en gran tropel hacia las puertas
> todas de par en par francas y abiertas.

---

[8] *el menos codicioso... bastecida* — [Even] the least greedy seeks out the largest and best-provisioned house (*bastecida* = *abastecida*).

Corren toda la casa en el momento
y en un punto[9] escudriñan los rincones,
muchos por no engañarse por el tiento
rompen y descerrajan los cajones;
baten tapices, rimas y ornamento,[10]   5
camas de seda y ricos pabellones,
y cuanto descubrir pueden de vista,
que no hay quien los impida ni resista. [...]

Quién[11] sube la escalera, y quién la baja,
quién a la ropa, y quién al cofre aguija,   10
quién abre, quién desquicia y desencaja,
quién no deja fardel ni baratija,
quién contiende, quién riñe, quién baraja,
quién alega y se mete a la partija:[12]
por las torres, desvanes y tejados   15
aparecen los bárbaros cargados.

No en colmena de abejas la frecuencia,[13]
prisa y solicitud cuando fabrican
en el panal la miel con providencia,
que a los hombres jamás lo comunican;   20
ni aquel salir, entrar y diligencia
con que las tiernas flores melifican,
se puede comparar, ni ser figura
de lo que aquella gente se apresura. [...]

Quien buena parte tiene, más no espera,   25
que presto pone fuego al aposento;
no aguarda que los otros salgan fuera
ni tiene al edificio miramiento:
la codiciosa llama de manera
iba en tanto furor y crecimiento   30
que todo el pueblo mísero se abrasa,[14]
corriendo el fuego ya de casa en casa.

---

[9] *en un punto* — in an instant.
[10] *baten... ornamento* — they pull down tapestries, heaps of finery, and ornaments.
[11] *quién* = some (people) throughout this strophe.
[12] *se mete... partija* — begin to divide up the spoils.
[13] The meaning of this strophe is that the activity of a beehive cannot compare with that of the men who are sacking the city. The *no* in the first line of the stanza is followed by *se puede comparar* in the seventh line.
[14] *la codiciosa... abrasa* — read *la codiciosa llama iba en tanto furor y crecimiento, de manera que todo el pueblo mísero se abrasa.*

ALONSO DE ERCILLA, EL POETA ÉPICO   **50**

Por alto y bajo el fuego se derrama,
los cielos amenaza el son horrendo,[15]
de negro humo espeso y viva llama
la infelice ciudad se va cubriendo:
5   treme la tierra en torno, el fuego brama
de subir a su esfera presumiendo;[16]
caen de rica labor maderamientos
resumidos en polvos cenicientos.[17] [...]

La grita de los bárbaros se entona,
10   no cabe el gozo dentro de sus pechos,[18]
viendo que el fuego horrible no perdona
hermosas cuadras ni labrados techos:
en tanta multitud no hay tal persona
que de verlos se duela así desechos;[19]
15   antes[20] suspiran, gimen, y se ofenden
porque tanto del fuego se defienden. [...]

Era cosa de oír, dura y terrible
de estallidos el son y grande estruendo;[21]
el negro humo, espeso e insufrible,
20   cual nube en aire, así se va imprimiendo:
no hay cosa reservada al fuego horrible,
todo en sí[22] lo convierte, resumiendo
los ricos edificios levantados
en antiguos corrales derribados. [...]

Ahora, en el fragmento siguiente, que pertenece al final del Canto XX
25 y principio del XXI, podremos observar la simpatía y admiración que
el poeta sintió hacia los araucanos. No se trata aquí de batallas ni de
hechos heroicos. En esta escena van a aparecer pocas figuras: el poeta
mismo, que se pinta en su condición de soldado, haciendo centinela
después de una batalla que ha dejado el campo sembrado de cadáveres
30 de indios y de españoles, y una mujer, la araucana Tegualda, que viene

---

[15] *los cielos... horrendo* — read *el son horrendo amenaza los cielos.*
[16] *el fuego.. presumiendo* — read *el fuego brama, presumiendo de subir a su esfera.*
[17] *caen... cenicientos* — richly carved timber work collapses, reduced to ashes.
[18] *no... pechos* — they are overjoyed.
[19] *desechos = deshechos* — destroyed.
[20] *antes* — on the contrary.
[21] *de estallidos... estruendo* — read *el son y grande estruendo de estallidos.*
[22] *sí* — itself, referring to *fuego.*

          ALONSO DE ERCILLA, EL POETA ÉPICO

en busca del cuerpo de su esposo y que al ser sorprendida, cuenta a Ercilla la historia de su vida. Esa parte no nos interesa — es demasiado larga y prolija — pero en cambio sí es importante el misterio que rodea el comienzo de la narración, y las palabras de elogio dedicadas a ensalzar a la fiel esposa.

5

> La negra noche a más andar[23] cubriendo
> la tierra, que la luz desamparaba,
> se fué toda la gente recogiendo,
> según y en el lugar que le tocaba:
> la guardia y centinelas repartiendo,   10
> que el tiempo estrecho a nadie reservaba,
> me cupo el cuarto de la prima en suerte[24]
> en un bajo recuesto junto al Fuerte.
>
> Donde con el trabajo de aquel día,
> y no me haber en quince desarmado,[25]   15
> el importuno sueño me afligía,
> hallándome molido y quebrantado:
> mas con nuevo ejercicio resistía
> paseándome de éste y de aquel lado,
> sin parar un momento, tal estaba   20
> que de mis propios pies no me fiaba.
>
> No el manjar de sustancia vaporoso,
> ni vino muchas veces trasegado,
> ni el hábito y costumbre de reposo
> me había el grave sueño acarreado;   25
> que bizcocho magrísimo y mohoso,
> por medida de escasa mano dado[26]
> y el agua llovediza desabrida
> era el mantenimiento de mi vida.
>
> Y a veces la ración se convertía   30
> en dos tasados puños de cebada,
> que cocida con yerbas nos servía
> por la falta de sal, la agua salada;

---

[23] *a más andar* — quickly.
[24] *que el tiempo... suerte* — for the difficult times spared no one, and it fell to my lot to stand watch from eight to eleven P.M.
[25] *y no... desarmado* — read *y no haberme desarmado en quince días.*
[26] *por... dado* — doled out stingily.

la regalada cama en que dormía
era la húmeda tierra empantanada,
armado siempre, y siempre en ordenanza,[27]
la pluma ora tomando, ora la lanza.

5 Andando pues así con el molesto
sueño que me aquejaba porfiando,
y en gran silencio el encargado puesto
de un canto al otro canto paseando,
vi que estaba el un lado del recuesto
10 lleno de cuerpos muertos blanqueando,
que nuestros arcabuces aquel día
habían hecho gran riza y batería.[28]

No mucho después desto,[29] yo que estaba
con ojo alerto y con atento oído,
15 sentí de rato en rato que sonaba
hacia los cuerpos muertos un ruído,
que siempre al acabar se remataba
con un triste suspiro sostenido,
y tornaba a sentirse, pareciendo
20 que iba de cuerpo en cuerpo discurriendo.

La noche era tan lóbrega y oscura
que divisar lo cierto no podía;
y así por ver el fin de esta aventura
(aunque más por cumplir lo que debía)
25 me vine agazapando en la verdura
hacia la parte que el rumor se oía,
donde vi entre los muertos ir oculto
andando a cuatro pies un negro bulto.

Yo de aquella visión mal satisfecho,
30 con un temor que agora aun no lo niego,[30]
la espada en mano y la rodela en pecho
llamando a Dios, sobre él aguijé luego:
mas el bulto se puso en pié derecho
y con medrosa voz y humilde ruego
35 dijo: « señor, señor, merced te pido,
que soy mujer y nunca te he ofendido.

[27] *en ordenanza* — on duty.
[28] *riza y batería* — ravages and destruction.
[29] *desto = de esto.*
[30] *agora = ahora.*

ALONSO DE ERCILLA, EL POETA ÉPICO

« Si mi dolor y desventura extraña
a lástima y piedad no te inclinaren,
y tu sangrienta espada y fiera saña
de los términos lícitos pasaren :[31]
¿qué gloria adquirirás de tal hazaña,
cuando los cielos justos publicaren
que se empleó en una mujer tu espada,
viuda, mísera, triste y desdichada?

« Ruégote, pues, señor, si por ventura,   10
o desventura como fué la mía,
con amor verdadero y con fe pura
amaste tiernamente en algún día,
me dejes dar a un muerto sepultura
que yace entre esta muerta compañía :
mira que aquel que niega lo que es justo,   15
lo malo aprueba ya, y se hace injusto.

[31] *pasaren* — were to exceed (future subjunctive).

ALONSO DE ERCILLA, EL POETA ÉPICO

« No quieras impedir obra tan pía,
que aun en bárbara guerra se concede,
que es especie y señal de tiranía
usar de todo aquello que se puede :[32]
5 deja buscar su cuerpo a esta alma mía,
después furioso con rigor procede,
que ya el dolor me ha puesto en tal extremo,
que más la vida que la muerte temo.

« Que no sé mal que ya dañarme pueda,
10 no hay bien mayor que no le haber tenido,[33]
acábese y fenezca lo que queda,
pues que mi dulce amigo ha fenecido :
que aunque el cielo cruel no me conceda
morir mi cuerpo con el suyo unido,
15 no estorbará, por más que me persiga,
que mi afligido espíritu le siga ». [...]

¿Quién de amor hizo prueba tan bastante?
¿quién vió tal muestra y obra tan piadosa
como la que tenemos hoy delante
20 desta[34] infelice bárbara hermosa?
La fama engrandeciéndola, levante
mi baja voz en alta y sonorosa
dando noticia della eternamente,
corra de lengua en lengua, y gente en gente.

25 Cese el uso dañoso y ejercicio
de las mordaces lenguas ponzoñosas
que tienen por costumbre y por oficio
ofender las mujeres virtuosas :
pues mirándolo bien, solo este indicio,
30 sin haber en contrario tantas cosas,
confunde su malicia,[35] y las[36] condena
a duro freno y vergonzosa pena. [...]

---

[32] *usar... puede* — to use all the weapons at one's disposal.
[33] *no hay... tenido* — There is no greater bliss than not to have had it (*el bien*).
[34] *desta* = *de esta*; *della* = *de ella* (three lines below).
[35] *pues mirándolo... malicia* — Duly considered, this one trait (that of slandering women) is sufficient to refute their cleverness, even if there were not other evidence against them (the slanderers).
[36] *las* refers to the *lenguas ponzoñosas*.

ALONSO DE ERCILLA, EL POETA ÉPICO

Viniendo a toda prisa adonde estaba
firme en el triste llanto y sentimiento,
que solo un breve punto no aflojaba
la dolorosa pena y el lamento:
yo con gran compasión la consolaba,
haciéndole seguro ofrecimiento
de entregarle el marido, y darle gente
con que salir pudiese libremente.

Ella del bien incrédula,[37] llorando,
los brazos extendidos, me pedía
firme seguridad, y así llamando
los indios de servicio que tenía,
salí con ella, acá y allá buscando:
al fin entre los muertos que allí había
hallamos el sangriento cuerpo helado
de una redonda bala atravesado.

La mísera Tegualda, que delante
vió la marchita faz desfigurada,
con horrendo furor en un instante
sobre ella[38] se arrojó desatinada:
y junta con la suya en abundante
flujo de vivas lágrimas bañada,
la boca le besaba y la herida,
por ver si le podía infundir la vida.

¡Ay cuitada de mí![39] decía, ¿qué hago
entre tanto dolor y desventura?
¿cómo el injusto amor no satisfago
en esta aparejada coyuntura?
¿por qué ya pusilánime de un trago
no acabo de pasar tanta amargura?[40]
¿qué es esto, la injusticia adónde llega,
que aun el morir forzoso se me niega? [...]

[37] *Ella... incrédula* — Unable to believe her good fortune.
[38] *ella* refers to *faz*.
[39] *¡Ay cuitada de mí!* — Woe is me!
[40] *¿por qué ... amargura?* — Why is it that I am now too cowardly to manage to swallow in one draught all this bitterness?

ALONSO DE ERCILLA, EL POETA ÉPICO

Jinetes chilenos

VI

GARCILASO DE LA VEGA, EL INCA,
el narrador
(1539-1616)

Bien puede afirmarse que el Inca Garcilaso es el primer gran escritor nacido en el Nuevo Mundo. Fue hijo de un capitán español, pariente del poeta del mismo nombre,[1] que llegó al Perú en los años de la conquista de ese imperio por Francisco Pizarro,[2] y de una princesa
5 incaica, Isabel Chimpu Ocllo, nieta del Emperador Tupac Inca Yupanqui; y representa, por lo tanto, el enlace de dos culturas y dos mundos: el europeo y el indígena. Como escribe Arturo Uslar Pietri*:

Un nuevo tipo humano va a nacer del contacto del conquistador español con la raza india: el mestizo americano. Su fisonomía y su
10 psicología van a enriquecer el panorama histórico y social del nuevo mundo y a añadirle un elemento fundamental sin el cual no se podría entender su historia ni definir su sentido.

Muchos de estos mestizos, criollos[3] de primera generación, se dedicarán a la simbólica tarea de conservar en letras castellanas las
15 oscuras tradiciones de los pueblos indígenas. Son historiadores y cronistas muy caracterizados e importantes. El mayor de todos ellos por el carácter, por la obra y por la vida es el Inca Garcilaso de la Vega.

Cuando ya tenía veinte años, habiendo recibido su educación a la
20 europea[4] en la ciudad del Cuzco, y al propio tiempo, la influencia directa de las tradiciones indígenas, por sus parientes maternos y amigos, se marchó a España, y allí, en Sevilla y en Córdoba, pasó el resto de su vida, dedicado a estudiar y a escribir.

---

[1] Garcilaso de la Vega (1503-1536), Spanish poet who was influential in introducing Italianate verse forms into Spain.

[2] Francisco Pizarro (1475-1541), the most important of the conquistadors of Peru. The Peruvian empire was conquered between 1524 and 1533.

[3] The term *criollo* is used to designate the offspring of European parents, born in the New World.

[4] *a la europea* — European-style.

Y después de haber hecho una hermosa traducción de los *Diálogos de Amor*, escritos en italiano por el sefardita León Hebreo,[5] comenzó a trabajar en temas americanos, componiendo un libro, *La Florida del Inca*, publicado en 1605, en el que se narra la aventura de Hernando de Soto en la península de la Florida hasta su muerte. 5

Ese libro es interesante no sólo en las letras sino desde el punto de vista histórico; y también lo es para el estudiante norteamericano, ya que trata de sucesos ocurridos en un vasto territorio de lo que hoy son los Estados Unidos: la península de la Florida y la Luisiana, en las orillas del Mississippi, en cuyas aguas fué sepultado el gobernador. A 10 este episodio se refiere el Inca Garcilaso en el capítulo VIII del libro quinto de su historia, de la manera siguiente:

Dos entierros que hicieron al adelantado Hernando de Soto.

La muerte del gobernador y capitán general[6] Hernando de Soto, tan digna de ser llorada, causó en todos los suyos gran dolor y tristeza, 15 así por haberlo perdido y por la orfandad que les quedaba, que lo tenían por padre, como por no poderle dar la sepultura que su cuerpo merecía ni hacerle la solemnidad de obsequias que quisieran hacer a capitán y señor tan amado. Doblábaseles esta pena y dolor, con ver que antes les era forzoso enterrarlo con silencio y en se- 20 creto, que no en público, porque los indios no supiesen dónde quedaba, porque temían no hiciesen en su cuerpo algunas ignominias y afrentas que en otros españoles habían hecho, que los habían desenterrado y atasajado y puéstolos[7] por los árboles, cada coyuntura en su rama. Y era verosímil que en el gobernador, como en 25 cabeza principal de los españoles, para mayor afrenta de ellos, las[8] hiciesen mayores y más vituperosas. Y decían los nuestros que, pues no las había recibido en vida, no sería razón que por negligencia de ellos las recibiese en muerte.

Por lo cual acordaron enterrarlo de noche, con centinelas puestas, 30 para que los indios no lo viesen ni supiesen dónde quedaba. Eligieron para sepultura una de muchas hoyas grandes y anchas que cerca del pueblo había en un llano, de donde los indios, para sus edificios, habían sacado tierra, y en una de ellas enterraron al famoso adelantado Hernando de Soto con muchas lágrimas de los sacerdotes y 35 caballeros que a sus tristes obsequias se hallaron.

[5] The *Diálogos de Amor* contain an exposition of the Neoplatonic concept of love.
[6] *capitán general.* The Captain General in the New World was placed in charge of a subdivision of the viceroyalty and was, in effect, much like a miniature viceroy.
[7] *puéstolos* — los habían puesto.
[8] *las* refers to *ignominias y afrentas*; this applies to the next sentence as well.

Y el día siguiente, para disimular el lugar donde quedaba el cuerpo y encubrir la tristeza que ellos tenían, echaron nueva[9] por los indios que el gobernador estaba mejor de salud, y con esta novela[10] subieron en sus caballos y hicieron muestras de mucha fiesta y regocijo,

5 corriendo por el llano y trayendo galopes por[11] las hoyas y encima de la misma sepultura, cosas bien diferentes y contrarias de las que en sus corazones tenían, que, deseando poner en el mauseolo o en la aguja de Julio César[12] al que tanto amaban y estimaban, lo hollasen ellos mismos para mayor dolor suyo, mas hacíanlo

10 por evitar que los indios no le hiciesen otras mayores afrentas. Y para que la señal de la sepultura se perdiese del todo no se habían contentado con que los caballos la hollasen, sino que, antes de las fiestas, habían mandado echar mucha agua por el llano y por las hoyas, con achaque de que al correr no hiciesen polvo los

15 caballos.[13] Todas estas diligencias hicieron los españoles por desmentir los indios y encubrir la tristeza y dolor que tenían; empero, como se pueda fingir mal el placer ni disimular el pesar que no se vea de muy lejos al que lo tiene,[14] no pudieron los nuestros hacer tanto que los indios no sospechasen así la muerte del gober-

20 nador como el lugar donde lo habían puesto, que, pasando por el llano y por las hoyas, se iban deteniendo y con mucha atención miraban a todas partes y hablaban unos con otros y señalaban con la barba y guiñaban con los ojos hacia el puesto donde el cuerpo estaba.

25 Y como los españoles viesen y notasen estos ademanes, y con ellos les creciese el primer temor y la sospecha que habían tenido, acordaron sacarlo de donde estaba y ponerlo en otra sepultura no tan cierta donde el hallarlo, si los indios lo buscasen, les fuese más dificultoso,[15] porque decían que, sospechando los infieles que el

30 gobernador quedaba allí, cavarían todo aquel llano hasta el centro y no descansarían hasta haberlo hallado, por lo cual les pareció

[9] *echaron nueva* — they let it be known.
[10] *novela = mentira* — lie.
[11] *trayendo galopes por* — galloping over.
[12] *mauseolo = mausoleo; aguja de Julio César* — obelisk of Julius Caesar. The reference here may be to Cleopatra's Needles (obelisks), which had been taken from Heliopolis (present-day Cairo) to adorn the entrance to Caesar's temple. It is also possible that the reference is to the column of marble that had been erected in the Forum after Caesar's murder. The inscription on the column read "To the Father of His Country" (Suetonius, *The Twelve Caesars).*
[13] *con achaque ... caballos* — under the pretext that they didn't want the horses to raise dust as they ran.
[14] *empero ... lo tiene* — but, since it is difficult to feign pleasure or disguise grief so that it can't be perceived even at a distance.
[15] *donde el hallarlo ... dificultoso* — where, should the Indians try to look for him, he would be more difficult to find.

sería bien darle por sepultura el Río Grande[16] y, antes que lo pusiesen por obra, quisieron ver la hondura del río si era suficiente para esconderlo en ella.[17] [...]

Y la noche siguiente, con todo el silencio posible, lo desenterraron y pusieron en el trozo de la encina,[18] con tablas clavadas que abra- 5 zaron el cuerpo por el otro lado, y así quedó como en un arca, y, con muchas lágrimas y dolor de los sacerdotes y caballeros que se hallaron a este segundo entierro, lo pusieron en medio de la corriente del río encomendando su ánima a Dios, y le vieron irse luego a fondo.

Los últimos años de su vida los empleó Garcilaso en componer los 10 *Comentarios reales de los incas* (1609), uno de los grandes libros con que cuenta la literatura hispanoamericana. En ellos y de modo especial en la Primera Parte, se describe el Imperio de los Incas, su vida, institu- ciones, leyes, fábulas y costumbres de los primitivos habitantes del Perú.   15

Como hombre del Renacimiento, el inca Garcilaso no sólo sabe narrar con claridad y elegancia de estilo — un estilo semejante al de los grandes escritores españoles de su época — sino que posee un pen- samiento rico en la filosofía y en todas las artes, a las que se refiere y de las que trata en su libro con profundo conocimiento. La segunda parte 20 de la obra, llamada *Historia general del Perú* se publicó al año siguiente de su muerte, en 1617, y trata de los sucesos de la conquista y de las guerras civiles que surgieron entre los propios españoles.

Aurelio Miró Quesada*, el prologuista de la más reciente edición de *La Florida*, al referirse a los *Comentarios*, dice: 25

> Admira cómo, a pesar de vivir por más de cincuenta años en la tierra española, la huella indígena fue en él tan decisiva y la emoción de la patria distante tan intensa, que no sólo pudo salvarse de peligro de quedar soterrada, sino que se acendró y adentró hasta tal punto, que informó en él la misión de su vida, y lo condujo a es- 30 cribir sus *Comentarios* no por una exclusiva razón histórica, sino — como él mismo lo dice en el Proemio — « forzado del amor na- tural de la patria ».

[16] *por lo cual ... Río Grande* — for which reason they (the Spaniards) thought it would be a good idea to make the Rio Grande his grave.

[17] *en ella* — refers to *hondura*.

[18] In the previous paragraph which has been omitted from this selection, Garcilaso describes how the Spaniards hollowed out the trunk of an oak tree in order to place the corpse inside, thus insuring that it would sink to the bottom of the river.

Un indio d

A Garcilaso le gustaba referir acontecimientos curiosos o interesantes, como el de Pedro Serrano, una especie de Robinson Crusoe español, que a continuación transcribimos:

La isla Serrana, que está en el viaje de Cartagena[19] a la Habana, se llamó así por un español, llamado Pedro Serrano, cuyo navío se perdió cerca de ella, y él solo escapó nadando, que era grandísimo nadador, y llegó a aquella isla, donde se halló desconsoladísimo, porque no halló en ella agua ni leña, ni aún yerba que poder pacer, ni otra cosa alguna con que entretener la vida, mientras pasase algún navío que de allí lo sacase, para que no pereciese de hambre y de sed, que le parecía muerte más cruel que haber muerto ahogado, porque es más breve.[20] Así pasó la primera noche, llorando su desventura, tan afligido como se puede imaginar que estaría un hombre puesto en tal estremo.[21] Luego que amaneció volvió a pasear la isla, halló algún marisco que salía de la mar, como son cangrejos, camarones y otras sabandijas, de las cuales cogió las que pudo, y se las comió crudas, porque no había candela donde asarlas o cocerlas. Así se entretuvo hasta que vió salir tortugas; viéndolas lejos de la mar, arremetió con una de ellas y la volvió de espaldas; lo mismo hizo de todas las que pudo; que para volverse a enderezar son torpes;[22] y sacando un cuchillo que de ordinario solía traer en la cinta,[23] que fué el medio para escapar de la muerte, la degolló y bebió la sangre en lugar de agua; lo mismo hizo de las demás; la carne puso al sol para comerla, hecha tasajos, y para desembarazar las conchas para coger agua en ellas de la llovediza;[24] porque toda aquella región, como es notorio, es muy lluviosa. De esta manera se sustentó los primeros días, con matar todas las tortugas que podía, y algunas había tan grandes y mayores que las mayores adargas, y otras como rodelas y broqueles; de manera que las había de todos tamaños. Con las muy grandes no se podía valer para volverlas de espaldas, porque le vencían las fuerzas,[25] y aunque subía sobre ellas para cansarlas y sujetarlas, no le aprovechaba nada, porque con él a

---

[19] Cartagena is on the northern coast of Colombia.
[20] *ni otra cosa ... breve* — nor anything else to sustain life, until some ship came by to rescue him, and prevent him from dying of hunger and thirst which seemed much more cruel than death by drowning, because the latter is quicker.
[21] *en tal estremo = extremo* — in such a predicament.
[22] *para volverse a enderezar ... torpes* — they have great difficulty in setting themselves right again.
[23] *en la cinta* — around his waist.
[24] *agua de la llovediza* — rain water.
[25] *Con las ... fuerzas* — He couldn't turn the very big ones over on their backs, because they were too much for him.

cuestas se iban a la mar; de manera que la esperiencia²⁶ le decía a cuáles tortugas había de acometer, y a cuáles se había de rendir. En las conchas recogió mucha agua, porque algunas había que cabían a dos arrobas, y de allí abajo. Viéndose Pedro Serrano con
5 bastante recaudo para comer y beber,²⁷ le pareció que si pudiese sacar fuego para siquiera asar la comida,²⁸ y para hacer ahumadas cuando viese pasar algún navío, que no le faltaría nada. Con esta imaginación, como hombre que había andado por el mar, que cierto los tales en cualquiera trabajo hacen mucha ventaja a los demás,²⁹
10 dió en buscar un par de guijarros que le sirviesen de pedernal, porque del cuchillo pensaba hacer eslabón; para lo cual no hallándolos en la isla, porque toda ella estaba cubierta de arena muerta,³⁰ entraba en la mar nadando y se sambullía,³¹ y en el suelo con gran diligencia buscaba ya en unas partes, ya en otras lo que pretendía; y
15 tanto porfió en su trabajo, que halló guijarros, y se sacó los que pudo, y de ellos escogió los mejores, y quebrando los unos con los otros para que tuviesen esquinas donde dar con el cuchillo, tentó su artificio, y viendo que sacaba fuego, hizo hilas de un pedazo de la camisa muy desmenuzadas que parecían algodón carmenado, que
20 le sirvieron de yesca, y con su industria y buena maña, habiéndolo porfiado muchas veces, sacó fuego. Cuando se vió con él, se dió por bien andante,³² y para sustentarlo recogió las basuras que la mar echaba en tierra, y por horas las recogía, donde hallaba mucha yerba que llaman ovas marinas, y madera de navíos que por la mar
25 se perdían y conchas y huesos de pescados, y otras cosas con que alimentaba el fuego. Y para que los aguaceros no se lo apagasen hizo una choza de las mayores conchas que tenía de las tortugas que había muerto, y con grandísima vigilancia cebaba el fuego, porque no se le fuese de las manos.³³ Dentro de dos meses y aún antes se
30 vió como nació, porque con las muchas aguas, calor y humedad de la región, se le pudrió la poca ropa que tenía. El sol con su gran calor le fatigaba mucho, porque ni tenía ropa con que defenderse, ni había sombra a que ponerse. Cuando se veía muy fatigado se entraba en el agua para cubrirse con ella. Con este trabajo y cuidado
35 vivió tres años, y en este tiempo vió pasar algunos navíos; mas

---

²⁶ *esperiencia* = experiencia.
²⁷ *con bastante ... beber* — with sufficient supplies for eating and drinking.
²⁸ *si pudiese ... la comida* — if he could make a fire if only to cook a meal.
²⁹ *que cierto ... los demás* — for certainly men of that type are much better able to cope with any problem than are other men.
³⁰ *arena muerta* — sand unmixed with soil, and therefore without vegetation.
³¹ *sambullir* = zambullir — to dive.
³² *Cuando ... andante* — When he saw he had a fire, he considered himself fortunate.
³³ *porque no ... manos* — lest it (the fire) go out.

aunque él hacía su ahumada, que en la mar es señal de gente perdida, no echaban de ver en ella, o por el temor de los bagíos[34] no osaban llegar donde él estaba y se pasaban de largo. De lo cual Pedro Serrano quedaba tan desconsolado, que tomara por partido el morirse y acabar ya.[35] Con la inclemencia del cielo le creció vello de todo 5 el cuerpo tan escesivamente,[36] que parecía pellejo de animal, y no cualquiera, sino el de un jabalí; el cabello y la barba le pasaba de la cinta.[37] Al cabo de los tres años, una tarde sin pensarlo, vió Pedro Serrano un hombre en su isla, que la noche antes se había perdido en los bagíos de ella, y se había sustentado en una tabla de navío; 10 y como luego que amaneció viese el humo de fuego de Pedro Serrano, sospechando lo que fuese había ido a él, ayudado de la tabla y de su buen nadar. Cuando se vieron ambos, no se puede certificar cuál quedó más asombrado de cuál. Serrano imaginó que era el demonio que venía en figura de hombre para tentarle en alguna desesperación. 15 El huésped entendió que Serrano era el demonio en su propia figura, según le vió cubierto de cabellos, barbas y pelage.[38] Cada uno huyó del otro, y Pedro Serrano fué diciendo: Jesús, Jesús, líbrame Señor del demonio.[39] Oyendo esto se aseguró el otro, y volviendo a él le dijo: no huyáis hermano, de mí, que soy cristiano 20 como vos; y para que se certificase,[40] porque todavía huía, dijo a voces el Credo; lo cual oído por Pedro Serrano volvió a él, y se abrazaron con grandísima ternura y muchas lágrimas y gemidos, viéndose ambos en una misma desventura sin esperanza de salir de ella. Cada uno de ellos brevemente contó al otro su vida pasada. 25 Pero Serrano, sospechando la necesidad del huésped, le dió de comer y de beber de lo que tenía, con que quedó algún tanto consolado, y hablando de nuevo en su desventura. Acomodaron su vida como mejor supieron, repartiendo las horas del día y de la noche en sus menesteres de buscar marisco para comer, y ovas y leña y 30 huesos de pescado, y cualquiera otra cosa que la mar echase para sustentar el fuego; y sobre todo la perpetua vigilia que sobre él habían de tener, velando por horas porque no se les apagase. Así vivieron algunos días; mas no pasaron muchos que no riñeron, y de manera que apartaron rancho, que no faltó sino llegar a las manos[41] 35

---

[34] *bagíos* = *bajíos* — shoals.

[35] *que tomara ... acabar ya* — that he would have considered it an advantage to die and get it all over with.

[36] *escesivamente* = *excesivamente*.

[37] *el cabello ... cinta* — his hair and beard fell below his waist.

[38] *pelage* = *pelaje* — coat of hair.

[39] Serrano invokes the name of Jesus Christ to deliver him from the devil.

[40] *y para que se certificase* — to prove it.

[41] *apartaron ... manos* — they ate separately and stopped just short of coming to blows.

(porque se vea cuan grande es la miseria de nuestras pasiones); la causa de la pendencia fué decir el uno al otro, que no cuidaba como convenía de lo que era menester; y este enojo y las palabras que con él se dijeron, los descompusieron y apartaron. Mas ellos mismos,
5 cayendo en su disparate, se pidieron perdón, y se hicieron amigos y volvieron a su compañía, y en ella vivieron otros cuatro años. En este tiempo vieron pasar algunos navíos, y hacían sus ahumadas; mas no les aprovechaba, de que ellos quedaban tan desconsolados, que no les faltaba sino morir.

10 Al cabo de este largo tiempo acertó a pasar un navío tan cerca de ellos, que vió la humada y les echó el batel para recogerlos. Pedro Serrano y su compañero, que se había puesto de su mismo pelage, viendo el batel cerca porque los marineros que iban por ellos no entendiesen que eran demonios y huyesen de ellos,[42] dieron en
15 decir el Credo y llamar el nombre de nuestro Redentor a voces; y valióles el aviso, que de otra manera sin duda huyeran los marineros, porque no tenían figura de hombres humanos. Así los llevaron al navío, donde admiraron a cuantos los vieron y oyeron sus trabajos pasados. El compañero murió en la mar viniendo a España. Pedro
20 Serrano llegó acá y pasó a Alemania, donde el Emperador estaba entonces: llevó su pelage como lo traía, para que fuese prueba de su naufragio, y de lo que en él había pasado. Por todos los pueblos que pasaba a la ida (si quisiera mostrarse) ganara muchos dineros.[43] Algunos señores y caballeros principales, que gustaron de ver su
25 figura, le dieron ayudas de costa para el camino,[44] y la Majestad Imperial,[45] habiéndole visto y oído, le hizo merced de cuatro mil pesos de renta, que son cuatro mil ochocientos ducados en el Perú. Yendo a gozarlos murió en Panamá, que no llegó a verlos.[46] Todo este cuento, como se ha dicho, contaba un caballero que se decía
30 Garci Sánchez de Figueroa, a quien yo se lo oí, que conoció a Pedro Serrano; y certificaba que se lo había oído contar a él mismo, y que después de haber visto al Emperador se había quitado el cabello y la barba, y dejádola poco más corta que hasta la cinta, y para dormir de noche se la entrenzaba, porque no entrenzándola se
35 tendía por toda la cama y le estorbaba el sueño.

---

[42] *porque ... ellos* — so that the sailors who were coming for them would not think that they were devils and run away.
[43] *a la ida ... dineros* — on his way there (if he wanted to show himself) he would earn a lot of money.
[44] *le dieron ... camino* — gave him some money to help pay his traveling expenses.
[45] *Majestad Imperial* — His Imperial Majesty Charles V.
[46] *que no ... verlos* — *los* refers to the money (*ducados*).

Atahualpa, Rey del Perú

Y véase ahora, en este otro breve fragmento de los *Comentarios reales*, una de las leyendas que sobre su origen conservaban los incas:

El origen de los Incas Reyes del Perú

Pasando pues días, meses y años, siendo ya yo de diez y seis o diez y siete años, acaeció que estando mis parientes un día en esta su conversación hablando de sus reyes y antiguallas, al más anciano de ellos, que era el que daba cuenta de ellas, le dije: Inca, tío, pues no hay escritura entre vosotros, que es la que guarda la memoria de las cosas pasadas, ¿qué noticias tenéis del origen y principios de nuestros reyes? porque allá los españoles y las otras naciones sus comarcanas, como tienen historias divinas y humanas saben por ellas cuando empezaron a reinar sus reyes y los agenos,[47] y el trocarse unos imperios en otros, hasta saber cuantos mil años ha[48] que Dios crió el cielo y la tierra que todo esto y mucho más saben por sus libros. Empero vosotros que carecéis de ellos, ¿qué memorias tenéis de vuestras antiguallas? ¿quién fué el primero de vuestros Incas? ¿cómo se llamó? ¿qué origen tuvo su linaje? ¿de qué manera empezó a reinar? ¿con qué gente y armas conquistó este grande imperio? ¿qué origen tuvieron nuestras hazañas?

El Inca, como que holgándose de haber oído las preguntas, por gusto que recibía de dar cuenta de ellas, se volvió a mí (que ya otras muchas veces le había oído, mas ninguna con la atención que

---

[47] *ageno* = *ajeno.*
[48] *ha* = *hace* — ago.

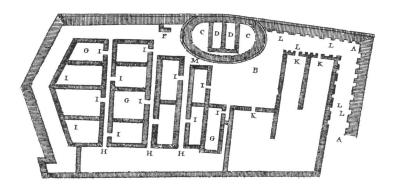

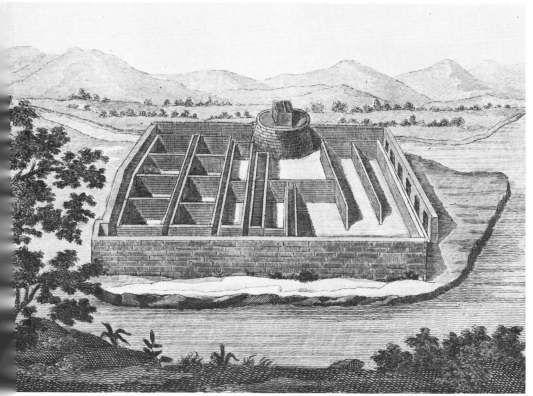

Un palacio de los Incas

entonces) y me dijo : sobrino, yo te las diré de muy buena gana, a ti
te conviene oírlas y guardarlas en el corazón (es frase de ellos por
decir en la memoria). Sabrás que en los siglos antiguos toda la región
de tierra que ves, eran unos grandes montes de breñales, y las gentes
en aquellos tiempos vivían como fieras y animales brutos, sin 5
religión ni policía, sin pueblos ni casa, sin cultivar ni sembrar la
tierra, sin vestir ni cubrir sus carnes, porque no sabían labrar algodón ni lana para hacer de vestir.[49] Vivían de dos en dos, y de tres
en tres, como acertaban a juntarse en las cuevas y resquicios de
peñas y cavernas de la tierra : comían como bestias yerbas de campo 10
y raíces de árboles, y la fruta inculta que ellos daban de suyo y
carne humana. Cubrían sus carnes con hojas y cortezas de árboles,
y pieles de animales; otros andaban en cueros. En suma vivían
como venados y salvaginas,[50] y aún en las mujeres se habían como
los brutos, porque no supieron tenerlas propias y conocidas. 15

---

[49] The impression created here is that only the Incas brought civilization to Peru, and the
numerous pre-Inca civilizations are conveniently forgotten. Pottery and weaving, for
example, had been practiced since 1500 B.C.
[50] *salvaginas = salvajinas* — wild animals.

Un bordado peruano preincaico (Nazca)

Indios bolivianos

Nuestro padre el sol, viendo los hombres tales, como te he dicho,
se apiadó o hubo lástima de ellos, y envió del cielo a la tierra un
hijo y una hija de los suyos para que los doctrinasen en el conocimiento de nuestro padre el sol, para que lo adorasen y tuviesen por
5 su dios, y para que les diesen preceptos y leyes en que viviesen como
hombres en razón y urbanidad; para que habitasen en casas y pueblos poblados, supiesen labrar las tierras, cultivar las plantas y
mieses, criar los ganados y gozar de ellos y de los frutos de la tierra,
como hombres racionales, y no como bestias. Con esta orden y man-
10 dato puso nuestro padre el sol estos dos hijos en la laguna Titicaca[51],
que está ochenta leguas de aquí, y les dijo que fuesen por do quisiesen,
y do quiera que parasen a comer o dormir, procurasen incar en el
suelo una varilla de oro,[52] de media vara de largo y dos dedos de
grueso, que les dió para señal y muestra que donde aquella barra
15 se les hundiese, con solo un golpe que con ella diesen en la tierra,
allí quería el sol nuestro padre que parasen e hiciesen su asiento
y corte. A lo último les dijo: cuando hayáis reducido esas gentes
a nuestro servicio, los mantendréis en razón y justicia, con piedad,
clemencia y mansedumbre haciendo en todo oficio de padre piadoso
20 para con sus hijos tiernos y amados, a imitación y semejanza mía,
que a todo el mundo hago bien, que les doy mi luz y claridad para

[51] Titicaca is a large lake forming part of the boundary between what is now Bolivia and Peru.
[52] *y les dijo ... oro* — and he told them to go wherever they wished, and wherever they
stopped to eat or sleep, they should try to sink a golden staff into the ground (*do = donde;
incar = hincar*).

GARCILASO DE LA VEGA, EL INCA

En los Andes del Perú

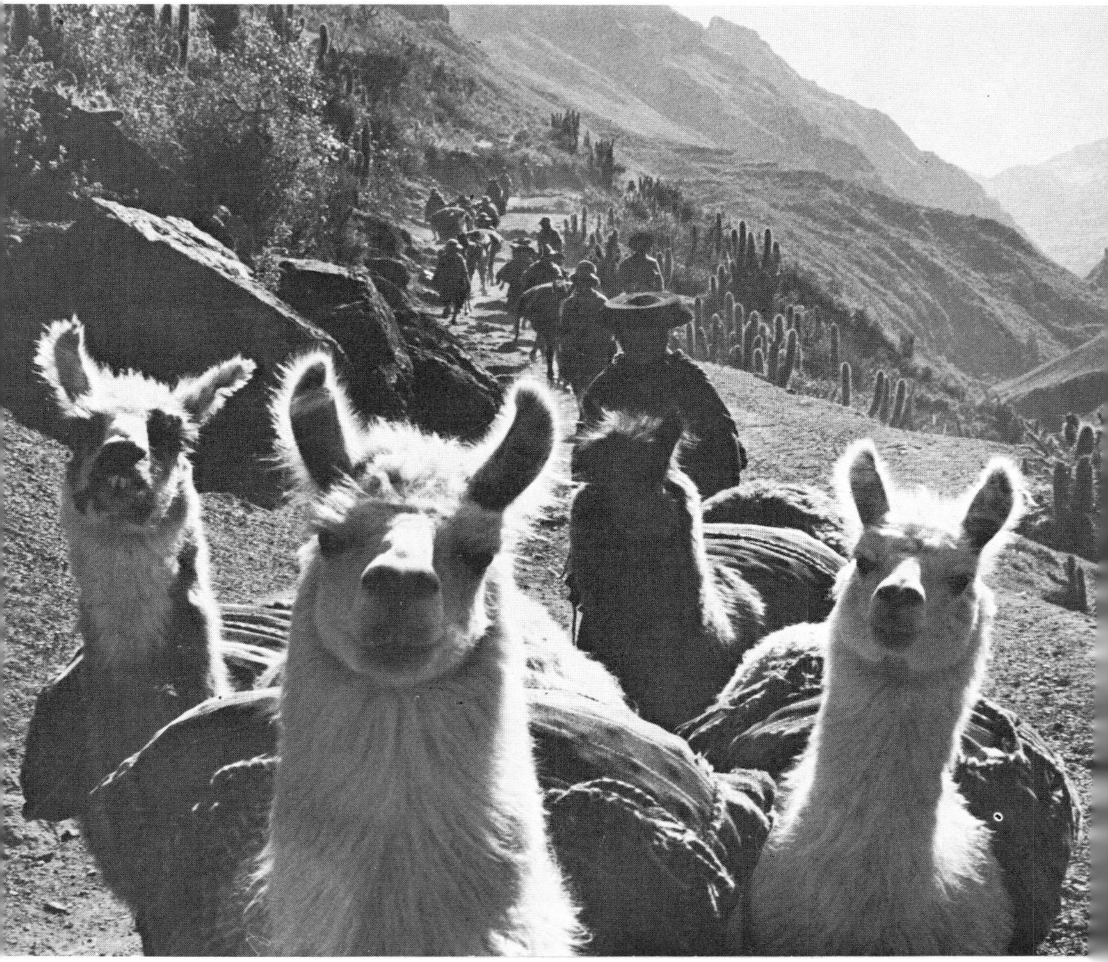

que vean y hagan sus haciendas, y les caliento cuando han frío,[53] y
crío sus pastos y sementeras; lluevo y sereno a sus tiempos, y tengo
cuidado de dar una vuelta cada día al mundo por ver las necesidades
que en la tierra se ofrecen, para las proveer y socorrer, como susten-
5 tador y bienhechor de las gentes : quiero que vosotros imitéis este
ejemplo como hijos míos, enviados a la tierra sólo para la doctrina
y beneficio de esos hombres, que viven como bestias. Y desde luego
os constituyo y nombro por reyes y señores de todas las gentes que
así adoctrináredes[54] con vuestras buenas razones, obras y gobierno.
10 Habiendo declarado su voluntad nuestro padre el sol a sus dos hijos,
los despidió de sí. Ellos salieron de Titicaca, y caminaron al Septentrión, y por todo el camino, doquiera que paraban, tentaban
hincar la barra de oro y nunca se les hundió. Así entraron en una
venta o dormitorio pequeño, que está siete u ocho leguas al Medio-
15 día de esta ciudad, que hoy llaman Pacarec Tampu, que quiere
decir venta, o dormida, que amanece. Púsole este nombre el Inca,
porque salió de aquella dormida al tiempo que amanecía. Es uno
de los pueblos que este príncipe mandó poblar después, y sus
moradores se jactan hoy grandemente del nombre, porque lo im-
20 puso nuestro inca : de allí llegaron él y su mujer, nuestra reina,[55] a
este valle de Cuzco, que entonces todo él estaba hecho montaña
brava.

[53] *han frío = tienen frío.*
[54] *adoctrináredes* — you will instruct.
[55] The two children of the Sun, Manco Capac and Mama Ocllo, were husband and wife
as well as brother and sister.

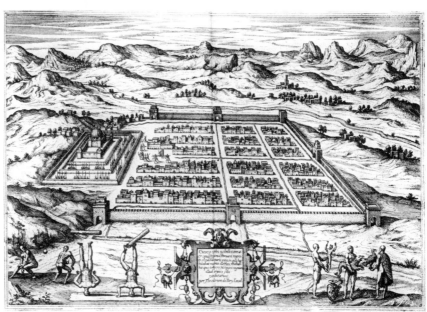

Cuzco

VII

JUAN RUIZ DE ALARCÓN,

el dramaturgo

(1580-1639)

Entre los escritores que el Nuevo Mundo dió a la literatura española, siempre habrá que mencionar al mexicano Juan Ruiz de Alarcón, que está considerado como uno de los grandes dramaturgos del Siglo de Oro.[1] Alarcón nació en la ciudad de México y allí realizó sus primeros
5 estudios hasta que a la edad de veinte años hizo un primer viaje a España para ingresar en la Universidad de Salamanca. Ocho años después regresa a México y termina su carrera de Licenciado en Leyes. En su ciudad natal reside hasta 1613 o 1614; y al año siguiente ya tenemos datos ciertos de que está instalado definitivamente en Madrid.
10 Se dedica entonces a la literatura y escribe unas veinte comedias, varias de las cuales se representaron con éxito, aunque su figura de corcovado le atrajo sátiras y burlas. Poco a poco va abandonando la literatura y en 1636 consigue un puesto en el Consejo de Indias[2] y deja de escribir. Muere en buena posición económica, legando al mundo un puñado de
15 comedias algunas de las cuales están entre lo mejor del teatro español de todos los tiempos.

¿En qué consiste esa excelencia? Según Alfonso Reyes* :

Representa la obra de Alarcón una mesurada protesta contra Lope,[3] dentro, sin embargo, de las grandes líneas que éste impuso
20 al teatro español. A veces sigue muy de cerca al maestro, pero otras logra manifestar su temperamento de moralista práctico de un modo más independiente. Y, en uno y otro caso, da una nota sobria, y le distingue una desconfianza general de los convencionalismos acostumbrados, un apego a las cosas de valor cotidiano, que es de una
25 profunda modernidad, y hasta una escasez de vuelos líricos provechosamente compensada por ese tono « conversable y discreto » tan adecuado para el teatro.

Pedro Henríquez Ureña*, otro crítico de nuestra literatura, nos hace notar que es Alarcón un temperamento en sordina,[4] preciosa ano-
30 malía de un siglo ruidoso, y, como recuerda Antonio Castro Leal* en su libro, « fue señalando en nuestro poeta, como rasgos distintivos, su

---

[1] *Siglo de Oro.* The Golden Age, a period of time extending from the middle of the sixteenth century to approximately the latter part of the seventeenth. It was an era of enormous creative activity in Spain.

[2] *Consejo de Indias*, a governing body organized in Spain in 1511 to direct the administrative and economic affairs of the New World.

[3] Lope de Vega (1562-1635), the major theorist and practitioner of Spain's essentially popular and Romantic theater of the Golden Age.

[4] *en sordina* — muted.

JUAN RUIZ DE ALARCÓN, EL DRAMATURGO

discreción, sobriedad, mesura, observación fina y maliciosa, cortesía, inclinación clásica, tendencia epigramática, temperamento reflexivo y preocupación ética ».

Por último, Marcelino Menéndez y Pelayo escribe :

> Su gloria principal será siempre la de haber sido el clásico[5] de un teatro romántico, sin quebrantar la fórmula de aquel teatro ni amenguar los derechos de la imaginación en aras de una preceptiva estrecha o de un dogmatismo ético; la de haber encontrado, por instinto o por estudio, aquel punto cuasi imperceptible en que la emoción moral llega a ser fuente de emoción estética. 10

Alarcón creó para el teatro español y europeo, la comedia llamada « de caracteres », de las que son ejemplo perfecto *La verdad sospechosa* y *Las paredes oyen*. La primera de ellas sirvió para que Corneille[6] la imitase en su famosa obra *Le Menteur*, influyendo de este modo Alarcón en Molière[7] y en la literatura francesa del siglo XVII. 15

En *La verdad sospechosa*, que se representó, probablemente, en Madrid en 1624, Don García, joven de buena familia, que acaba de llegar a Madrid después de cursar estudios en la Universidad de Salamanca, yendo de paseo con su criado, Tristán, se encuentra a dos damas y se enamora de una de ellas, Jacinta. Pero, por una confusión en los 20 nombres, el galán cree que la dama en cuestión es Lucrecia, la amiga. Habla con aquélla y pretexta, tal vez por su natural propensión a la mentira, tal vez por realzar su mérito a sus ojos, que es un americano, un « indiano »[8] que reside en Madrid no hace mucho tiempo y que desde su llegada a la Corte está enamorado de ella. El padre de don García, 25 don Beltrán, por su parte, como se verá inmediatamente, deseando que su hijo se formalice y se reforme del vicio de mentir, le propone casarlo con una dama hermosísima (que es precisamente Jacinta). Mas como García está confundido de nombre, y no quiere casarse con otra que no sea la joven de quien se enamoró (que precisamente es Jacinta), 30

---

[5] *el clásico* — the classicist.
[6] Pierre Corneille (1606-1684), father of the French classical tragedy; *Le Menteur* (*The Liar*) is, by exception, a comedy.
[7] Molière (Jean-Baptiste Poquelin 1622-1673), creator of the French comedy of manners; his comedies are particularly noteworthy for their portrayal of characters, some of whom have since become traditional. *Le Menteur* was the French prototype of this sort of play.
[8] The word *indiano* is given in Spain to a person who has made a fortune in the New World.

confiesa a su padre que se ha casado en Salamanca, y más, que va a
tener un hijo. Todas estas complicaciones y otras muchas que aparecen
en esta comedia, — como un duelo, que no llega a celebrarse, con otro
enamorado de la dama, — combinadas con las continuas mentiras del
protagonista, dan por resultado que éste pierda al fin el amor de Jacinta,
se vea puesto en ridículo por su padre, y tenga que casarse con Lucrecia
« que también es buena moza », como dice en la última escena su criado
Tristán, para consolarlo.

De este « mentiroso » tan conocido, ofrecemos al estudiante un
diálogo entre don García y su padre, en el que éste le reconviene ese
defecto. Al mismo tiempo, Alarcón, por boca de ese personaje, don
Beltrán, expone su concepto de la nobleza y la hidalguía, haciendo al
hombre hijo de sus obras, no de la historia de su familia, ni de los
hechos de sus antepasados.

Teatro Antiguo del Príncipe, Madrid

JUAN RUIZ DE ALARCÓN, EL DRAMATURGO

La verdad sospechosa

ESCENA IX [DEL ACTO SEGUNDO]
(Salen Don Beltrán y Don García)

D. GARCÍA   Ya que convida, señor,
de Atocha[9] la soledad,
declara tu voluntad.

D. BELTRÁN   Mi pena, diréis mejor.[10]
¿Sois caballero, García?   5

D. GARCÍA   Téngome por hijo vuestro.

D. BELTRÁN   ¿Y basta ser hijo mío
para ser vos caballero?

D. GARCÍA   Yo pienso, señor, que sí.

D. BELTRÁN   ¡Qué engañado pensamiento!   10
Sólo consiste en obrar
como caballero el serlo.
¿Quién dió principio a las casas
nobles? Los ilustres hechos
de sus primeros autores.   15
Sin mirar sus nacimientos,
hazañas de hombres humildes
honraron sus herederos.
Luego en obrar mal o bien
está el ser malo o ser bueno.   20
¿Es así?

D. GARCÍA   Que las hazañas
den nobleza, no lo niego;
mas no neguéis que sin ellas
también la da el nacimiento.[11]   25

D. BELTRÁN   Pues si honor puede ganar
quien nació sin él,[12] ¿no es cierto
que, por el contrario, puede,
quien con él nació, perdello?[13]

D. GARCÍA   Es verdad.   30

[9] *Atocha* — section in Madrid.
[10] *diréis mejor* — rather.
[11] *mas no ... nacimiento* — but you won't deny that without them (*hazañas*) birth also
confers nobility.
[12] *Pues si ... sin él* — Then if someone who was born without honor can earn it.
[13] *perdello* = *perderlo*.

JUAN RUIZ DE ALARCÓN, EL DRAMATURGO   **78**

D. BELTRÁN   Luego si vos
    obráis afrentosos hechos,
    aunque seáis hijo mío,
    dejáis de ser caballero;
5   luego si vuestras costumbres
    os infaman en el pueblo,
    no importan paternas armas,
    no sirven altos abuelos.
    ¿Qué cosa es que la fama
10   diga a mis oídos mesmos[14]
    que a Salamanca admiraron
    vuestras mentiras y enredos?
    ¡Qué caballero y qué nada!
    Si afrenta al noble y plebeyo
15   sólo el decirle que miente,
    decidme ¿qué será el hacerlo,
    si vivo sin honra yo,
    según los humanos fueros,
    mientras de aquél que me dijo
20   que mentía no me vengo?[15]
    ¿Tan larga tenéis la espada,
    tan duro tenéis el pecho,
    que penséis poder vengaros,
    diciéndolo todo el pueblo?
25   ¿Posible es que tenga un hombre
    tan humildes pensamientos
    que viva sujeto al vicio
    más sin gusto y sin provecho?[16]
    El deleite natural
30   tiene a los lascivos presos;
    obliga a los codiciosos
    el poder que da el dinero;
    el gusto de los manjares,
    al glotón; el pasatiempo
35   y el cebo de la ganancia,
    a los que cursan el juego;
    su venganza, al homicida;
    al robador, su remedio;

[14] *mis oídos mesmos* — my very ears (*mesmos* = *mismos*).

[15] *Si vivo sin honra yo ... me vengo?* — if, according to the code of men, I am without honor as long as I don't take revenge on the person who accused me of lying?

[16] *Posible ... provecho?* — Is it possible for a man to have such base ideas that he can live enslaved to the vice that provides the least pleasure and the least profit? (from this point until the end of his speech, D. Beltrán enumerates the reasons for various other types of vice, such as lust, avarice, gluttony, gambling, etc.).

	la fama y la presunción,	
	al que es por la espada inquieto.	
	Todos los gustos, al fin,	
	o dan gusto o dan provecho;	
	mas de mentir, ¿qué se saca	5
	sino infamia y menosprecio?	
D. GARCÍA	Quien dice que miento yo,	
	ha mentido.	
D. BELTRÁN	También eso	
	es mentir, que aun desmentir	10
	no sabéis sino mintiendo.	
D. GARCÍA	¡Pues si dais en no creerme...!	
D. BELTRÁN	¿No seré necio si creo	
	que vos decís verdad solo[17]	
	y miente el lugar entero?	15
	Lo que importa es desmentir	

esta fama con los hechos,
pensar que éste es otro mundo,
hablar poco y verdadero;
mirar que estáis a la vista   20
de un Rey tan santo y perfeto,[18]
que vuestros yerros no pueden
hallar disculpa en sus yerros;
que tratáis aquí con grandes,
títulos y caballeros,
que, si os saben la flaqueza,
os perderán el respeto;
que tenéis barba en el rostro,
que al lado ceñís acero,
que nacistes noble al fin,
y que yo soy padre vuestro.
Y no he de deciros más,
que esta sofrenada espero
que baste para quien[19] tiene
calidad y entendimiento.
Y ahora, porque entendáis
que en vuestro bien me desvelo,
sabed que os tengo, García,
tratado un gran casamiento.[20] [...]

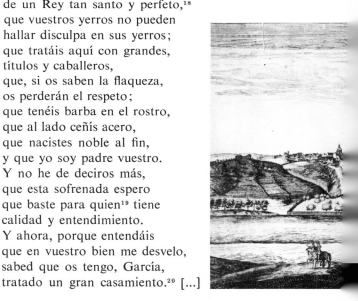

---

[17] *que vos ... solo* — that you alone tell the truth.
[18] *perfeto = perfecto* — The King referred to here is Felipe III (1598-1621).
[19] *esta sofrenada ... quien* — the order is *espero que baste esta sofrenada para quien ...* etc.
[20] *os tengo ... casamiento* — I have arranged a wonderful match for you, García.

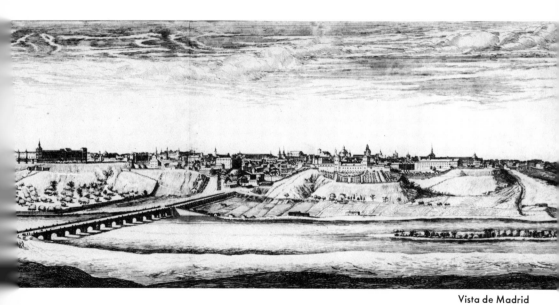

Vista de Madrid

VIII

SOR JUANA INÉS DE LA CRUZ,
la poetisa
(1651-1695)

A su retrato

Este, que ves, engaño colorido,
que del arte ostentando los primores,[1]
con falsos silogismos de colores
es cauteloso engaño del sentido:

éste, en quien la lisonja ha pretendido   5
excusar de los años los horrores[2]
y venciendo del tiempo los rigores
triunfar de la vejez y del olvido,

es un vano artificio del cuidado,
es una flor al viento delicada,[3]   10
es un resguardo inútil para el hado:

es una necia diligencia errada,
es un afán caduco, y, bien mirado,
es cadáver, es polvo, es sombra, es nada.

---

[1] *que ... primores* — the order is *que ostentando los primores del arte.*
[2] *excusar ... horrores* — read *excusar los horrores de los años.*
[3] *es ... delicada* — read *es una flor delicada al viento.*

La monja mexicana que escribió este soneto, comentario de carácter intelectual y culto, dentro de la moda barroca[4] de su época, a una pintura cuya copia reproducimos, es una de las figuras más interesantes de nuestra cultura. Desde muy niña demostró unos deseos intensos de
5 saber, y toda su vida — que no fue muy larga, pues murió a los 44 años de edad — transcurrió en esa búsqueda y ese afán por procurarse una cultura suficiente para comprender las ciencias y las letras.

[4] The taste for inversion, word-play and paradox, characteristic of the baroque style in literature, is particularly evident in the *romance* which follows on page 84.

SOR JUANA INÉS DE LA CRUZ

Se trata de un caso de avidez intelectual no muy frecuente en su época, y sobre todo en una mujer que muy joven tomó el hábito de religiosa. Sor Juana tenía un temperamento apasionado, pero templado por el dominio de la razón. Y ese doble juego de pasión y razón es el que marca todo el proceso de su obra, tanto los versos como la prosa.

Si hemos observado en el soneto que acabamos de leer un predominio de la razón, que es la que hace a la poetisa meditar sobre la vanidad del arte y la brevedad de la vida, en otros casos, por ejemplo, cuando a petición de una amiga escribe un romance a la ausencia del amado, podremos comprender que a pesar de tratarse de unos versos de ocasión, en los que ella no tiene parte, ni se refieren a nada « personal », la poetisa pone tanta pasión, tanta ternura que nos parecen reflejar un sentimiento íntimo. La carga de pasión, pues, se desborda en Sor Juana y da calor a cuanto escribe. De ese romance son las siguientes estrofas, bastantes para servir de ejemplo a lo que decimos. El poema figura una carta que la dama escribe a su amado que va a ausentarse; y después de algunas estrofas en que le ruega leer lo que ella está escribiendo entre lágrimas y suspiros, exclama :

En fin te vas. ¡Ay de mí!
Dudosamente lo pienso,
pues si es verdad, no estoy viva,
y si viva, no lo creo.

¿Posible es que ha de haber día
tan infausto, tan funesto,
en que sin ver yo las tuyas[5]
esparza sus luces Febo?

¿Posible es que ha de llegar
el rigor a tan severo,
que no ha de darle tu vista
a mis pesares aliento?[6]

¿Que no he de ver tu semblante,
que no he de escuchar tus ecos,
que no he de gozar tus brazos
ni me ha de animar tu aliento?

---

[5] *en ... tuyas* — *las tuyas* refers to *luces* in the next line.
[6] *que ... aliento* — The order is *que tu vista no ha de darle aliento a mis pesares.*

¡Ay, mi bien, ay, prenda mía
dulce fin de mis deseos!
¿Por qué me llevas el alma,
dejándome el sentimiento?

5 Mira que es contradicción
que no cabe en un sujeto,
tanta muerte en una vida
tanto dolor en un muerto.

Mas ya que es preciso, ¡ay triste!,
10 en mi infelice suceso,
ni vivir con la esperanza
ni morir con el tormento,

dame algún consuelo tú
en el dolor que padezco,
15 y quien en el suyo⁷ muere
viva siquiera en tu pecho.

No te olvides que te adoro,
y sírvante⁸ de recuerdo
las finezas que me debes,
20 si no las prendas que tengo.

Acuérdate que mi amor,
haciendo gala del riesgo,
sólo por atropellarlo
se alegraba de tenerlo.

25 Y si mi amor no es bastante,
el tuyo mismo te acuerdo,
que no es poco empeño haber
empezado ya en empeño.⁹

Acuérdate, señor mío,
30 de tus nobles juramentos;
y lo que juró tu boca
no lo desmientan tus hechos.

---

⁷ *en el suyo* — refers to *pecho* in the following line.
⁸ *sírvante* — let serve.
⁹ *que no es ... ya en empeño* — for it shows considerable determination to have started out
by giving a pledge.

Y perdona si en temer
mi agravio, mi bien, te ofendo,
que no es dolor el dolor
que se contiene en lo atento.[10]

Y a Dios; que con el ahogo   5
que me embarga los alientos,
ni sé ya lo que te digo
ni lo que te escribo leo.

Así pues, con estos dos ejemplos vemos bien claro lo que Sor Juana
misma escribió una vez: 10

En dos partes dividida
tengo el alma en confusión:
una, esclava a la pasión,
y otra, a la razón medida.

El caso de Sor Juana como ejemplo de aplicación al estudio puede expli- 15
carse si tenemos en cuenta que desde los primeros tiempos de la colonización, México tuvo la fortuna de contar con grandes educadores que
se propusieron crear escuelas y centros de enseñanza. Baste citar que
la primera escuela para indios, el llamado Colegio de San Francisco fue
fundada en 1523 por Fray Pedro de Gante, y en él se enseñaba religión, 20
latín, música, pintura, escultura y oficios. Esa idea la desarrolló más
tarde el Obispo don Vasco de Quiroga, quien estableció poblaciones en
Michoacán,[11] cada una con un oficio distintivo, algunos de los cuales
se conservan hoy. El ensayista e historiador venezolano Mariano Picón
Salas* se refiere a esto en su libro « De la conquista a la independencia », 25
donde dice:

La utopía social, el sueño de un mundo mejor y un estado de
justicia, tuvo en el México del siglo XVI su inigualado intérprete y
realizador en Vasco de Quiroga, oidor de la audiencia de México,
exaltado a obispo de Michoacán. Un reciente criticismo mexicano 30
destaca la influencia que Tomás Moro[12] (la Utopía), y en general

---

[10] *que no es dolor ... lo atento* — for the sorrow that contains itself within the limits of politeness is not true sorrow.
[11] *Michoacán* — a state in Mexico to the west of Mexico City.
[12] Sir Thomas More (1478-1535), Chancellor under Henry VIII and a great humanist of
the Renaissance.

todo el pensamiento social del Renacimiento, tuvo en la ejemplar empresa de Vasco de Quiroga... Hasta hoy ha subsistido en las soleadas tierras de Michoacán (en los días de la conquista asiento de indios bravos que pacificó Quiroga) el recuerdo de aquel gran experimento multiplicado en granjas de trabajo común, en hospitales y asilos, en almacenes y despensas colectivas, en horarios de labor alternados con ejercicio y recreaciones, en pequeñas industrias caseras.

Pero no fueron solamente estas empresas de educación popular, sino que bien pronto se establecieron universidades, como las de México y su gemela, la de San Marcos, en Lima, Perú, creadas en 1553. Tras ellas aparecieron las de Córdoba (Argentina), Cuzco (Perú), Caracas (Venezuela) La Habana (Cuba), Santiago (Chile) y Quito (Ecuador), esta última fundada en 1787.

La universidad de México fue desde el principio una de las más conocidas, y en ella, como en las demás, se enseñaban artes, derecho, teología, medicina, y a veces cursos de lenguas indígenas. Acudían a ella miles de estudiantes, que recibían los grados de bachiller, licenciado, y doctor.

México

A esto ha de añadirse, en México, el establecimiento de la imprenta en 1536 publicándose, además de tratados de doctrina religiosa, vocabularios en la lengua castellana y mexicana, y, entre otros, el *Sumario compendioso*, primer libro de texto impreso fuera de Europa, en 1556, que es una aritmética con nociones de álgebra.   5

En ese ambiente de curiosidad intelectual crece Sor Juana, quien nos dice en una página de su « Respuesta a sor Filotea », de la que hablaremos más adelante :

> Teniendo yo después como seis o siete años, y sabiendo ya leer y escribir, con todas las otras habilidades de labores y costura que 10 aprenden las mujeres, oí decir que había Universidad y Escuelas en que se estudiaban las ciencias, en México; [ella estaba, de niña, en el pueblo de San Miguel Nepantla, cerca de la capital] y apenas lo oí cuando empecé a matar a mi madre con instantes e importunos ruegos sobre que, mudándome el traje [es decir, con vestido de mucha- 15 cho], me enviase a México, en casa de unos deudos que tenía, para estudiar y cursar la Universidad [...]

La « Respuesta a Sor Filotea » es, y en ello están de acuerdo todos los críticos, el documento literario más importante de su época, y uno de los ensayos autobiográficos capitales en la historia de nuestra cultura. 20 A las observaciones del Obispo de Puebla que, bajo el seudónimo de « Sor Filotea de la Cruz » aconsejó en una carta a Sor Juana que no se preocupase tanto en estudiar las letras humanas, para dedicarse más a las divinas, contesta la escritora con una defensa de la ilustración, que anticipa en muchos aspectos los puntos de vista del siglo XVIII. Sor 25 Juana trata en el referido documento de su vocación literaria, de su deseo de saber todas las ciencias para llegar a la Sagrada Teología, « pareciéndome preciso, para llegar a ella, subir por los escalones de las ciencias y artes humanas. »

Siendo imposible en este libro dar a la « Respuesta » todo el espacio 30 que merece, vamos a citar solamente un ejemplo de la actitud de Sor Juana en cuanto al problema de la educación de la mujer que, como es bien sabido, era en aquellos tiempos bastante deficiente, no sólo en México, sino en todos los países de Europa. Dice así :

> ¡Oh, cuántos daños se excusaran en nuestra República si las ancianas 35 fueran doctas como Leta, [una de las discípulas predilectas de San Jerónimo] y que supieran enseñar como manda San Pablo y mi

padre San Jerónimo![13] Y no que por defecto de esto y la suma
flojedad en que han dado en dejar a las pobres mujeres, si algunos
padres desean doctrinar más de lo ordinario a sus hijas, les fuerza
la necesidad y falta de ancianas sabias, a llevar maestros hombres a
5 enseñar a leer, escribir y contar, a tocar y otras habilidades, de que
no pocos daños resultan, como se experimentan cada día en lasti-
mosos ejemplos de desiguales consorcios, porque con la inmediación del trato y la comunicación del tiempo,[14] suele hacerse fácil lo
que no se pensó ser posible. Por lo cual, muchos quieren más dejar
10 bárbaras e incultas a sus hijas que no exponerlas[15] a tan notorio
peligro como la familiaridad con los hombres, lo cual se excusara si
hubiera ancianas doctas, como quiere San Pablo, y de unas en
otras fuese sucediendo el magisterio,[16] como sucede en el de hacer
labores y lo demás que es costumbre.
15   Porque ¿qué inconveniente tiene que una mujer anciana, docta
en letras y de santa conversación y costumbres, tuviese a su cargo
la educación de las doncellas? Y no que éstas o se pierden por
falta de doctrina, o por querérsela aplicar por tan peligrosos medios
cuales son los maestros hombres, que cuando no hubiera más
20 riesgo que la indecencia de sentarse al lado de una mujer verecunda
(que aun se sonrosea de que la mire a la cara su propio padre) un
hombre tan extraño, a tratarla con casera familiaridad y a tratarla
con magistral llaneza, el pudor del trato con los hombres y de su
conversación basta para que no se permitiese.[17] Y no hallo yo que
25 este modo de enseñar de hombres a mujeres pueda ser sin peligro, si
no es en el severo tribunal de un confesionario o en la distante decencia de los púlpitos, o en el remoto conocimiento de los libros;
pero no en el manoseo de la inmediación.[18] Y todos conocen que
esto es verdad; y con todo, se permite sólo por el defecto de no
30 haber ancianas sabias; ¿luego es grande daño el no haberlas? [...]

---

[13] St. Paul, in the Epistle to Titus II, 3 states "The aged women likewise, that they be in
behavior as becometh holiness... teachers of good things" Sor Juana interprets this last
phrase to mean specifically that older women should be teachers. St. Jerome (her *padre*
because she was a nun in the convent of the order of St. Jerome) had written in his seventh
Epistle, entitled "Epistle to Leta on the education of her daughter" the following perti-
nent words : "Let the work that she hands in to you daily be taken from..." The phrase
"that she hands in to you "makes it evident that the mother Leta is expected to teach
her own daughter, from which evidence Sor Juana concluded that St. Jerome approved
in general of women teachers for young girls.
[14] *con la inmediación... tiempo* — with the closeness of contact over a period of time.
[15] *muchos quieren más ... que no exponerlas* — many prefer to ... than to expose them.
[16] *y de unas ... magisterio* — and teaching would be passed on from one to the other.
[17] *que cuando no ... no se permitiese* — for even if the only risk were that of a perfectly
strange man sitting at the side of a shy girl (who blushes even when her own father
looks straight at her), treating her with familiarity and with the informality of a teacher,
modesty in dealing and conversing with men would suffice to prohibit this practice.
[18] *pero no ... inmediación* — but not in direct personal contact.

Y, para terminar esta silueta, citemos algunos fragmentos de uno de sus poemas, las conocidas « Redondillas »[19] en que « Arguye de inconsecuencia el gusto y la censura de los hombres, que en las mujeres acusan lo que causan ». Se trata aquí de una defensa de la mujer, pero no desde el punto de vista intelectual, sino tan sólo para destacar el hecho de que, según ella, los hombres tienen toda la culpa de que las mujeres pequen, porque son ellos los que las incitan al mal. Dice :

Hombres necios que acusáis
a la mujer sin razón,
sin ver que sois la ocasión
de lo mismo que culpáis :

si con ansia sin igual
solicitáis su desdén,
¿por qué queréis que obren bien
si las incitáis al mal?

Combatís su resistencia
y luego, con gravedad,
decís que fué liviandad
lo que hizo la diligencia. [...]

Dan vuestras amantes penas
a sus libertades alas,
y después de hacerlas malas
las queréis hallar muy buenas.

¿Cuál mayor culpa ha tenido,
en una pasión errada :
la que cae de rogada,
o el que ruega de caído?[20]

¿O cuál es más de culpar,
aunque cualquiera mal haga :
la que peca por la paga,
o el que paga por pecar?

---

[19] The *Redondillas de amor y de discreción* are poems on the different aspects of love.
[20] *la que ... caído?* — the one who succumbs because she has been entreated or the one who entreats because he has succumbed? Here as well as in the next strophe Sor Juana displays her verbal virtuosity in the best baroque fashion.

¿Pues para qué os espantáis
de la culpa que tenéis?
Queredlas cual las hacéis
o hacedlas cual las buscáis.

5 Dejad de solicitar,
y después, con más razón,
acusaréis la afición
de la que os fuere a rogar.

Bien con muchas armas fundo
10 que lidia vuestra arrogancia,[21]
pues en promesa e instancia
juntáis diablo, carne y mundo.

Esa fue, pues, la mujer que, al decir de Pedro Henríquez Ureña*,
escribió poesías delicadamente expresivas de sentimientos de amor o
15 de devoción religiosa, o exquisitamente imaginativas, o ingeniosas,
como su célebre defensa de las mujeres; escribió comedias y autos
sacramentales a la manera de Calderón,[22] villancicos para iglesias —
breves representaciones cantadas — y cartas magníficas, sobre todo la
autobiográfica,[23] en que cuenta la singular historia de sus estudios.

[21] *Bien ... arrogancia* — I will readily grant that your arrogance goes into battle well-
armed.
[22] Pedro Calderón de la Barca (1600-1681), Spanish baroque dramatist; his *Autos sacramentales* are short dramatic pieces celebrating the Eucharist.
[23] The autobiographical letter referred to here is the *Respuesta a Sor Filotea*.

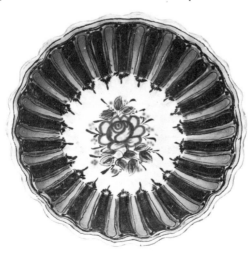

Púlpito de San Blas, Cuzco

LA ARQUITECTURA

Para comprender las Bellas Artes en Hispanoamérica es preciso tener en cuenta la combinación de culturas que se realiza en nuestro continente a partir de 1492. Por lo tanto, cualquier estudio que de ellas se haga habrá de ser enfocado desde dos puntos de vista : lo indígena y lo hispánico. Es el nuestro un arte que procede de esa doble cuna y, 5 aunque en sus líneas generales tanto la arquitectura como la pintura o la música se hallan situadas dentro de los estilos correspondientes al arte occidental europeo y más en particular español, siempre habrá que advertir en ellas rasgos, detalles, formas o espíritu pertenecientes a lo prehispánico. Esa fusión es la que ha producido en nuestro suelo, 10 especialmente en la época virreinal, un arte propio cuyo estudio es de todo punto interesante.

*It is evident that the three chapters on architecture, painting and sculpture, and music, as referred to in the *Advertencia* are intended solely as a guide. With the aid of the outlines provided in these supplementary chapters, the student will be encouraged to further his knowledge in these fields.

En el estudio del arte prehispánico as especialmente la arquitectura — hay que considerar dos grandes períodos correspondientes, el primero, a las culturas arcaicas, y el segundo, a las más recientes y mejor estudiadas. En el Perú, por ejemplo, podemos hablar de un período preincaico, con dos épocas generales : una que va desde el siglo VIII a. de C. hasta [5] el II de nuestra era[1], y otra que llega desde ese siglo hasta el establecimiento del imperio incaico en el siglo XI. Ambas tienen a su vez dos aspectos : el de las ciudades y fortificaciones de las alturas de los Andes, y el de las culturas de la costa del Pacífico.

Al principio nos encontramos con castillos y ciudadelas situados en [10] las montañas, a muchos metros sobre el nivel del mar, de los que quedan grandes muros de piedra y restos de pirámides escalonadas.[2] Todo ello muy sobrio y de tipo funcional. En la costa, la cultura de Paracas,[3] se distingue por sus tejidos y sus recintos funerarios subterráneos. Poco después aparece en el litoral la cultura del valle de Nazca,[4] al sur del [15] país, notable por su cerámica y sus *huacas* o adoratorios y cementerios, con ornamentación geométrica y plástica. Otra cultura, la del valle de Moche,[5] o de los mochicas, produjo una cerámica de gran realismo, y se supone que tuvo una importante arquitectura.

La segunda época, la que va desde el siglo II de nuestra era hasta el [20] siglo XI, comprende, en las alturas, el pueblo de los collas, con su ciudad sagrada de Tiahuanaco,[6] de la que quedan unas ruinas gigantescas y sobre todo la famosa Puerta del Sol, con su friso esculpido, fuerte y elegante. Y en la costa, la cultura chimu,[7] semejante a las anteriores del litoral, con sus pirámides en forma de escalones y su gran fortaleza [25] de Paramonga, de la que quedan baluartes y murallas. Los yungas, de la costa cerca de Lima, construyeron un imponente santuario al dios creador Pachacamac, en una colina frente al mar.

El período incaico se distingue por la construcción en bloques de piedra labrados y pulidos; pero su arquitectura es de una gran [30]

---

[1] *Siglo VIII a. de C. hasta el II de nuestra era* — from the eighth century B.C. to the second A.D. *a. de C. = antes de Cristo.*

[2] *pirámides escalonadas* — pyramids in the form of steps.

[3] *Paracas* — This culture corresponds to the years between 400 and 1000 A.D.

[4] *Nazca* — Cf. Chapter I n. 19.

[5] *Moche* — The Mochicas (400-1000 A.D.) formed an empire that was apparently very advanced.

[6] *Tiahuanaco* — The Tiahuanaco empire came to the coast between 500 and 900 A.D. and became the dominant civilization in Peru and Bolivia from 1000 to 1300 A.D.

[7] *Chimu* — Cf. Chapter I n. 18.

Ruinas incaicas cerca el Cuzco

uniformidad, que es la marca de aquella civilización, toda ella de disciplina rigurosa. Su centro fue el Cuzco, ciudad de la que salían todos los caminos que la comunicaban con el resto del imperio. Allí estaba situada la fortaleza de Sacsahuaman, de carácter militar y sagrado, con
5 altares, tumbas y adoratorios; y también el Templo del Sol, la Casa de las Vírgenes y muchos palacios. Subiendo la montaña se encontraba la ciudad fortificada de Ollantaytambo, con sus terraplenes de cultivo y sus murallas escalonadas. En la cima se hallan hoy las ruinas de un recinto construido de pórfido rojo. Y más alto aun, a 3.100 metros
10 sobre el nivel del mar, Machu Picchu, « la ciudad de las escalinatas », en un lugar casi inaccesible, con sus ruinas de palacios y murallas. Toda esta arquitectura es, como se ve, de carácter funcional, fuerte y poderoso.

LA ARQUITECTURA

Teotihuacán

Teotihuacán

En México hay también un período prehispánico que duró por lo menos 20 siglos, y en él hay, como es natural, estilos muy diferentes. Después de una serie de culturas arcaicas, aparecen los mayas de Yucatán y Guatemala. La capital del viejo imperio maya fue Palenque.
5 Luego aparecen otras ciudades, como Chichén Itzá, Uxmal, etc. La arquitectura de este pueblo es de carácter religioso, y sus ciudades — centro de devoción principalmente — estaban planeadas con cuidado, con una gran plaza rodeada de pirámides y templos, además de las casas de los sacerdotes y de los observatorios astronómicos. En las « estelas »[8]
10 monolíticas tenían la costumbre de grabar los sucesos importantes y sus fechas, como por ejemplo una, que corresponde al año 291 a. de C. Al principio los mayas usaban una decoración realista; pero más adelante ésta se hizo geométrica y llena de simbolismo religioso.

Al norte, en el valle de Anahuac, el primer pueblo importante fue el
15 de los toltecas, que establecieron su ciudad sagrada de Teotihuacán, con sus dos grandes pirámides del Sol y de la Luna, y el templo de Quetzalcoatl, la serpiente emplumada. Esas pirámides, aunque más sencillas que las de los mayas, son mucho mayores y más imponentes. Y después de varios pueblos que se establecieron y desparecieron, o se trasladaron
20 de lugar, llegan los aztecas, ya cuando los toltecas estaban en decadencia, y en 1325 fundaron la gran ciudad de Tenochtitlán que es la actual ciudad de México. Según cuentan los cronistas era una ciudad suntuosa, llena de templos, palacios, jardines, plazas y caminos. Y en ella se destacaban las pirámides en las que rendían culto a sus dioses con la
25 práctica de los sacrificios humanos.

[8] *estela* — stele (a slab or pillar of stone, usually bearing an inscription).

Chichén Itzá

Lima, Perú

Claro está que al descubrir el Nuevo Mundo ya España podía mostrar un gran desarrollo de lo artístico en general y en especial lo arquitectónico. La sucesión de estilos desde el visigótico, el románico, el gótico, las influencias mozárabes y mudéjares;[9] el isabelino y plateresco[10] habían ido conformando la arquitectura española y dándole un carácter 5 peculiar dentro de la europea. Después del descubrimiento aparecen en la península el plateresco, herreriano[11] y barroco principalmente. Pues bien, todo eso vino al Nuevo Mundo, y cada uno de esos estilos, desde el gótico, ya por aquellos años deformado y moribundo, iba a reproducirse en el suelo americano. 10

Después del trazado de ciudades, con sus calles y plazas al estilo de las españolas, y como señal del interés misionero, y de la vida normal de ciudades y pueblos, comienza la construcción de catedrales e iglesias para organizar la vida religiosa de las nuevas comunidades. Los franciscanos y agustinos en México, en Ecuador, en el Perú, construyeron sus 15 monasterios y conventos de acuerdo con los estilos europeos que ellos conocían, y esa arquitectura conventual influyó mucho en la civil: grandes patios y jardines interiores, claustros, galerías, etc.

---

[9] *mozárabe* — is the term used to designate those Christians living in Moorish territory in Spain during the Arab conquest; *mudéjar* is applied to the Moors living in Christian territory; *mudéjar* art is consequently a combination of occidental motifs and Arabic styles and decoration.

[10] *isabelino* — architectural style of the period of Queen Isabella; it is a combination of Gothic and ornamental *mudéjar* styles ; *plateresco* a decorative style, derived from the imposition of Spanish Gothic on classical Italian.

[11] *herreriano* — austere, sober architectural style best exemplified in the Escorial (Cf. below n. 13); named for the architect Juan de Herrera (1536-1597).

Antigua, Guatemala

México

Al principio hay alguna influencia del gótico que, como ya se ha dicho, estaba desapareciendo como orden vivo. Y de ello hay ejemplos interesantes en la catedral de Santo Domingo, — la primera construida en el Nuevo Mundo —, empezada con nervaduras góticas; y esa influencia puede notarse también, por ejemplo, en el templo de San 5 Agustín Acolman, de México, o en otros de Lima o el Cuzco. Pero fuera de eso, los estilos que van a florecer aquí son en el siglo XVI los renacentistas, y el barroco en los siglos XVII y XVIII.

Un rasgo siempre presente en la arquitectura hispanoamericana — semejante al que se nota en España — es la conjunción de estilos dife- 10 rentes y sucesivos en un mismo edificio. Tomemos, por ejemplo, el santuario de San Agustín Acolman (1539-1560) en México y veremos que su planta exterior corresponde a la de las llamadas iglesias fortalezas de esa época. Construcción sólida, con almenas en la parte superior y contrafuertes en los costados, hecha como para resistir ataques enemi- 15 gos. Luego, en el interior, observamos esas nervaduras góticas de la bóveda, ya mencionadas, que salen de columnas renacentistas. Allí mismo, en el presbiterio, en el muro posterior aparece una ventanita gótica doble. Junto a ello, unos claustros casi románicos, y por fin una fachada plateresca bellísima. 20

LA ARQUITECTURA **100**

Cúpulas de San Ángel
y de Cholula, México

Caso semejante ocurre en la iglesia franciscana de San Gabriel en Cholula, en la que lo renacentista se combina con lo gótico, representado este último estilo en las ventanas ojivales del presbiterio. Junto a ella está la llamada Capilla Real, formada por siete naves y 49 columnas
5 y un total de casi 50 cúpulas sin duda inspirada en el interior de la Mezquita de Córdoba.[12]

[12] *Mezquita de Córdoba* — the Mosque in Cordoba has 850 pillars.

LA ARQUITECTURA

Torre de la catedral en Potosí, Bolivia

Capilla del Rosario de Santo Domingo, Puebla

En el sur parece imponerse, en el siglo XVI, lo herreriano, como puede verse en la iglesia de San Francisco de Quito, y los retablos correctos y sencillos primero, pero que con el paso del tiempo se van haciendo más y más ornamentados hasta llegar a lo más rico y ostentoso del barroco. De suerte que en este caso, como en otros muchos, a un estilo sencillo y muy cercano del herreriano del Escorial, corresponde, en el interior de las iglesias, la fastuosidad decorativa del barroco.

En otros países del Nuevo Mundo, como el Perú, Bolivia y sobre todo en las colonias menos ricas como Venezuela, Cuba o Argentina, la arquitectura fue más modesta y aunque reflejando los estilos en boga, no llegó nunca al desarrollo poderoso de México y Quito.

Ahora bien, el estilo que adquiere carta de naturaleza en la América Hispana de los siglos XVII y XVIII es el barroco, difundido especialmente por la orden de los jesuitas, como lo había sido en Europa, en Italia, España, Austria y Alemania. Y es al mismo tiempo el estilo que alcanza aquí un carácter propio y diferente al de Europa, gracias al aporte del elemento indígena; de ese indio, que ha sido adiestrado en las escuelas especiales creadas para ellos en el siglo XVI y que poco a poco se siente libre y seguro en su arte. Así, al construir, al decorar, crea formas cada vez más independientes de las europeas. Lo hizo primero con el plateresco, luego con el herreriano, en el sur, principalmente. Y ahora, dentro del barroco, que le permite demostrar su originalidad de expresión, inventa y construye esas joyas de la arquitectura virreinal que son, por ejemplo, la torre de la Compañía de Jesús, en Potosí, la iglesia de Tepozotlan, el Sagrario de la Catedral de México, la capilla del Rosario de Santo Domingo, en Puebla, con su cielo de nubes de oro, y más adelante, Santa Prisca de Taxco y el santuario de Ocotlán.

Hay en la evolución del barroco mexicano dos épocas bien determinadas por los estudiosos: un primer barroco culto, más ajustado a las normas de ese estilo en Europa, y otro, de mucho mayor interés, de inspiración y ejecución populares, al que pertenecen los mencionados Santa Prisca y Ocotlán, con otros muchos ejemplos. Aquí es el empleo del mosaico como motivo decorativo en los muros exteriores, torres y espadañas; y por dentro, como en Santa María Tonanzintla, en el valle de Puebla, los altares y arcos y bóvedas totalmente cubiertos de

[13] The *Escorial* was a monastery, library and palace associated with the reign and spirit of Philip II.

Colegiata de Ocotlán, México

Santa Prisca de Taxco, México

una decoración de ángeles y cabezas de yeso pintado y dorado. Ese es el que a veces se llama ultrabarroco y pertence ya a la primera mitad del siglo XVIII. Para subrayar la importancia del barroco en el Nuevo Mundo conviene agregar que es ya un concepto admitido que cuatro de
5 las ocho obras maestras de la arquitectura barroca del mundo se hallan en América (en México), y son : el Sagrario de la Catedral de México, el Colegio de los Jesuitas en Tepozotlan, el convento de Santa Rosa en Querétaro y la repetidamente mencionada iglesia de Santa Prisca en Taxco.
10 Un aspecto curioso de ese barroco hispanoamericano es el de la influencia oriental que se observa en ciertas decoraciones de madera o aun en la forma de las cúpulas de las torres; y que se explica por las relaciones comerciales de México, por el puerto de Acapulco, con otros puertos de Asia; o en el sur, además, por las relaciones que los francis-
15 canos mantenían con el Extremo Oriente. Estas influencias también añaden una nota de extrañeza y originalidad a la arquitectura virreinal.
Durante esa primera mitad del siglo XVIII habría que mencionar ciertos ejemplos de construcción civil, importantísimos, como el llamado Palacio de Torre Tagle, en Lima, construido hacia 1735, de
20 marcada influencia andaluza con reminiscencias de lo árabe. Es en su conjunto un edificio de un estilo barroco sencillo y elegante, con una interesante combinación de piedra clara y balcones exteriores y balaustradas interiores de madera labrada.

Palacio de Torre Tagle, Lima, Perú

Más adelante, a fines del XVIII y principios del XIX vendrá el neoclásico, cuyo arquitecto más conocido es el mexicano Francisco Eduardo Tresguerras (1745-1833) con su imitación europea, y las formas relacionadas con el fin de siglo, por ejemplo, el Palacio de Bellas Artes de México, construido en la época de Porfirio Díaz. 5

Durante el siglo actual la arquitectura hispanoamericana ha evolucionado notablemente de una falta de originalidad y exceso de imitación en los treinta primeros años, a un enorme desarrollo de lo moderno — más bien llamado lo contemporáneo, — que produce notables ejemplos de construcción de tipo funcional pero de gran belleza. El 10 desarrollo de las grandes ciudades, Caracas, La Habana, — sin contar las fabulosas del Brasil — ha originado una arquitectura civil en la que los elementos más diversos, piedra, vidrio, plantas, ladrillos, se combinan para producir edificios del mayor interés. En ciertos países de clima tropical, la relación entre el interior y el exterior de la casa se 15 organiza de un modo totalmente adecuado al confort y a la belleza.

Venezuela

Panamá

Brasil

IX

SIMÓN BOLÍVAR, el libertador
(1783-1830)

Tal vez la mejor síntesis que pudiéramos ofrecer de la vida y la obra de Bolívar esté encerrada en el siguiente párrafo de Martí,[1] correspondiente a su artículo « Tres héroes » publicado en su revista *La Edad de Oro*, en el mes de julio de 1889. Dice así :

> Bolívar era pequeño de cuerpo. Los ojos le relampagueaban, y las palabras se le salían de los labios. Parecía como si estuviera esperando siempre la hora de montar a caballo. Era su país, su país oprimido, que le pesaba en el corazón, y no le dejaba vivir en paz. La América entera estaba como despertando. Un hombre solo no vale nunca más que un pueblo entero; pero hay hombres que no se cansan cuando su pueblo se cansa, y que se deciden a la guerra antes que los pueblos, porque no tienen que consultar a nadie más que a sí mismos, y los pueblos tienen muchos hombres, y no pueden consultarse pronto. Ése fué el mérito de Bolívar, que no se cansó de pelear por la libertad de Venezuela, cuando parecía que Venezuela se cansaba. Lo habían derrotado los españoles : lo habían echado del país. Él se fué a una isla, a ver su tierra de cerca, a pensar en su tierra.[2]
>
> Un negro generoso lo ayudó cuando ya no lo quería ayudar nadie.[3] Volvió un día a pelear, con trescientos héroes, con los trescientos libertadores. Libertó a Venezuela. Libertó a la Nueva

---

[1] *Martí* — Cf. below Chapter XV.

[2] Bolívar left Venezuela in 1815, apparently defeated by the Spaniards, and went to the island of Jamaica.

[3] After Bolívar left Jamaica he went to Haiti where he was sympathetically received by President Alexandre Pétion, who offered to help him with arms in order to resume the fight for independence.

Granada.[4] Libertó al Ecuador. Libertó al Perú.[5] Fundó una nación
nueva, la nación de Bolivia.[6] Ganó batallas sublimes con soldados
descalzos y medio desnudos. Todo se estremecía y se llenaba de
luz a su alrededor. Los generales peleaban a su lado con valor sobre-
5 natural. Era un ejército de jóvenes. Jamás se peleó mejor en el mundo
por la libertad. Bolívar no defendió con tanto fuego el derecho de
los hombres a gobernarse por sí mismos, como el derecho de América
a ser libre. Los envidiosos exageraron sus defectos. Bolívar murió de
pesar del corazón, más que de mal del cuerpo,[7] en la casa de un
10 español en Santa Marta[8]. Murió pobre, y dejó una familia de pueblos.

Unamuno*, el escritor español, completa este retrato del héroe, y
exclama :

Era un hombre, todo un hombre, un hombre entero y verdadero,
que vale más que ser sobrehombre, que ser semidiós — todo lo
15 semi o a medias es malo y ser semidiós equivale a ser semihombre —;
era un hombre este maestro en el arte de la guerra, en el de crear
patrias y en el de hablar al corazón de sus hermanos, que no[9]
catedrático de la ciencia de la milicia, ni de la ciencia política, ni
de la literatura. Era un Hombre; era el Hombre encarnado. Tenía
20 un alma y su alma era de todos y su alma creó patrias y enriquecieron el alma española, el alma eterna de la España inmortal, y de la
Humanidad con ella.

Y para un retrato físico del Libertador, acudamos a su biógrafo
O'Leary* :

25 Bolívar tenía la frente alta pero no muy ancha y surcada de arrugas
desde temprana edad; pobladas y bien formadas las cejas;[10] los
ojos negros, vivos y penetrantes; la nariz larga y perfecta; los
pómulos salientes; las mejillas hundidas, desde que lo conocí en
1818 [...]

---

[4] The victories of Boyacá (1819) and Carabobo (1821) ensured the independence of Venezuela and New Granada (Colombia).
[5] The victory of General Sucre in 1822 was crucial for the independence of Ecuador;
the battles of Junín and Ayacucho (1824) decided the liberation of Peru.
[6] Bolivia had formerly been part of the Viceroyalty of Peru and was called Upper Peru
(Alto Perú).
[7] Bolívar's idealism and optimism ended in disillusion : in Bogotá there was an attempt on
his life; later he was reproached for over-ambition and was even accused of trying to
have himself crowned as king; he was obliged to give up the presidency of the Republic of
Gran Colombia, which then promptly dissolved into three independent nations. Cf. n.
17 below.
[8] *Santa Marta* is a port near Barranquilla (Colombia).
[9] *que no* — translate as "not".
[10] *pobladas ... cejas* — with thick and well-shaped eyebrows.

SIMÓN BOLÍVAR, EL LIBERTADOR

EL LIBERTADOR   SIMON BOLIVAR

PRESIDENTE DE LA REPUBLICA DE COLOMBIA

Destaquemos algunos momentos esenciales de su vida con textos sacados de sus propios escritos, por los cuales trataremos de dar una visión lo más completa posible del hombre, del militar y del estadista.

Y en primer lugar, su famoso juramento en el monte Aventino de Roma. Bolívar, después de la muerte de su esposa, ocurrida en 1803, 5 volvió a Europa, donde había residido durante varios años, y esta vez viajó con su amigo y maestro don Simón Rodríguez.[11] Una vez en Italia, y en Roma, los dos subieron al monte Aventino, una de las siete colinas que rodean a la ciudad. Allí hablaron de su patria, Venezuela, aun bajo el régimen español, y allí Bolívar pronunció su juramento: 10

> Juro delante de usted, juro por el Dios de mis padres; juro por ellos; juro por mi honor y juro por la Patria, que no daré descanso a mi brazo, ni reposo a mi alma, hasta que haya roto las cadenas que nos oprimen por voluntad del poder español.

[11] The philosopher Simón Rodríguez was Bolívar's tutor for eight years. Andrés Bello (Cf. Chapter X) was also his teacher.

Y como sabemos, todo el resto de su vida no fue otra cosa que el cumplimiento de aquellas palabras.

Una vez hecha la Declaración de Independencia en Caracas, en 1811, Bolívar se coloca al frente de los ejércitos hasta que en el año de 1815 la Revolución entra en un período crítico y parece quedar derrotada por las fuerzas realistas. Es cuando Bolívar pasa a la isla de Jamaica y desde ella medita sobre el futuro de Suramérica. Fruto de esas meditaciones es la llamada « Carta de Jamaica », escrita en Kingston el 6 de septiembre de 1815, probablemente al Duque de Manchester, entonces gobernador de la isla. La parte final de la carta dice :

Yo deseo más que otro alguno, ver formar en América la más grande nación del mundo, menos por su extensión y riquezas que por su libertad y gloria. Aunque aspiro a la perfección del gobierno de mi patria, no puedo persuadirme que el Nuevo Mundo sea, por el momento, regido por una gran república; como es imposible, no me atrevo a desearlo, y menos deseo una monarquía universal de América, porque este proyecto, sin ser útil, es también imposible. Los abusos que actualmente existen no se reformarían y nuestra regeneración sería infructuosa. Los estados americanos han menester de[12] los cuidados de gobiernos paternales que curen las llagas y las heridas del despotismo y la guerra. La metrópoli, por ejemplo, sería Mejico, que es la única que puede serlo por su poder intrínseco sin el cual no hay metrópoli. Supongamos que fuese el istmo de Panamá, punto céntrico para todos los extremos de este vasto continente, ¿no continuarían éstos en la languidez y aun en el desorden actual? Para que un solo Gobierno dé vida, anime, ponga en acción todos los resortes de la prosperidad pública, corrija, ilustre y perfeccione al Nuevo Mundo, sería necesario que tuviese las facultades de un Dios, y cuando menos las luces y virtudes de todos los hombres. [...]

No convengo en el sistema federal, entre los populares y representativos, por ser demasiado perfecto y exigir virtudes y talentos políticos muy superiores a los nuestros; por igual razón rehuso la monarquía mixta de aristocracia y democracia que tal fortuna y esplendor ha procurado a la Inglaterra. No siéndonos posible lograr entre las repúblicas y monarquías lo más perfecto y acabado, evitemos caer en anarquías demagógicas, o en tiranías monócratas.[13] Busquemos un medio entre extremos opuestos que nos conducirían a los mismos escollos, a la misma infelicidad y al deshonor.

[12] *han menester de* — need.
[13] *tiranías monócratas* — absolute rule by one man, dictatorship.

Voy a arriesgar el resultado de mis cavilaciones sobre la suerte futura de la América, no la mejor, sino la que sea más asequible.

Por la naturaleza de las localidades, riquezas, población y carácter de los mejicanos, imagino que intentarán al principio establecer una república representativa, en la cual tenga grandes atribuciones el ₅ Poder Ejecutivo, concentrándolo en un individuo, que si desempeña sus funciones con acierto y justicia, casi naturalmente vendrá a conservar una autoridad vitalicia.[14] Si su incapacidad o violenta administración excita una conmoción popular que triunfe, este mismo Poder Ejecutivo quizá se difundirá en una asamblea. Si el ₁₀ partido preponderante es militar o aristocrático, exigirá, probablemente, una monarquía[15] que, al principio, será limitada y constitucional, y después, inevitablemente, declinará en absoluta, pues debemos convenir en que nada hay mas difícil en el orden político que la conservación de una monarquía mixta, y también es preciso ₁₅ convenir en que sólo un pueblo tan patriota como el inglés, es capaz de contener la autoridad de un rey, y de sostener el espítiru de libertad bajo un cetro y una corona.

Los estados del istmo de Panamá, hasta Guatemala, formarán, quizás, una asociación. Esta magnífica posición entre los dos mares, ₂₀ podrá ser, con el tiempo, el emporio del universo; sus canales acortarán las distancias del mundo, estrecharán los lazos comerciales de Europa, América y Asia, traerán a tan feliz región los tributos de las cuatro partes del globo. Acaso sólo allí podrá fijarse algún día la capital de la tierra, como pretendió Constantino que ₂₅ fuese Bizancio la del antiguo hemisferio.[16]

La Nueva Granada se unirá con Venezuela,[17] si llegan a convenir en formar una república central, cuya capital sea Maracaibo[18] o una nueva ciudad que con el nombre de Las Casas en honor de este héroe de la filantropía,[19] se funde entre los confines de ambos países, ₃₀ en el soberbio puerto de Bahiahonda.[20] Esta posición, aunque desconocida, es más ventajosa por todos respectos. [...]

---

[14] The regime of Porfirio Díaz, for example, lasted for more than thirty years (Cf. Chapter XIV, n. 12).

[15] Agustín de Iturbide, Emperor of Mexico (1822-23) was forced to abdicate; in 1864 Maximilian, Archduke of Austria, was persuaded to become Emperor of Mexico and condemned to death in 1867.

[16] Constantine I, the Great (272-337), Roman Emperor who transferred the imperial capital from Rome to Byzantium in 330; the latter city was renamed Constantinople in his honor.

[17] New Granada (Colombia) and Venezuela united to form the *República de la Gran Colombia* in 1819, and Ecuador was subsequently added; the union was dissolved in 1830.

[18] *Maracaibo* — in northwestern Venezuela.

[19] *Las Casas* — Cf. Chapter II, n. 7.

[20] *Bahiahonda* — bay on the northeastern tip of Colombia.

Esta nación se llamaría Colombia, como un tributo de justicia y gratitud al creador de nuestro hemisferio. Su gobierno podrá imitar al inglés, con la diferencia de que en lugar de un rey habrá un poder ejecutivo electivo, cuando más vitalicio, y jamás hereditario
5 si se quiere república, una cámara o senado legislativo hereditario que en las tempestades políticas se interponga entre las olas populares y los rayos del gobierno, y un cuerpo legislativo, de libre elección, sin otras restricciones que las de la cámara baja de Inglaterra. Esta constitución participaría de todas las formas y yo deseo que
10 no participe de todos los vicios. Como esta es mi patria, tengo un derecho incontestable para desearla lo que en mi opinión es mejor. [...]

Poco sabemos de las opiniones que prevalecen en Buenos Aires, Chile y el Perú. Juzgando por lo que se trasluce y por las apariencias,
15 en Buenos Aires habrá un gobierno central, en que los militares se lleven la primacía, por consecuencia de sus divisiones intestinas y guerras externas. Esta constitución degenerará, necesariamente,

SIMÓN BOLÍVAR, EL LIBERTADOR

en una oligarquía o una monocracia,[21] con más o menos restricciones, y cuya denominación nadie puede adivinar. Sería doloroso que tal cosa sucediese, porque aquellos habitantes son acreedores a la más espléndida gloria.

El reino de Chile está llamado, por la naturaleza de su situación, por las costumbres inocentes y virtuosas de sus moradores, por el ejemplo de sus vecinos, los fieros republicanos del Arauco,[22] a gozar de las bendiciones que derraman las justas y dulces leyes de una república. Si alguna permanece largo tiempo en América, me inclino a pensar que será la chilena. Jamás se ha extinguido allí el espíritu de libertad; los vicios de la Europa y el Asia llegarán tarde o nunca a corromper las costumbres de aquel extremo del universo. Su territorio es limitado; estará siempre fuera del contacto inficionado del resto de los hombres, no alterará sus leyes, usos y prácticas, preservará su uniformidad en opiniones políticas y religiosas. En una palabra, Chile puede ser libre. [...]

De todo lo expuesto, podemos deducir estas consecuencias: las provincias americanas se hallan lidiando por emanciparse, al fin obtendrán el suceso; algunas se constituirán de un modo regular en repúblicas federales y centrales; se fundarán monarquías casi inevitablemente en las grandes secciones, y algunas serán tan infelices que devorarán sus elementos, ya en la actual, ya en las futuras revoluciones. Una gran monarquía, no será fácil consolidar; una gran república, imposible.

Es una idea grandiosa pretender formar de todo el Mundo Nuevo una sola nación con un solo vínculo que ligue sus partes entre sí y con el todo. Ya que tiene un origen, una lengua, unas costumbres y una religión, debería, por consiguiente, tener un solo gobierno que confederase los diferentes estados que hayan de formarse; mas no es posible, porque climas remotos, situaciones diversas, intereses opuestos, caracteres desemejantes dividen a la América. ¡Qué bello sería que el istmo de Panamá fuese para nosotros lo que el de Corinto para los griegos![23] ¡Ojalá que algún día tengamos la fortuna de instalar allí un augusto Congreso de los representantes de las repúblicas, reinos e imperios, a tratar y discutir sobre los altos intereses de la paz y de la guerra, con las naciones de las otras partes del mundo! [...]

[21] Juan Manuel de Rosas was dictator of Argentina (1829-1852).
[22] *Arauco* — Cf. Chapter V n. 3.
[23] There was, in effect, an international Congress held in Panama in 1826, but the dream of Bolívar, needless to say, never came to fruition. In a letter written early in 1825 Bolívar states "My current *obsession* is to send representatives to the Isthmus to establish one great Federal Congress".

Ahora damos íntegro el breve y ejemplar discurso que pronunció Bolívar ante el Congreso de Lima, el 10 de febrero de 1825, renunciando la dictadura con que lo había investido ese Congreso un año antes, en aquella misma fecha.

5 Legisladores : Hoy es el día del Perú, porque hoy no tiene un dictador. El Congreso salvó la patria, cuando trasmitió al ejército libertador la sublime autoridad que le había confiado el pueblo, para que lo sacase del caos y de la tiranía. El Congreso llenó altamente su deber, dando leyes sabias en la constitución republicana, que mandó
10 cumplir. El Congreso, dimitiéndose de esa autoridad inajenable que el pueblo mismo apenas podía prestar, ha dado el ejemplo más extraordinario de desprendimiento y de patriotismo. Consagrándose a la salud de la patria, y destruyéndose a sí mismo, el Congreso constituyó al ejército en el augusto encargo de dar libertad al Estado,
15 de salvar sus flamantes leyes y de lavar con la sangre de los tiranos las manchas que la nación había recibido de esos hombres nefandos, a quienes se había confiado la autoridad de regirla.

Me es imposible expresar la inmensidad de gloria que me ha dado el Congreso, encargándome de los destinos de su patria. Como
20 representante yo del ejército libertador, me atreví a recibir la formidable carga que apenas podrían sobrellevar todos mis compañeros de armas ; pero la virtud y el valor de estos ínclitos guerreros, me animaron a aceptarla. Ellos han cumplido la celeste misión que les confió

115   SIMÓN BOLÍVAR, EL LIBERTADOR

el Congreso; en Junín y Ayacucho[24] han derramado la libertad por todo el ámbito del imperio que fué de Manco-Capac;[25] han roto el yugo y las cadenas que le imponían los representantes del procónsul de la santa alianza en España.[26] Ellos marchan al Alto Perú;[27] pues sean cuales fueren las miras del que allí manda, al fin es un español.[28] 5 Yo volaré con ellos; y la plaza del Callao[29] será tomada al asalto por los bravos del Perú y Colombia.

Después, señores, nada me queda que hacer en esta república; mi permanencia en ella es un fenómeno absurdo y monstruoso, es el oprobio del Perú. 10

Yo soy un extranjero; he venido a auxiliar como guerrero, y no a mandar como político. Los legisladores de Colombia, mis propios compañeros de armas, me increparían un servicio que no debo consagrar sino a mi patria, pues unos y otros no han tenido otro designio que el de dar la independencia a este gran pueblo. Pero si yo 15 aceptase su mando, el Perú vendría a ser una nación parásita ligada así a Colombia, cuya presidencia obtengo y en cuyo suelo nací. Yo no puedo, señores, admitir un poder que repugna mi conciencia: tampoco los legisladores pueden conceder una autoridad que el pueblo les ha confiado sólo para representar su soberanía. Las 20 generaciones futuras del Perú os cargarían de execración; vosotros no tenéis facultad de librar un derecho de que no estáis investidos. No siendo la soberanía del pueblo enajenable, apenas puede ser representada por aquellos que son los órganos de su voluntad; mas

[24] The battles of Junín (August 6, 1824) and Ayacucho (December 9, 1824), fought in Peru, decided the outcome of the war against the Royalists.

[25] *Manco-Capac* — According to the legends of the Incas, after the flood the world was divided into four kingdoms; Manco-Capac was given the northern section, whereupon he founded the city of Cuzco. All Inca kings are said to be descended from him (the *Comentarios reales* of Garcilaso de la Vega, el Inca, contain an account of this legend).

[26] The declaration of the Holy Alliance was signed in 1815 by Alexander I of Russia, Francis I of Austria, Frederick William III of Prussia. Soon many other countries signed the declaration, despite a certain vagueness of purpose. Louis XVIII of France was the visible agent of the Alliance, and had the double mission of restoring the absolute rule of the repressive Fernando VII in Spain (temporarily suspended following the revolution of Riego in 1820) and of restoring authority to the rebellious American colonies.

[27] *Alto Perú* — Upper Peru, originally part of the empire of the Incas, was considered part of the Viceroyalty of Peru until 1825, at which time it became a separate nation bearing the name of Bolivia, in homage to Bolívar.

[28] In 1821, for example, the Viceroy General José de la Serna tried to reach some sort of compromise with San Martín, but the latter refused to stop short of the recognition of the complete independence of Peru.

[29] In February of 1824 the garrison at Callao mutinied and gave up the stronghold to the Royalists. It was not until January, 1826, that the Spanish flag ceased to fly over the fortress. In a letter dated February 21, 1825, Bolívar writes "within three or four days I shall begin the blockade and siege of Callao".

SIMÓN BOLÍVAR, EL LIBERTADOR

un forastero, señores, no puede ser el órgano de la representación
nacional. Es un intruso en esta naciente república. Yo no abandonaré
sin embargo, el Perú; le serviré con mi espada y con mi corazón,
mientras un solo enemigo huelle su suelo. Luego, ligando por la
5 mano las repúblicas del Perú y de Colombia, daremos el ejemplo de
la grande confederación que debe fijar los destinos futuros de este
nuevo universo.

Una mujer de Cuzco, Perú

Bolivia

La figura de Simón Bolívar queda, en cierto modo, situada entre otras dos de las más importantes en la historia de la América hispánica : por un lado, su compatriota, Francisco de Miranda, llamado el Precursor, que pasó casi toda su vida (1750-1816) en viajes de propaganda por Europa, tratando de obtener el apoyo de las grandes naciones en favor de la independencia, y murió prisionero en una cárcel española después de haber fracasado como militar al frente de los ejércitos venezolanos en 1812. Y, desde luego, José de San Martín,[30] libertador de la Argentina, Chile y Perú, en donde coincidió con su par, Simón Bolívar, y poco después, en la misteriosa entrevista de Guayaquil[31] (1822) celebrada por los dos generales, cedió el mando al venezolano, y se retiró primero a su patria y después a Europa, en donde murió en 1850. Tampoco quisiéramos olvidar aquí a los hombres que hicieron la revolución en México, a don Miguel Hidalgo, el cura de Dolores, que lanzó el grito de independencia el 16 de septiembre de 1810,[32] y al otro sacerdote, José Morelos,[33] que continuó la obra del primero y dió las bases orgánicas de una constitución para el país.

[30] José de San Martín (1778-1850), general who defeated the Spaniards in Chacabuco (1817) and Maipú (1818). San Martín declared the independence of Peru in 1821.

[31] Bolívar and San Martín, the protector of Peru, met for the first time at Guayaquil in 1822; San Martín apparently decided to leave to Bolívar the honor of terminating the war for independence, and retired from the scene.

[32] Miguel Hidalgo (1753-1811) who started the Mexican uprising with the cry "*Viva Nuestra Señora de Guadalupe y mueran los gachupines*" (*gachupines* a despective term for Spaniards). This battle cry was known subsequently as the "grito de Dolores".

[33] José Morelos (1780-1815). Two years after Hidalgo was killed Morelos declared the independence of Mexico (1813). Shortly afterwards he was defeated by Iturbide, taken prisoner and shot.

Todos ellos, y muchos más, cada uno por su parte, fueron realizando la obra de la libertad de Hispanoamérica. Pero sobre todos ellos aparece la figura de Simón Bolívar como aquélla en la que puede resumirse el ideal de revolución e independencia. Y también de gentileza. El poeta
5 puertorriqueño contemporáneo Luis Lloréns Torres*, escribió una vez:

> Político, militar, héroe, orador y poeta.
> Y en todo, grande. Como las tierras libertadas por él.
> Por él, que no nació hijo de patria alguna,
> sino que muchas patrias nacieron hijas dél.
>
10 > Tenía la valentía del que lleva una espada.
> Tenía la cortesía del que lleva una flor.
> Y entrando en los salones, arrojaba la espada.
> Y entrando en los combates, arrojaba la flor. [...]

Ciudad Bolívar, Venezuela

X

ANDRÉS BELLO, el educador

(1781-1865)

... el señor Bello era sumamente serio, impasible y terco. Nunca explicaba, sólo conversaba, principiando siempre por exponer una cuestión para hacer discurrir sobre ella a sus discípulos. En estas conversaciones discurría y discutía él mismo, casi siempre fumando un enorme habano, hablando parcamente, con pausa y sin mover 5 un músculo de sus facciones...

(José Victoriano Lastarria*, *Recuerdos Literarios*)

Este es el personaje que, en el Santiago de Chile del segundo tercio del siglo XIX, ejerció una influencia y representó un papel que en cierto modo recuerda al de Goethe en el Weimar[1] de principios de ese mismo siglo. Un personaje que en el retrato de Lastarria puede aparecer como duro y extremadamente serio, y que, sin embargo, tuvo una juventud y una vida que supieron ser apasionadas. Lo que sucede es que la pasión de Bello fue más que nada un amor a la literatura — se le ha llamado « el perfecto hombre de letras » — y, sobre todo, un amor a la educación. Tanto, que se ha dicho siempre que si Bolívar fue el Libertador de nuestra América, Bello fue el Educador.

El escritor colombiano contemporáneo Germán Arciniegas* escribió una vez:

---

[1] Johann Wolfgang von Goethe (1749-1832), German man of letters who was the central figure at the court of Karl August in the Duchy of Weimar.

Por una circunstancia feliz para la ciudad de Caracas, nacieron allí, y casi por los mismos años, dos figuras del mayor relieve; la una para la historia de la revolución de América, y la otra para la de la guerra : Andrés Bello y Simón Bolívar. Una misma ambición les
5 puso a los dos sobre la pista de libertar a las colonias españolas. En su juventud se les ve juntos muchas veces. La vida les va separando porque cada cual escoge su camino. Pero lo esencial para situar al uno y al otro dentro de la escena histórica es ver cómo aparecen en hora crucial cuando el tema que apasiona a las nuevas generacio-
10 nes es el de la emancipación americana. Es ese impulso fecundo, esa avasalladora ambición de emanciparse lo que les da a los hombres de entonces fuerzas extraordinarias que llevan a la heroicidad, ánimos para rehacer su América, como si pudieran remodelarse las cordilleras y los hombres. Aquello fué para nosotros como el Rena-
15 cimiento. Lo que parecía un continente pasivo y silencioso, descu- brió las potencias sumergidas de su capacidad creadora y recreado- ra.[2] Artistas y soldados aparecieron en todas partes, y los impacientes luchadores iban de nación en nación reproduciendo hazañas y magnificándolas. De Bolívar se ha dicho que no fué « hijo de patria
20 alguna, sino que muchas patrias nacieron hijas de él ». En realidad, el cuento de las fronteras vino luego. Entonces había la labor de hacer un continente. Los soldados iban de Colombia al Alto Perú, de las provincias del Plata[3] al corazón de Lima, como antorchas tras- humantes. Y lo mismo fueron los sabios. O digamos los humanistas,
25 porque hay mucha semejanza entre la obra que hicieron en Europa los humanistas del siglo XVI, y la que en América emprendieron, en el XIX, hombres como Bello.

También se ha dicho, y es bien cierto, que si Bolívar logró la libertad política, Bello realizó la independencia intelectual de las repúblicas
30 americanas, proclamando siempre la necesidad de adquirir una cultu- ra que, sin desdeñar la tradición europea, fuese mucho más consciente de sus posibilidades propias. Durante su estancia de diecinueve años en Inglaterra, entre 1810 y 1829, la claridad de visión que da la lejanía le hizo comprender ese problema y con ello en la mente, escribió una
35 oda, la « Alocución a la poesía » de 1823, en la que presenta sus ideas al respecto, en versos como :

---

[2] *recreadora* — re-creative.
[3] The provinces of the La Plata river comprised the area that is now Argentina, Paraguay and Uruguay.

ANDRÉS BELLO, EL EDUCADOR

Divina poesía,
tú, de la soledad habitadora,
a consultar tus cantos enseñada
con el silencio de la selva umbría;
tú, a quien la verde gruta fué morada   5
y el eco de los montes compañía:
tiempo es que dejes ya la culta Europa,
que tu nativa rustiquez desama,
y dirijas el vuelo adonde te abre
el mundo de Colón su grande escena. [...]   10

No estaría de más recordar aquí la semejante actitud de Emerson[4] en su famoso discurso de « The American Scholar », pronunciado en 1837, ni la del poeta Walt Whitman, que le dice a esa misma Musa en « Song of the Exposition », de 1871, que forma parte de *Leaves of Grass:*

Come Muse, migrate from Greece and Ionia   15
Cross out please those immensely overpaid accounts [...]
For know a better, fresher, busier sphere, a wide,
untried domain awaits, demands you.

Esa posición de Bello frente a la cultura europea — que por otra parte no significa jamás un desprecio ni una negación de esa cultura,   20

[4] Ralph Waldo Emerson (1803-1882), American philosopher, essayist, poet. "The American Scholar", delivered at Harvard, was called by Oliver Wendell Holmes the "intellectual declaration of independence for America".

UNIVERSIDADES: Lima

Panamá

toda vez que él mismo fue siempre un defensor de la tradición del idioma castellano — la encontramos expresada en una página, que escogemos entre las muchas que sobre el tema escribió :

Nuestra juventud ha tomado con ansia el estudio de la historia;
5 acabamos de ver pruebas brillantes de sus adelantamientos en ella;
y quisiéramos que se penetrase bien de la verdadera misión de la
historia para estudiarla con fruto. Quisiéramos sobre todo precaverla
de una servilidad excesiva a la ciencia de la civilizada Europa.

Es una especie de fatalidad la que subyuga las naciones que
10 empiezan a las que las han precedido. Grecia avasalló a Roma ; Grecia
y Roma, a los pueblos modernos de Europa, cuando en ésta se restau-
raron las letras ; y nosotros somos ahora arrastrados más allá de lo
justo por la influencia de la Europa, a quien — al mismo tiempo que
nos aprovechamos de sus luces — debiéramos imitar en la indepen-
15 dencia del pensamiento. [...]

Es preciso además no dar demasiado valor a nomenclaturas filosóficas : generalizaciones que dicen poco o nada por sí mismas al que
no ha contemplado la naturaleza viviente en las pinturas de la historia y, si se puede, en los historiadores primitivos y originales. No
20 hablamos aquí de nuestra historia solamente, sino de todas. ¡Jóvenes chilenos! Aprended a juzgar por vosotros mismos; aspirad a
la independencia del pensamiento. Bebed en las fuentes; a lo menos
en los raudales más cercanos a ellas. El lenguaje mismo de los
historiadores originales, sus ideas, hasta sus preocupaciones y sus
25 leyendas fabulosas, son una parte de la historia, y no la menos ins-
tructiva y verídica. ¿Queréis, por ejemplo, saber qué cosa fué el

Caracas

México

descubrimiento y conquista de América? Leed el diario de Colón, las cartas de Pedro de Valdivia,[5] las de Hernan Cortés. Bernal Díaz os dirá mucho más que Solís[6] y Robertson.[7] Interrogad a cada civilización en sus obras; pedid a cada historiador sus garantías. Esa es la primera filosofía que debemos aprender de la Europa. 5

Nuestra civilización será también juzgada por sus obras; y si se la ve copiar servilmente a la europea aun en lo que ésta no tiene de aplicable, ¿cuál será el juicio que formará de nosotros un Michelet,[8] un Guizot?[9] Dirán: la América no ha sacudido aún sus cadenas; se arrastra sobre nuestras huellas con los ojos vendados; no respira 10 en sus obras un pensamiento propio, nada original, nada característico; remeda las formas de nuestra filosofía y no se apropia su espíritu. Su civilización es una planta exótica que no ha chupado todavía sus jugos a la tierra que la sostiene.

Don Andrés Bello, como el gran humanista que era, escribió sobre 15 numerosísimos temas, bien sobre la estructura del verso o las influencias en la poesía castellana; o sobre la misión de la Universidad, o sobre puntos de Derecho, o sobre filosofía, o sobre otros mil. Compuso y publicó en 1847 su *Gramática de la lengua castellana* que aun hoy en día es consultada por los estudiosos. Y acaso su nombre es recordado 20 sobre todo por su oda «A la agricultura de la Zona Tórrida», uno de los poemas importantes de la literatura castellana, no tanto por su lirismo como por las enseñanzas que contiene. En efecto, se trata de un poema del género didáctico en el cual su autor, desde Londres, contempla, en 1826, el panorama de la América del Sur poco después 25 de terminadas las guerras de Independencia y al contemplarlo incita a los americanos a curar las heridas de la guerra, y a volver al cultivo de los campos como único modo de adquirir una vida organizada y decorosa.

---

[5] Pedro de Valdivia (1510-1569), Spanish captain who was killed by the Araucanians in the struggle for the conquest of Chile.
[6] Antonio Solís (1610-1686), Spanish historian, author of the *Historia de la conquista de Méjico*.
[7] William Robertson (1721-1793), Scottish historian, author of a *History of America*.
[8] Jules Michelet (1798-1874), French historian, author of *Histoire de France, Histoire de la révolution*.
[9] François Guizot (1787-1874), French historian and minister under King Louis-Philippe.

¡Salve, fecunda zona,
que al sol enamorado circunscribes
el vago curso, y cuanto ser se anima
en cada vario clima,
acariciada de su luz, concibes![10]
Tú tejes al Verano su guirnalda
de granadas espigas; tú la uva
das a la hirviente cuba;
no de purpúrea fruta, roja o gualda,
a tus florestas bellas
falta matiz alguno;[11] y bebe en ellas
aromas mil el viento;
y greyes van sin cuento
paciendo tu verdura, desde el llano
que tiene por lindero el horizonte,
hasta el erguido monte,
de inaccesible nieve siempre cano. [...]

El poema está escrito en silvas, y pertenece en espíritu y forma al
período neoclásico.[12] Comienza, como se ha visto, con una evocación
de la naturaleza en la zona tórrida — el poeta piensa desde luego en su
patria, Venezuela, situada entre el Ecuador y el Trópico de Cáncer —,
y enumera después los productos naturales de esa tierra, como la caña,
el cacao, el café, etc. Luego hace un contraste entre la vida de la ciudad
y del campo, atribuyendo a la primera todos los males de pereza y vicio
que el hombre sufre, y para incitar a los habitantes de la ciudad a volver
al campo, y a trabajar cerca de la tierra exclama:

¡Oh, los que afortunados poseedores
habéis nacido de la tierra hermosa,
en que reseña hacer de sus favores
— como para ganaros y atraeros —
quiso Naturaleza bondadosa![13]

[10] *que ... concibes* — the order is *que circunscribes el vago curso al sol enamorado y, acariciada de su luz, concibes cuanto ser se anima en cada vario clima.*

[11] *no de ... alguno* — the order is *no falta a tus florestas bellas matiz alguno de purpúrea
fruta, roja o gualda.*

[12] The admiration of the Neoclassicists for Latin models is clearly shown in Bello's *Silva*
the first line of which is an echo of Vergil's *Salve magna parens frugum,* while the stanzas
reproduced below are reminiscent of Horace's "Beatus ille...".

[13] *en que reseña ... bondadosa* — the order is *en que [la] naturaleza bondadosa quiso hacer
reseña de sus favores como para ganaros y atraeros.*

ANDRÉS BELLO, EL EDUCADOR

Romped el duro encanto
que os tiene entre murallas prisioneros.
El vulgo de las artes laborioso,
el mercader que necesario al lujo
al lujo necesita,   5
los que anhelando van tras el señuelo
del alto cargo y del honor ruidoso,
la grey de aduladores parasita,
gustosos pueblen ese infecto caos :
el campo es vuestra herencia : en él gozaos.   10
¿Amáis la libertad? El campo habita,
no allá donde el magnate
entre armados satélites se mueve,
y de la moda, universal señora,
va la razón al triunfal carro atada,[14]   15
y a la fortuna la insensata plebe,
y el noble al aura popular adora.[15]
¿O la virtud amáis? ¡Ah, que el retiro,
la solitaria calma
en que, juez de sí misma, pasa el alma   20
a las acciones muestra,[16]
es de la vida la mejor maestra![17]

Ahora bien : esta vuelta a la naturaleza no la aconseja Bello sólo
por el placer que la vida libre del campo puede producir, sino por la
necesidad de cultivar la tierra y de hacerla producir; por lo tanto, hay 25
un interés utilitario en su consejo. Escuchemos como dice ahora :

Allí también deberes
hay que llenar : cerrad, cerrad las hondas
heridas de la guerra; el fértil suelo,
áspero ahora y bravo,   30
al desacostumbrado yugo torne
del arte humana, y le tribute esclavo.[18]

[14] *y de la moda ... atada* — read *y va la razón atada al triunfal carro de la moda, universal señora.*
[15] *adora* is also the verb understood in the previous line.
[16] *en que ... muestra* — read *en que el alma, juez de sí misma, pasa muestra a las acciones.*
[17] The subject of *es* is *calma*, four lines above.
[18] *al desacostumbrado ... esclavo* — read *torne al desacostumbrado yugo del arte humana, y [como] esclavo le tribute. Torne* and *tribute* are indirect commands, translated, for example, as "let the fertile soil return..." The rest of the verbs in this section (except for *abrid*) are to be understood in like manner.

ANDRÉS BELLO, EL EDUCADOR   **126**

Del obstruído estanque y del molino
recuerden ya las aguas el camino;
el intrincado bosque el hacha rompa,
consuma el fuego; abrid en luengas calles
la oscuridad de su infructuosa pompa.
Abrigo den los valles
a la sedienta caña;
la manzana y la pera
en la fresca montaña
el cielo olviden de su madre España;
adorne la ladera
el cafetal; ampare
a la tierna teobroma en la ribera
la sombra maternal de su bucare;[19]
aquí el vergel, allá la huerta ría [...]

[19] Bello explains that cacao, or *theobroma cacao* as it is known in Latin, is usually planted in the shade of the thick *bucare* tree.

ANDRÉS BELLO, EL EDUCADOR

Y por fin, en la última estrofa del poema su autor se dirige a las repúblicas hispanoamericanas recién salidas a la vida independiente, exhortándolas a honrar el campo y la vida sencilla del labrador, para de ese modo dar ejemplo a la Humanidad de cómo han sabido aprovechar esos consejos, haciéndose así dignas herederas de los Libertadores. 5

¡Oh jóvenes Naciones, que ceñida
alzáis sobre el atónito occidente
de tempranos laureles la cabeza![20]
honrad el campo, honrad la simple vida
del labrador, y su frugal llaneza. 10
Así tendrán en vos perpetuamente
la libertad morada,
y freno la ambición, y la ley templo.
Las gentes a la senda
de la inmortalidad, ardua y fragosa, 15
se animarán, citando vuestro ejemplo.
Lo emulará celosa
vuestra posteridad; y nuevos nombres
añadiendo la fama
a los que ahora aclama. 20
« Hijos son éstos, hijos
— pregonará a los hombres —
de los que vencedores superaron
de los Andes la cima :[21]
de los que en Boyacá,[22] los que en la arena 25
de Maipo,[23] y en Junín,[24] y en la campaña
gloriosa de Apurima,[25]
postrar supieron al león de España. »[26]

[20] *que ceñida ... cabeza* — read *que alzáis sobre el atónito occidente la cabeza ceñida de tempranos laureles.*
[21] *de los que ... cima* — the order is *de los que, vencedores, superaron la cima de los Andes.*
[22] Boyacá (Colombia). The victory won here by Bolívar in 1819 decided the independence of Colombia.
[23] Maipo (or Maipú), Chile, where San Martín won a major victory in 1818.
[24] Junín (Peru), site of a battle won by Bolívar in 1824.
[25] The Apurimac river runs through Ayacucho where a decisive victory was won in 1824.
[26] The lion figures on the coat of arms of Spain.

La batalla de Boyacá

XI

JOSÉ MARÍA HEREDIA, el poeta
(1803-1839)

El poeta nacional de Cuba es al mismo tiempo uno de los primeros románticos, si no en la forma de sus poesías, sí en la vehemencia con que expresa sus sentimientos. Vivió una existencia azarosa y breve, casi toda ella ocupada por un pensamiento capital : la independencia
5 de su patria, de la que tuvo que salir muy joven por razones políticas.[1] Residió en los Estados Unidos en 1824 y 1825, pasando después a México, y allí permaneció hasta su muerte, con excepción de un corto y apresurado viaje a Cuba a fines de 1836.

Al describir en un poema « A Emilia », su salida primera como deste-
10 rrado, se pinta el poeta en versos que nos parecen uno de sus mejores retratos, y a la vez, el retrato típico del romántico y del desterrado político de aquellos años. Exclama :

> Bramaba en torno la tormenta fiera
> y yo sentado en la agitada popa
15 > del náufrago bajel, triste y sombrío,
> los torvos ojos en el mar fijando,
> meditaba de Cuba en el destino
> y en sus tiranos viles,[2] y gemía,
> y de sudor y cólera temblaba,
20 > mientras el viento en derredor rugía
> y mis sueltos cabellos agitaba.

Y en efecto, en muchos de sus poemas o de sus páginas en prosa aparece Heredia como el principal actor de una tragedia; es decir, en la actitud del romántico para quien todo en la naturaleza es como
25 un decorado que sirve más bien para realzar su figura. Así lo vemos,

---

[1] As a member of the secret society known as the "Soles y Rayos de Bolívar" Heredia was condemned to death for conspiracy to overthrow Spanish rule in Cuba. He escaped to the United States.

[2] To Heredia the *tiranos viles* are the Spanish rulers.

primero en los versos de juventud, antes del destierro, como en los que escribió durante un viaje a México con su familia en 1820, cuando contaba apenas 17 años, el conocido « En el teocalli de Cholula », que es ya una muy seria meditación sobre el paso del tiempo, tomando como ejemplo las glorias de la destruida civilización azteca. Allí se siente el 5 joven llevado por el espectáculo de la naturaleza, y dice, contemplando las estrellas :

> ¡Oh! ¡yo os saludo
> fuentes de luz, que de la noche umbría
> ilumináis el velo, 10
> y sois del firmamento poesía!

Años después, en 1824, ya fuera de su patria, escribe su oda más famosa, « Niágara », en la que aparecen las dos características principales de su poesía : por una parte, la descripción de la naturaleza, que es en este caso la formidable catarata, y por otra, la nostalgia de su 15 patria lejana, cuyos árboles — las palmas — recuerda al contemplar los del norte, — los pinos. Este poema, traducido a muchos idiomas, apareció en inglés en enero de 1827, en « The U.S. Review and Literary Gazette », en una versión que se supone hecha por William Cullen Bryant, que era entonces director de dicho periódico. 20

Heredia escribió dos impresiones de ese viaje al Niágara. Una, en la carta en prosa fechada en Manchester, N.Y., el 17 de junio de 1824 y dirigida a un tío suyo; y la otra, el famoso poema que le ha valido el título de « cantor del Niágara ».

> ¡Dadme mi lira, dádmela que siento 25
> en mi alma estremecida y agitada,
> arder la inspiración!³ ¡Oh, cuánto tiempo
> en tinieblas pasó, sin que mi frente
> brillase con su luz!... ¡Niágara undoso,
> solo tu faz sublime ya podría 30
> tornarme el don divino, que ensañada,
> me robó del dolor la mano impía!⁴ [...]

---

³ *dádmela ... inspiración* — the order is *dádmela, que (porque) siento arder la inspiración en mi alma estremecida y agitada.*
⁴ *me robó ... impía* — read *la mano impía del dolor me robó.*

Niágara

Corres sereno, y majestuoso, y luego
en ásperos peñascos quebrantado,
te abalanzas violento, arrebatado,
como el destino irresistible y ciego.
¿Qué voz humana describir podría
de la sirte rugiente
la aterradora faz? El alma mía
en vago pensamiento se confunde,
al contemplar la férvida corriente,
que en vano quiere la turbada vista
en su vuelo seguir[5] al ancho borde
del precipicio altísimo: mil olas,
cual pensamiento rápidas pasando,
chocan, y se enfurecen;
otras mil, y otras mil ya las alcanzan,
y entre espuma y fragor desaparecen.

Mas llegan... saltan... El abismo horrendo
devora los torrentes despeñados:
crúzanse en él mil iris,[6] y asordados
vuelven los bosques el fragor tremendo.

---

[5] *que en vano ... seguir* — *que* (modifying *corriente*) *la turbada vista quiere en vano seguir en su vuelo.*

[6] *iris* — rainbow, usually *arco iris.*

JOSÉ MARÍA HEREDIA, EL POETA

Al golpe violentísimo en las peñas
rómpese el agua, salta, y una nube
de revueltos vapores
cubre el abismo en remolinos, sube,
gira en torno, y al cielo   5
cual pirámide inmensa se levanta,
y por sobre los bosques que le cercan
al solitario cazador espanta.
Mas, ¿qué en ti busca mi anhelante vista
con inquieto afanar? ¿Por qué no miro   10
alrededor de tu caverna inmensa
las pàlmas ¡ay! las palmas deliciosas,
que en las llanuras de mi ardiente patria
nacen del sol a la sonrisa, y crecen,
y al soplo de las brisas del océano   15
bajo un cielo purísimo se mecen?[7]

Este recuerdo a mi pesar me viene...
Nada ¡oh Niágara! falta a tu destino,
ni otra corona que el agreste pino
a tu terrible majestad conviene.[8]   20
La palma, y mirto y delicada rosa,
muelle placer inspiren y ocio blando
en frívolo jardín : a ti la suerte
guardó más digno objeto, más sublime.
El alma libre, generosa y fuerte,   25
viene, te ve, se asombra,
menosprecia los frívolos deleites,
y aun se siente elevar cuando te nombra. [...]

Abrió el Señor su mano omnipotente,
cubrió tu faz de nubes agitadas,   30
dió su voz a tus aguas despeñadas,
y ornó con su arco[9] tu terrible frente.
Miro tus aguas que incansables corren,
como el largo torrente de los siglos

---

[7] *nacen ... se mecen?* — read *nacen y crecen a la sonrisa del sol, y se mecen al soplo de las brisas del océano bajo un cielo purísimo.*
[8] *ni ... conviene* — only the forest pine is a fitting crown for your awesome majesty.
[9] *arco* — rainbow.

rueda en la eternidad : así del hombre
pasan volando los floridos días,[10]
y despierta al dolor... ¡Ay! agostada
siento mi juventud, mi faz marchita,
y la profunda pena que me agita
ruga mi frente de dolor nublada.[11]

Nunca tanto sentí como este día
mi mísero aislamiento, mi abandono,
mi lamentable desamor... ¿Podría
un alma apasionada y borrascosa
sin amor ser feliz...? ¡Oh! ¡si una hermosa
digna de mí me amase,
y de este abismo al borde turbulento
mi vago pensamiento
y mi andar solitario acompañase![12]
¡Cuál gozara al mirar su faz cubrirse[13]
de leve palidez, y ser más bella
en su dulce terror, y sonreírse
al sostenerla mis amantes brazos...!
¡Delirios de virtud...! ¡Ay! desterrado,
sin patria, sin amores,
sólo miro ante mí, llanto y dolores.

¡Niágara poderoso!
oye mi última voz : en pocos años
ya devorado habrá la tumba fría
a tu débil cantor. ¡Duren mis versos
cual tu gloria inmortal! ¡Pueda piadoso
al contemplar tu faz algún viajero,
dar un suspiro a la memoria mía.[14]
Y yo, al hundirse el sol en occidente,
vuele gozoso do[15] el Creador me llama,
y al escuchar los ecos de mi fama,
alce en las nubes la radiosa frente!

[10] *así ... días* — read *así pasan volando los floridos días del hombre.*
[11] *ruga ... nublada* — read *arruga mi frente anublada de dolor.*
[12] *y de ... acompañase* — the order is *y al borde turbulento de este abismo acompañase mi vago pensamiento y mi andar solitario.*
[13] The subject of *gozara* is *yo*; *su faz* refers to the face of the *hermosa* in line 11.
[14] *Pueda ... mía* — May some compassionate traveler, on contemplating your visage, heave a sigh in my memory.
[15] *do = donde.*

JOSÉ MARÍA HEREDIA, EL POETA

La primera edición de las poesías de Heredia apareció en New York, en 1825; la segunda, en Toluca, México, en 1832. En esta última el poeta hizo la siguiente « Advertencia » :

En 1825 publiqué la primera edición de estas poesías, sin pretensión alguna literaria. Mis amigos la deseaban, y sus instancias me distraían de los vastos designios que me inspiraban la exaltación y el amor a la gloria. Por este motivo, y como quien arroja de sí una carga, lancé al mundo mis versos para que tuviesen su día de vida, en circunstancias muy desventajosas, pues la tormenta que me arrojó a las playas del Norte,[16] me privó de los manuscritos, dejándome sin más recursos que mi fatigada memoria. Olvidé pronto aquel libro, y entré en la ardua carrera que me llamaba. Un concurso raro de circunstancias frustró mis proyectos, reduciéndome a ocupaciones sedentarias, que hicieron revivir mi gusto a la literatura. Entre tanto, mis poesías habían corrido con aceptación en América y Europa, y la reimpresión de varias en París, Londres, Hamburgo y Filadelfia, el juicio favorable de literatos distinguidos, y la exaltación literaria excitada en mi país por la discusión de su mérito, prorrogaron el día de vida que yo les había señalado.

Me veo, pues, en el caso de hacer esta nueva edición, en que además de haber corregido con esmero las poesías ya publicadas, se incluyen las filosóficas y patrióticas que faltan en la de 1825.

El torbellino revolucionario me ha hecho recorrer en poco tiempo una vasta carrera, y con más o menos fortuna he sido abogado, soldado, viajero, profesor de lenguas, diplomático, periodista, magistrado, historiador y poeta a los veinticinco años. Todos mis escritos tienen que resentirse de la rara volubilidad de mi suerte. La nueva generación gozará días más serenos, y los que en ella se consagren a las musas, deben ser mucho más dichosos.

[16] a reference to his stay in the United States upon fleeing from Cuba.
[17] Once settled in Mexico from 1825 on, Heredia had a series of positions of a judicial nature : magistrate, judge, etc.

XII

DOMINGO FAUSTINO SARMIENTO,
el civilizador
(1811-1888)

Un retrato ideal de Hispanoamérica, quedaría incompleto sin la figura de este argentino, uno de los hombres que más han trabajado por la creación del mundo moderno en nuestro continente.

El tantas veces nombrado Pedro Henríquez Ureña*, escribió una vez
5 lo siguiente :

[El pensamiento de Sarmiento] ... desde temprano se enriqueció de
sustancias de la tierra nativa y aires de la cultura universal.
Este pensamiento tuvo su tema central : la realidad de la Argentina —
que era la realidad de América — y la necesidad de transformarla.
10 Sus libros son parte de su programa de reformador, de civilizador ;
el programa que trasmutó en hechos, como estadista y como
maestro, principal entre los creadores de la Argentina moderna.
Cuánto tuvo de exacta su visión, cuánto tuvo de revolucionaria
su acción, no se percibe claramente ahora en la Argentina porque
15 apenas se concibe ya cómo era aquel pasado : tanto ha sido el cambio. ¿Quién reconocerá, en los campos llenos de trigales, de huertas,
de bosques artificiales creados, de animales apacibles, la antigua
llanura sin árboles, sin pájaros, sin casas, donde corrían indómitos
la bestia y el hombre? [...]
20 En torno de su tema central organizó Sarmiento su vida. Y organizó
sus libros : desechando prejuicios académicos, fácil es reconocerles
sus claras estructuras. [...]

La obra literaria de Sarmiento la forman tres libros principales, que representan, a su vez, tres facetas de su pensamiento. Es curioso que dichos libros los escribiera durante su destierro en Chile, entre 1840 y 1851.[1] Son *Facundo* (1845), *Viajes por Europa, Africa y América* (1849) y *Recuerdos de provincia* (1850) que, como se ve, fueron compuestos con pocos años de diferencia. Sin embargo, cada uno de ellos es distinto de los demás, y los tres juntos completan el retrato de Sarmiento como escritor, luchador, viajero y hombre total y verdadero. Había nacido de una modesta familia provinciana y logró llegar a la presidencia de la República[2] por sus propios méritos, su honradez y su voluntad, en un caso que podría compararse con el de Abraham Lincoln, cuya *Vida* escribió también, para dejar testimonio de su admiración hacia el gran norteamericano. « Fue el obrero de su propio taller » y se cita el caso de que para hacer que sus conterráneos de la ciudad de San Juan aceptaran la obligación de pintar sus casas, él se puso en mangas de camisa a pintar la suya. Era entonces Gobernador de la provincia.[3]

Facundo es el libro de sus treinta y cuatro años, escrito en Chile, desde donde observa el panorama de su patria, y estudia los males que la afligen — el caudillismo sobre todo[4] — y el ambiente geográfico y moral que hay que reformar para asegurar un futuro estable. Facundo fue un caudillo inteligente y bárbaro de los que surgieron en la Argentina y en otros países en los años siguientes a las guerras de Independencia, y que Sarmiento estudia considerándolo como el producto de su medio social y político.[5] Los *Viajes* nos muestran un Sarmiento curioso de

[1] Sarmiento was exiled from Argentina by the federalist governor of San Juan. Aside from his expressions of opinion in his short-lived newspaper, Sarmiento was known to be a member of the "Group of Five" which sympathized with the invading unitarian armies. A briefly successful unitarian revolution in Mendoza alarmed the governor, whereupon he ordered the arrest of all unitarians in his province. Sarmiento was imprisoned, narrowly escaped lynching by federalist soldiers, and was exiled to Chile. Argentina had been plagued by civil strife between unitarians (who favored a strong centralized government in Buenos Aires) and federalists (who wanted each province to have sovereignity). By the 1840's, however, the so-called federalists, exemplified by the dictator Rosas and his followers, sought to unify the nation under one central authority with political power in the hands of the dictator, while the "unitarians" favored states rights and federalism.
[2] Sarmiento was elected President of Argentina in 1868.
[3] He was elected Governor of San Juan on February 16, 1862.
[4] *caudillismo* — "bossism", rule by a political boss.
[5] Juan Facundo Quiroga (1790-1835), local gaucho *caudillo*, central figure in *Facundo o Civilización y barbarie*. Facundo Quiroga symbolizes the "barbaric" aspect of nineteenth-century Argentina.

DOMINGO FAUSTINO SARMIENTO   **138**

los países extranjeros, observador de sus gentes y costumbres, comentador de obras de arte y de paisajes y ciudades. Y por fin, *Recuerdos de provincia* ofrece otro aspecto del escritor, la ternura hacia su familia, especialmente hacia su madre; el ambiente en que se crió y las gentes
5 que trató y que más influyeron en su desarrollo espiritual.

La poesía gauchesca, que en la segunda mitad del siglo XIX llega a su mejor expresión con el *Martín Fierro*, el poema de José Hernández (1834-1886), no puede comprenderse bien si no se ha leído la Primera Parte del *Facundo*, por la que desfilan el paisaje y los personajes de la
10 pampa argentina. Los editores hubieran deseado incluir en este libro algunos fragmentos de aquel poema, pero su dificultad, ya que todo él está escrito en un lenguaje rústico que requiere continuas notas y explicaciones, nos impide hacerlo. Sin embargo, ese personaje, el gaucho cantor, es el que Sarmiento describe en el capítulo II de su
15 libro con las siguientes palabras:

Aquí tenéis la idealización de aquella vida de revueltas, de civilización, de barbarie y de peligros. El *gaucho cantor* es el mismo bardo, el vate, el trovador de la Edad Media, que se mueve en la misma escena, entre las luchas de las ciudades y del feudalismo de los cam-
20 pos, entre la vida que se va y la vida que se acerca. El cantor anda de pago en pago, de « tapera en galpón », cantando sus héroes de la pampa perseguidos por la justicia, los llantos de la viuda a quien los indios robaron sus hijos en un malón reciente, la derrota y la muerte del valiente Rauch,[6] la catástrofe de Facundo Quiroga[7] y
25 la suerte que cupo[8] a Santos Pérez.[9] El cantor está haciendo candorosamente el mismo trabajo de crónica, costumbres, historia, biografía, que el bardo de la Edad Media, y sus versos serían recogidos más tarde como los documentos y datos en que habría de apoyarse el historiador futuro, si a su lado no estuviese otra
30 sociedad culta con superior inteligencia de los acontecimientos, que

---

[6] Federico Rauch was a cavalry officer under the command of the unitarian general Juan Lavalle; both Rauch and his division were killed at Las Bizcacheras by Indians who had been stirred up by the agents of Rosas.
[7] Facundo Quiroga was ambushed and shot at the instigation of the Reynafé brothers, particularly José Vicente Reynafé, governor of the province of Córdoba. Both José Vicente and Guillermo Reynafé were subsequently executed for their part in the murder.
[8] *la suerte que cupo* — the fate that befell.
[9] Santos Pérez was the captain of the band which carried out the murder of Quiroga at Barranca-Yaco (1835). Santos Pérez was later executed. A full account is given by Sarmiento in Chapter XIII of *Facundo*, at the end of which he implies that Rosas was ultimately responsible for the killing of Quiroga.

Gauchos argentinos

la que el infeliz despliega en sus rapsodias ingenuas. En la República
Argentina se ven a un tiempo dos civilizaciones distintas en un
mismo suelo : una naciente, que sin conocimiento de lo que tiene
sobre su cabeza, está remedando los esfuerzos ingenuos y populares
5 de la Edad Media; otra, que sin cuidarse de lo que tiene a sus pies,
intenta realizar los últimos resultados de la civilización europea.
El siglo XIX y el XII viven juntos : el uno dentro de las ciudades, el
otro en las campañas.

    El cantor no tiene residencia fija; su morada está donde la noche
10 le sorprende; su fortuna en sus versos y en su voz. Dondequiera
que el *cielito*[10] enreda sus parejas sin tasa,[11] dondequiera que se
apura una copa de vino, el cantor tiene su lugar preferente, su parte
escogida en el festín. El gaucho argentino no bebe, si la música y los
versos no lo excitan, y cada pulpería tiene su guitarra para poner
15 en manos del cantor, a quien el grupo de caballos estacionados a la
puerta anuncia a lo lejos dónde se necesita el concurso de su gaya
ciencia.[12]

[10] *cielito* — popular gaucho dance in which many couples participate.
[11] *sin tasa* — unlimited.
[12] *gaya ciencia* — the art of the troubadour.

DOMINGO FAUSTINO SARMIENTO

El cantor mezcla entre sus cantos heroicos la relación de sus propias hazañas. Desgraciadamente, el cantor, con ser el bardo argentino, no está libre de tener que habérselas con la justicia.[13] También tiene que dar la cuenta de sendas[14] puñaladas que ha distribuído, una o dos *desgracias* (muertes) que tuvo y algún caballo o una muchacha que robó. El año 1840, entre un grupo de gauchos y a orillas del majestuoso Paraná,[15] estaba sentado en el suelo y con las piernas cruzadas un cantor que tenía azorado y divertido a su auditorio con la larga y animada historia de sus trabajos y aventuras. Había ya contado lo del rapto de la querida, con los trabajos que sufrió; lo de la *desgracia* y la disputa que la motivó; estaba refiriendo su encuentro con la partida y las puñaladas que en su defensa dió, cuando el tropel y los gritos de los soldados le avisaron que esta vez estaba cercado. La partida, en efecto, se había cerrado en forma de herradura; la abertura quedaba hacia el Paraná, que corría veinte varas más abajo, tal era la altura de la barranca. El cantor oyó la grita sin turbarse, viósele de improviso sobre el caballo,[16] y echando una mirada escudriñadora sobre el círculo de soldados con las tercerolas preparadas, vuelve el caballo hacia la barranca, le pone el poncho en los ojos y clávale las espuelas. Algunos instantes después se veía salir de las profundidades del Paraná el caballo sin freno, a fin de que nadase con más libertad, y el cantor, tomado de la cola,[17] volviendo la cara quietamente, cual si fuera en un bote de ocho remos, hacia la escena que dejaba en la barranca. Algunos balazos de la partida no estorbaron que llegase sano y salvo al primer islote que sus ojos divisaron. Por lo demás, la poesía original del cantor es pesada, monótona, irregular, cuando se abandona a la inspiración del momento. Más narrativa que sentimental, llena de imágenes tomadas de la vida campestre, del caballo y de las escenas del desierto, que la hacen metafórica y pomposa. Cuando refiere sus proezas o las de algún afamado malévolo, parécese al improvisador napolitano, desarreglado, prosaico de ordinario, elevándose a la altura poética por momentos, para caer de nuevo al recitado insípido y casi sin versificación. Fuera de esto, el cantor posee su repertorio de poesías populares, quintillas, décimas y octavas, diversos géneros de versos octosílabos. Entre éstos hay muchas composiciones de mérito, y que descubren inspiración y sentimiento.
[...]

---

[13] *no está libre ... justicia* — is not exempt from having problems with the police.
[14] *sendas* — is used here in the sense of *varias*.
[15] The Paraná river, the second longest river in South America.
[16] *viósele ... caballo* — suddenly he was on his horse.
[17] *tomado de la cola* — hanging on to its tail.

Aunque se podrían escoger muchos fragmentos de los *Recuerdos de provincia*, y en todos ellos advertiríamos la maestría de narrador de Sarmiento, preferimos ofrecer algunos otros aspectos de sus escritos, y entre ellos uno que pertenece a la época de su estancia en los Estados
5 Unidos como Ministro de su país.[18] Es la página fechada el 15 de octubre de 1865 en Boston, en que se refiere a la esposa de Horace Mann[19] y a otros de sus amigos norteamericanos. Dice así:

Mrs. Mann me ha recibido como a uno de la familia, con la simplicidad de la Nueva Inglaterra. Sabe español y francés, y se complace
10 en traducirme. ¡Mary Mann es mi ángel viejo! El corazón la arrastra. Es víctima de una fascinación que acaso proviene de un exceso de amor maternal que desborda de su corazón, acaso de encontrar en mí un admirador y un continuador de su esposo.

Nos hemos visto cuatro veces en dos años; pero nuestra corres-
15 pondencia es frecuente. Vive para mí, para ayudarme y hacerme valer. Su primera pregunta a quien se le acerca es «¿conoce usted al Ministro argentino?» Y principia el panegírico. Ella me ha dado los mejores amigos, introducídome a los más altos personajes. Conozco que tal artículo en una revista es suyo, porque ha hecho uso de lo que
20 en mis cartas encuentra. Quisiera traducirme todo entero. Mi biografía le absorbe todo el tiempo que le dejan otros deberes. Va corriendo los sesenta y un años, y esta seducción la hace valer[20] para mandarme, en nombre de la autoridad de mayor edad, que hable inglés o me distraiga de mis pesares. De casa de Mrs. Mann me llevaron a Cam-
25 bridge, la célebre Universidad, donde he pasado dos días de banquete continuo, para ser presentado a los eminentes sabios que están allí reunidos: Longfellow,[21] el gran poeta, que habla perfectamente el español; Gould, el astrónomo,[22] amigo de Humboldt,[23] Agassiz (hijo), a quien pronostican mayor celebridad que al padre;[24] Hill, el
30 viejo presidente de la Universidad. De allí me arranqué para venir

[18] Sarmiento was named Minister to the United States in December, 1863.
[19] In earlier years, Sarmiento had read of the educational theories of Horace Mann (1796-1859) and on a visit to the United States in 1847 made a point of seeking him out. It was during this visit that he also met Mary Mann.
[20] *y esta seducción la hace valer* — and she uses this weapon.
[21] Longfellow (1807-1882) was Professor of modern European literature at Harvard from 1836 to 1853.
[22] Benjamin A. Gould (1824-1896), best known for his work in longitude determinations.
[23] Alexander von Humboldt (1769-1859), German naturalist and explorer who came to South America at the end of the eighteenth century and wrote an important book *Viaje a las Regiones Equinocciales.* He is sometimes referred to as the second discoverer of the New World.
[24] Alexander Agassiz (1835-1910), known for his studies in mining; his father Louis was a Swiss naturalist, later professor at Harvard.

a Boston a asistir a la clausura de la Asociación de Maestros de Massachusetts, donde fuí recibido con manifestaciones de simpatía. Como ya había estado en el Instituto de Instrucción de New Haven, doscientos de los presentes me conocían.

Tres años después, en 1868, y estando en viaje de Nueva York a Buenos Aires recibe la noticia de haber sido electo Presidente de la República Argentina. De ese momento de su vida son las notas de su diario, en el que nos cuenta sus impresiones.

Día 27 de julio: Soy yo un ente raro. Otros lo son mucho más, sin apercibirse de ello. Soy yo el intermediario entre dos mundos distin- 10 tos. Empecé a ser hombre entre la Colonia española que había concluído, y la República que aún no se organiza; entre la navegación a vela y el vapor que comenzaba. Mis ideas participan de estos dos medios ambientes. Yo soy el único que quedo todavía gritando: « ¡mueran los godos! »[25] Pertenezco a los viejos revoluciona- 15 rios de la Independencia y voy, con la teoría de entonces y la práctica norteamericana, contra lo que queda de la vieja Colonia. Saint Thomas... Jamaica... Isla de Montserrat o de los Gatos... Guadalupe... [...][26]
Los pasajeros del « Merrimac », el 4 de agosto de 1868, día 20 de Santo Domingo de Guzmán, celebran el onomástico de D.F. Sarmiento, que vino al mundo el 15 de febrero de cierto año y promete, dada la salud de que goza y el deseo de sus amigos, dejarse estar en este mundo muchos años más todavía y dar que hacer a muchos pícaros. ¿Es ya Presidente de cierta ínsula? En 25 Pará lo sabrá.[27] ¡Si lo fuere!... Si no lo es, tanto peor para ellos...
Día 10 de agosto: Cada uno me da el parabién sobre las noticias traídas por el vapor, dando por seguro mi nombramiento. Seré, pues, Presidente. Hubiera deseado que mi pobre madre viviese para que gozase con la exaltación de su Domingo. Pero me sucede 30 lo que a los viajeros que han ido dejando como luces extinguidas sus afecciones en el largo camino. ¡Y vive Dios! Si siento a mi espalda el apoyo del pueblo, si esta brisa favorable no cambia de rumbo, he de justificar a mi país, a mis amigos y a los que me aman. Haré que tengan razón y que no muera sin que otra falange de amigos, 35 de entusiastas, me acompañe al sepulcro... [...]

[25] *godos* —(Goths) was the name given to the royalists by the fighters for independence.
[26] Saint Thomas ... Guadalupe, — all islands in the West Indies.
[27] *En Pará lo sabrá* — Pará is a northern state in Brazil and also another name for the city of Belem.

Día 17 : Bahía. Cuando pasa el « Merrimac » delante del « Guerrior,[29] » fragata de guerra, la música entona el « Hail Columbia, »
el « oíd mortales »[30] yankee, y veintiún cañonazos me desean feliz
viaje. Es, pues, en estas latitudes, hecho consumado, incuestionable,
5 reconocido por todas las naciones, que soy Presidente de la República
Argentina.

Día 19 : Río de Janeiro. — Día 26 : Tierra del Uruguay. — Día 27 :
Montevideo. — Día 28 : Amanece, y en la cama me saludan Presidente, escrutado, aprobado y debidamente proclamado. ¡Urquiza[31]
10 saluda con caluroso entusiasmo mi advenimiento : el mapa de la
guerra civil queda enrollado![32] ¡A la patria y al porvenir, salud!

Ese saludo a la patria y al porvenir parece simbólico de un hombre
como Sarmiento, que desde muy joven tuvo conciencia plena de su
papel en el mundo, y que una vez dijo esta frase :

15   Yo me siento capaz de hacer el bien porque sé qué es lo que quiero.

Supo, en efecto, lo que quería; y no sólo lo supo, sino que logró
realizar su ideal de educar y construir, porque para ello tuvo los instrumentos necesarios : una voluntad indomable, un carácter violento y
generoso, y el poder del Gobierno, que usó, afortunadamente, para
20 hacer todo el bien posible a su patria.

[28] Bahía is on the coast of Brazil.
[29] "Guerrior" = Warrior or Guerrière.
[30] *oíd mortales* — the Argentinian national anthem.
[31] General Justo José de Urquiza (1800-1870) was the military leader of the opposition to
Rosas, and after the latter's downfall in 1852 became first provisional governor and then
President of the Republic. Sarmiento and Urquiza had been far from friendly in previous
years, but with the election of the former, they began to work together.
[32] Civil war in Argentina was not long in breaking out; Urquiza was assassinated in 1870,
touching off a series of revolts.

Buenos Aires (1850)

XIII

JORGE ISAACS, el romántico
(1837-1895)

En las letras hispanoamericanas *María*, la novela de Isaacs, ocupa un lugar semejante al de *Paul et Virginie, Graziella*, o *Atala* en las francesas[1] y — aunque la relación sea sólo por su importancia — al de *I Promessi Sposi* en las italianas.[2] Con las referidas novelas francesas *María* tiene un parentesco próximo, y su tema, el de unos amores 5 castos y desgraciados, es en cierto modo semejante.

Jorge Isaacs era hijo de un comerciante judío de Jamaica que había ido a Colombia a probar fortuna, y de una dama criolla de origen español. El padre, convertido al cristianismo, creó una larga familia y pasó alternativamente entre la riqueza y la pobreza. Su hijo Jorge, 10 igualmente, llevó una vida económica bastante accidentada, viviendo muchas veces pobremente con su familia. Fue soldado y político, comerciante y maestro. De esa época, en 1875, es la impresión que uno de sus estudiantes nos ha dejado de él:

> Cuando atravesaba los claustros envuelto en su capa, sin mirar a 15
> nadie, los estudiantes cerrábamos los libros para contemplarlo
> llenos de respeto. Él imponía ese respeto, por otra parte; mas noso-
> tros nos sentíamos orgullosos al tener por superior de estudios al
> gran poeta que había paseado la novia inmortal por todas las
> comarcas de la tierra, que había dejado a *María* como numen que 20
> preside los amores castos...

---

[1] *Paul et Virginie* (1787), pastoral idyll by Bernardin de Saint-Pierre; *Graziella*, an auto-biographical episode from the *Confidences* of Lamartine (1849); *Atala*, romantic novel by Chateaubriand (1801).
[2] *I Promessi Sposi* — novel by Alessandro Manzoni (1785-1873).

La novela romántica había producido en Hispanoamérica varias obras de especial importancia; unas, de carácter más costumbrista[3] y con mensaje social, como, por ejemplo *Cecilia Valdés* (1839), del cubano Villaverde; otras, como *Amalia* (1851), del argentino Mármol, en la
5 que lo político — lucha contra la tiranía de Rosas[4] — es lo primordial; José León Mera, en *Cumandá* (1879) hace resaltar más la pintura de la selva ecuatoriana y las costumbres de los indios y sus relaciones con los personajes blancos. De todas ellas, y de otras muchas más, sobresale *María* como ejemplo de ese tipo especial de novela hispanoameri-
10 cana en la que, como en casi todas las demás, lo sentimental se combina con lo costumbrista, y los momentos de pura emoción y recuerdo nostálgico, están equilibrados por escenas realistas. Isaacs no sólo escribió los sentimientos de sus personajes, que en muchos casos eran los suyos propios, sino que con una visión de enamorado de la naturaleza y de
15 las costumbres de su país natal logró pintarlas de modo inimitable, y supo copiar el lenguaje campesino con su gracia, sus expresiones típicas y su color.

María es la novela hispanoamericana que más se ha leído. Y casi inmediatamente después de su aparición en Bogotá en 1867, se multi-
20 plicaron las ediciones, no sólo en Colombia sino en otros países como Argentina, México, Estados Unidos, España... Claro está que para el lector moderno el sentimentalismo de sus páginas resulta excesivo, y

[3] *costumbrista* — a term applied to works in which detailed descriptions of the customs typical of a particular region are of primary interest.
[4] *Rosas* — Cf. Chapter IX n. 21.

147   JORGE ISAACS, EL ROMÁNTICO

muchas veces demasiado dulce. Pero si logramos transportarnos a la época en que fue escrita — cosa siempre necesaria para poder captar el espíritu de cualquier obra de arte — encontraremos en esa novela muchos momentos bellos, o interesantes. No en balde *María*, ese idilio de dos jóvenes truncado por la muerte, sigue siendo un ejemplo de 5 la literatura del siglo XIX.

Es difícil escoger algún fragmento de este libro que pueda dar al lector idea de su carácter. *María* está escrita, no lo olvidemos, en forma de memorias que su protagonista, Efraín, va narrando después de su tragedia, es decir, después de la muerte de su novia. De ahí que desde 10 el primer capítulo encontremos un ambiente de tristeza y presentimiento que va a ser constante. El niño parte de su casa, en el campo, para ir a estudiar a la ciudad. María, hija de un primo de su padre, de origen judío como en la vida real era Isaacs, y que vive con ellos, lo ve partir desde la ventana. Al cabo de seis años regresa el estudiante a su casa, 15

y allí está María. Bien pronto se estableció entre los dos jóvenes una simpatía que se convirtió en amor. Pero María estaba enferma. Una epilepsia, heredada de su madre, ponía en peligro su vida. Y la familia de Efraín temía que su casamiento pudiera serle fatal. Efraín, pasado algún tiempo, ha de partir a Inglaterra a seguir estudios de medicina, con 20 la promesa de su padre de que a su regreso, si María sigue bien, podrán casarse. Efraín se marcha. Al cabo de un año María enferma gravemente, y el padre llama a Efraín. Cuando éste llega a su casa María ha muerto. Y la novela termina con la visita de Efraín al cementerio donde está la tumba de María, sobre la cual un ave negra que ha aparecido varias 25 veces durante la novela, se posa como para indicar que el presentimiento de fatalidad que ella representaba, ha quedado realizado.

Vamos a leer dos capítulos de la novela. En el XLVI, encontramos un diálogo de inocente amor entre María y Efraín:

JORGE ISAACS, EL ROMÁNTICO

A las doce del día siguiente bajé de la montaña. El sol, desde el cenit, sin nubes que lo estorbaran, lanzaba viva luz intentando abrasar todo lo que los follajes de los árboles no defendían de sus rayos de fuego. Las arboledas estaban silenciosas : la brisa no movía los
5 ramajes ni aleteaba un ave en ellos; las chicharras festejaban infatigables aquel día de estío con que se engalanaba diciembre : las aguas cristalinas de las fuentes rodaban precipitadas al atravesar las callejuelas para ir a secretearse bajo los tamarindos frondosos : el valle y sus montañas parecían iluminados por el resplandor de
10 un espejo gigantesco.

Seguíanme Juan Angel y Mayo.[5] Divisé a María, que llegaba al baño[6] acompañada de Juan y Estéfana.[7] El perro corrió hacia ellos, y se puso a dar vueltas alrededor del bello grupo, estornudando y dando aulliditos como solía hacerlo para expresar contento. María
15 me buscó con mirada anhelosa por todas partes, y me divisó al fin a tiempo que yo saltaba el vallado del huerto. Dirigíme hacia donde ella estaba. Sus cabellos, conservando las ondulaciones que las trenzas les habían impreso, le caían en manojos desordenados sobre el pañolón y parte de la falda blanca, que recogía con la mano
20 izquierda, mientras con la derecha se abanicaba con una rama de albahaca.

Estaba sentada bajo el ramaje del naranjo del baño, sobre una alfombra que Estéfana acababa de extender, cuando me acerqué a saludarla.
25 — ¡Qué sol!, me dijo; por no haber venido temprano...

— No fué posible.

— Casi nunca es posible. ¿Quieres bañarte y yo me esperaré?

— Oh, no.

— Si es porque falta en el baño algo, yo puedo ponérselo ahora.
30 — ¿Rosas?

— Sí; pero ya las tendrá cuando vengas.

Juan, que había estado haciendo bambolear los racimos de naranjas que estaban a su alcance y casi sobre el césped, se arrodilló delante de María para que ella le desabrochara la blusa.
35 Ese día llevaba yo una abundante provisión de lirios, pues además de los que me habían guardado Tránsito y Lucía,[8] encontré muchos en el camino : escogí los más hermosos para entregárselos a María, y recibiendo de Juan Angel todos los otros, los arrojé al baño. Ella exclamó :

[5] Juan Angel is a servant; Mayo is a dog.
[6] The *baño* is a natural pool.
[7] Juan is Efraín's three-year-old brother; Estéfana is a twelve-year-old child, the daughter of slaves.
[8] Tránsito and Lucía are the daughters of José, a tenant.

JORGE ISAACS, EL ROMÁNTICO

— ¡Ay! ¡Qué lástima! ¡Tan lindos!

— Las ondinas, le dije, hacen lo mismo con ellos cuando se bañan en los remansos.

— ¿Quiénes son las ondinas?

— Unas mujeres que quisieran parecerse a ti.

— ¿A mí? ¿Dónde las has visto?

— En el río las veía.

María rió, y como me alejaba, me dijo :

— No me demoraré sino un ratito.

Media hora después entró en el salón donde la esperaba yo. Sus miradas tenían esa brillantez y sus mejillas el suave rosa que tanto la embellecían al salir del baño. Al verme, se detuvo exclamando :

— ¡Ah! ¿Por qué aquí?

— Porque supuse que entrarías.

— Y yo, que me esperabas.

Sentóse en el sofá que le indiqué, e interrumpió luego algo en que pensaba, para decirme :

— ¿Por qué es, ah?

— ¿Qué cosa?

— Que sucede esto siempre.

— No has dicho qué.

— Que si imagino que vas a hacer algo, lo haces.

La casa de María

— ¿Y por qué me avisa también algo que ya vienes, si has tardado? Eso no tiene explicación.

— Yo quería saber, desde hace días, si sucediéndome esto ahora,[9] cuando no estés aquí ya, podrás adivinar lo que yo haga y saber yo si estás pensando...

— ¿En ti, no?

— Será.[10] Vamos al costurero de mamá, que por esperarte no he hecho nada hoy; y ella quiere que esté a la tarde lo que estoy cosiendo.[11]

— ¿Allí estaremos solos?

— ¿Y qué nuevo empeño es ése de que estemos siempre solos?

— Todo lo que me estorba...

— ¡Chit!...— dijo poniéndose un dedo sobre los labios. ¿Ya ves? Están en la repostería, — añadió sentándose. — ¿Conque son muy lindas esas mujeres?, — preguntó sonriéndose y arreglando la costura.

— ¿Cómo se llaman?

— ¡Ah!... son muy lindas.

— ¿Y viven en los montes?

— En las orillas del río.

— ¿Al sol y al agua? No deben ser muy blancas.

— En las sombras de los grandes bosques.

— ¿Y qué hacen allí?

— No sé qué hacen; lo que sí sé es que ya no las encuentro.

— ¿Y cuánto hace que te sucede esa desgracia? ¿Por qué no te esperarán? Siendo tan bonitas, estarás apesadumbrado.

— Están... pero tú no sabes qué es estar así.

— Pues me lo explicarás tú. ¿Cómo están?... ¡No, señor!, — agregó escondiendo en los pliegues de la irlanda que tenía sobre la falda, la mano derecha que yo había intentado tomarle.

— Está bien.

— Porque no puedo coser, y no dices cómo están las... ¿cómo se llaman?

— Voy a confesártelo.

— A ver, pues.

— Están celosas de ti.

— ¿Enojadas conmigo?

— Sí.

— ¡Conmigo!

— Antes sólo pensaba yo en ellas, y después...

— ¿Después?

---

[9] *si sucediéndome ... ahora* — if this happens to me now.
[10] *será* — maybe.
[11] *y ella ... cosiendo* — and she wants my sewing to be ready by the afternoon.

— Las olvidé por ti.

— Entonces me voy a poner muy orgullosa.

Su mano derecha estaba ya jugando sobre un brazo dela butaca, y era así como solía indicarme que podía tomarla. Ella siguió diciendo : 5

— ¿En Europa hay ondinas?... Óigame, mi amigo, ¿en Europa hay?

— Sí.

— Entonces... ¡quién sabe!

— Es seguro que aquéllas se pintan las mejillas con zumos de 10 flores rojas, y se ponen corsé y botines.

María trataba de coser, pero su mano derecha no estaba firme. Mientras desenredaba la hebra, me observó :

— Yo conozco uno que se desvive por ver pies lindamente calzados y... Las flores del baño se van a ir por el desagüe. 15

— ¿Eso quiere decir que debo irme?

— Es que me da lástima de que se pierdan.

— Algo más es.

— De veras : que me da como pena... y otra cosa de que nos vean tantas veces solos... y Emma[12] y mamá van a venir. 20

Y ahora, el capítulo final de la novela :

En la tarde de ese día, durante el cual había visitado todos los sitios que me eran queridos, y que no debía volver a ver, me preparaba para emprender viaje a la ciudad, pasando por el cementerio de la parroquia donde estaba la tumba de María. Juan Ángel y Braulio[13] 25 se habían adelantado a esperarme en él, y José, su mujer y sus hijas[14] me rodeaban ya para recibir mi despedida. [...]

A pocas cuadras de la casa me detuve antes de emprender la bajada a ver una vez más aquella mansión querida y sus contornos. De las horas de felicidad que en ella había pasado, sólo llevaba con- 30 migo el recuerdo; de María, los dones que me había dejado al borde de su tumba. Llegó Mayo entonces, y fatigado se detuvo a la orilla del torrente que nos separaba : dos veces intentó vadearlo y en ambas hubo de retroceder : sentóse sobre el césped y aulló tan lastimosamente como si sus alaridos tuviesen algo de humano, como si con ellos quisiera recordarme cuanto me había amado, y re- convenirme porque lo abandonaba en su vejez. 35

A la hora y media me desmontaba a la portada de una especie de huerto, aislado en la llanura y cercado de palenque, que era el

[12] Emma is the sister of Efraín.
[13] Braulio is the cousin of Lucía and Tránsito.
[14] Cf. n. 8 above.

cementerio de la aldea. Braulio, recibiendo el caballo y participando de la emoción que descubría en mi rostro, empujó una hoja de la puerta y no dió un paso más. Atravesé por medio de las malezas y de las cruces de leño y de guadua que se levantaban sobre ellas.
5 El sol al ponerse cruzaba el ramaje enmarañado de la selva vecina con algunos rayos, que amarilleaban sobre los zarzales y en los follajes de los árboles que sombreaban las tumbas. Al dar la vuelta a un grupo de corpulentos tamarindos, quedé enfrente de un pedestal blanco y manchado por las lluvias, sobre el cual se elevaba
10 una cruz de hierro : acerquéme. En una plancha negra que las adormideras medio ocultaban ya, empecé a leer : « María »...

A aquel monólogo terrible del alma ante la muerte, del alma que la interroga, que la maldice... que le ruega, que la llama... demasiado elocuente respuesta dió esa tumba fría y sorda, que mis brazos
15 oprimían y mis lágrimas bañaban.

El ruido de unos pasos sobre la hojarasca me hizo levantar la frente del pedestal : Braulio se acercó a mí, y entregándome una corona de rosas y azucenas, obsequio de las hijas de José, permaneció en el mismo sitio como para indicarme que era hora de partir.
20 Púseme en pie para colgarla de la cruz, y volví a abrazarme a los pies de ella para dar a María y a su sepulcro un último adiós...

Había ya montado, y Braulio estrechaba en sus manos una de las mías, cuando el revuelo de un ave que al pasar sobre nuestras cabezas dió un graznido siniestro y conocido para mí, interrumpió
25 nuestra despedida : la vi volar hacia la cruz de hierro, y posada ya en uno de sus brazos, aleteó repitiendo su espantoso canto.

Estremecido, partí a galope por en medio de la pampa solitaria, cuyo vasto horizonte ennegrecía la noche.

PINTURA Y ESCULTURA

Durante la época de los virreinatos, y al mismo tiempo que la arquitectura, florecieron otras artes, principalmente la pintura y la escultura. Muy desde el principio del siglo XVI comenzaron a venir al Nuevo Mundo artistas de España, Portugal y a veces de Italia, Francia o Flandes. Y también muy pronto se formaron las llamadas escuelas o 5 grupos de México, Puebla, Guatemala, Bogotá, Quito, Lima, el Cuzco y Potosí,[1] que fueron las principales. En todos esos centros se realizó una obra consistente, como dice Pedro Henríquez Ureña, en « millares de iglesias, de edificios oficiales, de palacios y casas particulares, centenares de fortalezas, de puentes, de fuentes públicas, millares de cuadros 10 religiosos para las iglesias y para las familias, centenares de retratos, centenares de estatuas policromas. »

Por su parte, Pal Kelemen*, [*Baroque and Rococo in Latin America* (New York, Macmillan, 1951)] nos habla también de esa enorme producción y dice que sólo en México se construyeron más de 15,000 15

---

[1] Puebla (Mexico), Bogotá (Colombia), Quito (Ecuador). Lima and el Cuzco (Peru), Potosí (Bolivia).

iglesias, y en todo el Nuevo Mundo unas 70,000. Y afirma que si cada una de esas iglesias hubiese tenido 10 pinturas — y las había con más de 100 —, se podría calcular en tres cuartos de millón, sin exagerar, el número de pinturas realizadas en esos siglos, sin contar lo mucho que
5 se ha perdido. Aunque, « las que quedan forman un vasto y revelador panorama, que sólo en América podría desarrollarse, en donde muchas y diversas corrientes artísticas han convergido ».

Por lo general, dos corrientes aparecen en esta época. La europeísta y la popularista. En muchos casos continúa lo indígena debajo de lo
10 nuevo, produciendo — como en la arquitectura — ciertos tipos de mestizaje, que toma del arte español sólo lo formal, la técnica, los temas religiosos, la plástica de la representación exterior, pero conserva un espíritu diferente, que no es otra cosa que la continuación del gusto indígena con su afición a los motivos ornamentales y decorativos.
15 Se ha notado también que la pintura de las escuelas de Cuzco y Potosí se distingue por una línea monumental, un poderoso sentido decorativo y una gran imaginación, mientras que las escuelas de México y Quito tienden a cierto manerismo intelectual.

De estas escuelas la más importante a principios del siglo XVI fue la
20 de México, aunque de ella queda poco. Se sabe, sin embargo, que el primer pintor en llegar a México fue Rodrigo de Cifuentes nacido en Córdoba en 1493, que en la Nueva España enseñó pintura en la escuela de San Francisco. Pero cuando de veras se desarrolla el arte pictórico en México es en el siglo siguiente; un arte inspirado principalmente en
25 la pintura española, flamenca e italiana, — algunos de cuyos cuadros pasaron a la Nueva España, — y especialmente en la de Murillo.[2]

El fundador de la escuela mexicana es Baltasar de Echave el Viejo, que llegó a la ciudad a fines del siglo XVI, junto con Sebastián de Arteaga. Poco después nace en México Luis Juárez, el primero de los pintores
30 criollos, de inspiración más realista. La segunda generación la forman José Juárez y Echave el Mozo, discípulos del viejo Echave. El Mozo muestra decidida influencia flamenca, según puede verse de sus grandes pinturas de la sacristía de la catedral de Puebla, « El Triunfo de la Iglesia » y « El Triunfo de la Religión », inspiradas en el estilo monu-
35 mental de Rubens.[3] Hacia 1640 aparecen Cristóbal de Villalpando y

[2] Bàrtolomé Esteban Murillo (1617-1682), Spanish painter.
[3] Peter Paul Rubens (1577-1640), Flemish painter.

José María Ibarra

Baltasar de Echave

Juan Correa, que colaboraron en seis enormes cuadros que hay en la
sacristía de la catedral de México. Este Correa fue maestro de otros dos
pintores importantes de fines del XVII y primera mitad del XVIII:
José María Ibarra (1688-1756), y Miguel Cabrera (1695-1768). El
5 primero, Ibarra, ha sido llamado « el Murillo de la Nueva España »
y es autor, entre otras muchas cosas, de cuatro murales del coro de la
catedral de Puebla, con asuntos de la vida de la Virgen; y el más brillante y prolífico de todos, Miguel Cabrera, era un indio zapoteca[4] de
gran genio, cuyo arte puede admirarse en los murales de la iglesia
10 parroquial de Taxco. Fue él quien hizo la copia que conocemos del
retrato de Sor Juana Inés de la Cruz[5] que había existido antes. Después
de Cabrera, la pintura en México entra en un período de decadencia,
hasta llegar a la época contemporánea, según veremos más adelante.

[4] *indio zapoteca* — The zapotecs inhabited the mountainous area of Mexico between Te-
huantepec and Acapulco.
[5] Cf. portrait on page 83.

PINTURA Y ESCULTURA

En Quito también comienza la historia de la pintura en el siglo XVI, con los fundadores del convento de San Francisco, en 1535, los padres Pedro Gosseal y Jodoco Ricke, dos franciscanos procedentes de Flandes. Miguel de Belalcázar, hijo de uno de los conquistadores, se distingue en ese arte a fines del siglo. Pero, como en México, es en el XVII 5 cuando aparecen los buenos pintores, y sobre todo, dos ingenios de primera categoría : Miguel de Santiago y Nicolás Javier Gorivar. Santiago fue un genio exaltado de quien se cuentan muchas leyendas, como aquella de haber dado muerte al discípulo que le servía de modelo para un Cristo agonizante con el solo objeto de poder captar el gesto 10 de dolor y trasladarlo al lienzo, según nos lo refiere el escritor peruano Ricardo Palma[6] en su conocida « tradición » de « El Cristo de la Agonía ». Pintó Santiago una serie de cuadros sobre la vida de San Agustín para el convento de esa orden, en Quito, y muchos retratos, en los que se advierte como un antecedente del estilo de Goya,[7] en asuntos, colori- 15 do y factura. Tuvo un taller del que salieron su hija Isabel, muy conocida, y el famoso Gorivar, entre otros. Gorivar es el autor de una serie de « Profetas » de la iglesia de la Compañía, pintados según el estilo de Zurbarán, Valdés Leal, Ribera o Ribalta,[8] los maestros españoles. 20

A estos nombres en la pintura del siglo XVII podríamos agregar muchos más, ya que tanto en Bogotá, como en Lima, como en el Cuzco hubo muchos artistas de valer. Mencionemos sólo aquí los de Gregorio Vázquez de Arce (Bogotá) y Juan Espinosa de los Monteros (Cuzco), que se destacan sobre los demás. 25

También en la época virreinal[9] se desarrolla el arte escultórico, y sus artistas pueden dividirse en tres categorías principales : los escultores propiamente dichos,[10] que ejecutan los trabajos ornamentales ; los entalladores, que trabajan en los bajo relieves, y los imagineros. Cada uno de estos grupos, muchas veces mezclados entre ellos, y todos 30.

---

[6] Ricardo Palma (1833-1919), Peruvian writer, author of *Tradiciones peruanas*.
[7] Francisco de Goya (1746-1828), Spanish painter.
[8] Francisco Zurbarán (1598-1662); Juan de Valdés Leal (1630-1691); José Ribera (1588-1656); Francisco de Ribalta (1560-1628).
[9] *época virreinal* — The Viceroys were the principal agents of the Spanish crown in the New World ; in 1535 the Viceroyalty of New Spain (Mexico) was created ; that of Peru in 1543 (with authority over all of South America) ; in 1718 that of New Granada ; in 1776 La Plata.
[10] *propiamente dichos* — in the true sense of the word.

Gregorio Vázquez de Arce

juntos, producen una gran cantidad de obras importantes en el decorado de iglesias y palacios, en íntima relación con la arquitectura. Los más independientes, porque no necesitan de la base de piedra, estuco o madera para la ejecución de molduras o relieves, son los imagineros. Y en ese arte influyen especialmente los españoles Montañés y Pedro 5 de Mena,[11] aunque los imagineros del Nuevo Mundo se expresaron siempre con gran libertad y originalidad. Además del guatemalteco Alonso de la Paz, aparece en el siglo XVII en Quito el Padre Carlos, un sacerdote secular, o tal vez jesuíta, autor de una enorme cantidad de retablos y estatuas, y que forma por sí solo un capítulo de la historia 10 de la escultura quiteña. El siglo siguiente dió, también en Quito, el arte del indio Manuel Chili, conocido con el nombre de « Caspicara », y que a pesar de su origen ejecutó una obra de puro estilo español, a veces hasta con influencia italiana. Es el más importante de todos estos escultores y su obra como imaginero no tiene rival en el Nuevo Mundo. 15

Pero no hay que olvidar que a éstos hay que agregar el número infinito de los escultores anónimos, que como los pintores y los maestros de obras de la época, enriquecieron con su aporte el arte de nuestro continente.

Durante la época llamada académica — por ejemplo, la Academia de 20 San Carlos fue inaugurada en México en 1781 — el único artista importante de ese país fue Tresguerras, nacido en 1745, ingeniero, pintor, escultor, grabador, músico y poeta. También en ese siglo aparece en México el valenciano Manuel Tolsa, escultor, y autor de la famosa estatua ecuestre de Carlos IV — la primera erigida en nuestro conti- 25 nente, conocida con el nombre popular de « el caballito ». Luego, en el siglo XIX dejan de ser tan importantes las artes plásticas, desaparece casi la pintura y escultura religiosas, y comienzan a pintarse retratos, paisajes, costumbres y asuntos históricos. En Quito nos encontramos con los nombres de José Cortés, que hizo un retrato de Humboldt,[12] y 30 Bernardo Rodríguez. Manuel Samaniego insistió en los asuntos religiosos; y sobre todo está Antonio Salas, fundador de una familia de pintores, que murió en Quito en 1860 y pintó retratos de varios generales de la Independencia. La pintura de tipo histórico florece también en Venezuela como en el caso de Martín Tovar y Tovar, autor de una 35

[11] Juan Martínez Montañés (1580-1649); Pedro de Mena (d. 1693).
[12] *Humboldt* — Cf. Chapter XII n. 23.

Caspicara

Martín Tovar y Tovar

serie de cuadros de las batallas de Carabobo y Boyacá,[13] y principalmente la « Firma del Acta de Independencia » que se halla en la Sala del Concejo Municipal de Caracas. Tovar fue también un buen retratista de la escuela romántica.

José Guadalupe Posada
(Collection, The Museum of Modern Art, New York.)

En México hay un buen paisajista : José María Velasco (1840-1912), [5] y un caricaturista y dibujante muy famoso : José Guadalupe Posada (1851-1913) ; mientras que en Uruguay nos encontramos con el paisajista Juan Manuel Blanes (1830-1901). Lo popular se advierte en Pancho Fierro, en el Perú. Y más tarde, con la influencia del impresionismo europeo, aparece uno de los más interesantes pintores de [10] Hispanoamérica, el uruguayo Pedro Figari, (1861-1938) con su original evocación del pasado en cuadros llenos de color y gracia de primitivo.

Si las artes plásticas perdieron importancia durante el XIX, en cambio en lo que va del presente siglo[14] han adquirido un gran desarrollo en todos nuestros países. Los viajes y conocimiento de la pintura y [15] escultura europeas, y al propio tiempo el interés en los temas y formas del arte indígena, han dado como resultado un verdadero renacimiento. Dos tendencias principales podemos hallar en todas estas manifestaciones : la europeísta y la popular, que en muchos casos se combinan para producir un arte original e independiente. Todo ello depende, [20] como ocurre con la música, de la importancia que en la vida de un determinado país pueda tener lo europeo, lo indígena o lo negro. Esos tres ingredientes van a formar en su conjunto, el arte hispanoamericano contemporáneo.

[13] *Carabobo, Boyacá* — Cf. Chapter IX n. 4.
[14] *en lo que va del presente siglo* — so far in this century.

Así, nos encontraremos con la más evidente influencia europea en los pintores argentinos como Pettoruti, de marcada línea picassiana;[15] o en el chileno Matta, tan conocido en este país, de imaginación y colorido sorprendentes; o el uruguayo Joaquín Torres García; lo
5 indígena, en asuntos y técnica, se advierte, por ejemplo en los peruanos José Sabogal, Julia Codesido y Domingo Panticosa; o en la escultora Marina Nuñez del Prado. Venezuela tiene algunos nombres importantes, como el impresionista Armando Reverón, y Héctor Poleo, de un interesante realismo mágico. El Ecuador puede enorgullecerse de ser
10 la patria de Osvaldo Guayasamín, uno de los pintores notables de la presente generación.

Cuba, que durante la colonia no puede presentar nada de consideración en las Bellas Artes, a partir de 1920, poco más o menos, y al margen de la academia o reaccionando violentamente contra ella, ofrece
15 un grupo notable de pintores y escultores que han formado, algunos de ellos, verdadera escuela, y una de las más notables del Continente. Amelia Peláez, Wifredo Lam, Ponce, entre los mayores; y de los más jóvenes, Mariano, Portocarrero, Milián, Felipe Orlando, Carreño, Cundo Bermúdez y tantos otros entre los pintores, así como los escul-
20 tores Sicre, Ramos Blanco y Rita Longa, con Lozano y Estopiñán sobre todo, han realizado una obra importantísima en calidad y cantidad, reconocida así por la crítica norteamericana y europea.

[15] *picassiana* — referring to Pablo Picasso (b. 1881).

Emilio Pettoruti

(Collection, The Museum of Modern Art, New York. Inter-America Fund.)

Héctor Poleo

Osvaldo Guayasamín

René Portocarrero

Diego Rivera

A partir de 1920 y con el triunfo de la Revolución mexicana, tiene lugar un fenómeno mayor en la historia de nuestro arte. Se trata de la renovación de la pintura mural que había tenido importancia sobre todo en el siglo XVI, en los frescos de temas religiosos. Ahora lo artístico se identifica con lo social, y, sin negar la tradición, la inter- 5 preta a su favor. Se pasa de la pintura de caballete a la mural, precisamente por el interés del Gobierno en popularizar la Revolución. El Ministerio de Educación invitó a los artistas a decorar los muros de la Escuela Nacional Preparatoria y es precisamente de ahí de donde nace el arte mexicano actual. Luego se pintan los muros del Palacio Nacional; 10 los del Palacio de Cortés en Cuernavaca, el Hospicio de Guadalajara, Chapingo y tantos más. Bien pronto se destacaron los tres más importantes pintores de ese momento: Diego Rivera (1886-1957), David Alfaro Siqueiros (n. 1898) y José Clemente Orozco (1883-1949). Diego Rivera ha realizado en sus pinturas murales lo que se ha llamado la 15 *Summa Theologica*[16] de la Revolución, y por otra parte, ha convertido la antigua capilla de la hacienda Chapingo — donde está la Escuela de Agricultura — en lo que bien pudiera ser la Capilla Sixtina del arte mural mexicano con el tema de la tierra y el trabajo. Orozco tiene su obra capital en el Hospicio de Guadalajara, y alguna también en los 20 Estados Unidos, como en Dartmouth College, Pomona College y la New School de New York. Y en tanto que en esa fase de su arte, Rivera se preocupó mucho más por « lo mexicano », desde la época precortesiana hasta el presente, Orozco tiende a representar las luchas y fracasos del hombre moderno en una forma y con unos asuntos 25

[16] The *Summa Theologica* is the synthesis of Catholic theology as set down by St. Thomas Aquinas.

PINTURA Y ESCULTURA 166

mucho más universales. Siqueiros ha pintado grandes murales de asunto social y en ocasiones ha polemizado con Diego Rivera. Uno de sus aportes originales es el uso del « duco »[17] como medio, técnica que comenzó a experimentar en California en 1932, trabajando con lacas sintéticas.

[17] *duco* = Duco (a paint made by Dupont).

Diego Rivera

José Clemente Oroz

(Collection, The Museum of Modern Art, New York. Inter-America Fund.)

Alfaro Siqueiros y dos de sus obras

(Collection, The Museum of Modern Art, New York. Gift of Henry R. Luce.)

(Collection, The Museum of Modern Art, New York.)

of Modern Art, New York.
Gift of Mrs. John D. Rockefeller, Jr.)

Guerrero Galván

Francisco Dosamantes

Hacia 1930 se produce en México una reacción contra el arte mural; y los pintores, deseando expresarse con mayor independencia, van abandonando los asuntos políticos y sociales para regresar a la pintura de caballete. Por ejemplo, en Francisco Dosamantes (n. 1911) hallamos una simplificación austera de la figura india; en Jean Charlot (n. 1898 en Paris), inclinación a los prototipos de la escultura maya; en Jesús Guerrero Galván, nostalgia y amor hacia los niños.

PINTURA Y ESCULTURA 170

La cuarta figura de importancia en la pintura mexicana actual es
Rufino Tamayo (n. 1917). Más joven que los otros maestros, se halla
también más cerca del arte occidental, con influencia del sobrerrealismo
que aparece también en composiciones de Guillermo Meza (n. 1917) y
5 de Frida Kalho. Pero en Tamayo lo occidental europeo se ve compen-
sado con unos colores muy mexicanos, que parecen venirle del arte
mural prehispánico.

Como dice Stanton L. Catlin en un breve resumen de este arte*, lo
que parece caracterizar la pintura mexicana contemporánea es « una
10 importante influencia, hacia 1930, en los Estados Unidos y en otros
países de la América del Sur; poder de atracción en otros países; con-
troversias sobre el arte revolucionario y por fin revelación de Orozco,
Rivera y Siqueiros — tres personalidades creadoras de las más vigoro-
sas del pasado medio siglo — y por fin, Tamayo, con sus búsquedas de
15 nuevos valores poéticos, expresados en un lenguaje internacional. »

Rufino Tamayo

(Collection, The Museum of Modern Art, New York. Inter-America Fund.)

PINTURA Y ESCULTURA

XIV

MANUEL GONZÁLEZ PRADA,
el reformador
(1848-1918)

Hombre de recia complexión, así en lo físico como en lo moral, espíritu forjado para las grandes luchas, temperamento encendido en las ascuas y fulgores de un idealismo lleno de pasión y juventud, su vida puede señalarse como un ejemplo de austeridad, de desinterés, de noble y sincero ejercicio de las virtudes cívicas y privadas. En una 5 sociedad de resignados y de sometidos, él fue un rebelde, un protestante, un censor amargo de los vicios de su tiempo. Moralista convencido de que no bastaban la exhortación y el consejo, tomó en sus manos crispadas por la cólera el látigo de Juvenal.[1] Sus frases lapidarias, sus imágenes y anatemas, en que relumbra el fuego 10 de la indignación y el amor a la verdad, resonaban en todo el país, produciendo en los unos miedo, en los otros admiración y éxtasis.

A las palabras de Castro y Oyanguren*, que preceden, habría que agregar lo que González Prada significa en la historia del Perú contemporáneo. Y que podría resumirse en las frases siguientes: 15

La guerra con Chile (la llamada guerra del Pacífico) ocurrida entre 1878 y 1883 tuvo como pretexto la frontera entre Chile y Bolivia, aunque su verdadero motivo fuese la posesión de los yacimientos de nitrato y el puerto de Antofagasta.[2] Perú y Bolivia se unieron contra el agresor, Chile; pero este país con superior ejército y marina, logró vencer a sus 20 enemigos, entrando en Lima que fue ocupada por las tropas chilenas de 1881 a 1883. El triunfo chileno dejó al Perú, sobre todo, en un terrible estado de derrota no sólo militar sino moral. El papel de González Prada, en ese momento, consiste en despertar a su patria y, por medio de discursos, escritos, y toda clase de propaganda, llamarla a la 25

[1] Juvenal (60?-140?), Latin poet whose *Satires* constitute a fierce indictment of Roman society.
[2] *Antofagasta* — a Chilean seaport, rich in potassium nitrate.

unión, y abogar por la destrucción de las fuerzas del pasado que no habían servido para nada. Había que formar un Perú nuevo, con gente joven. Dijo una vez: « Los viejos a la tumba, los jóvenes a la obra. »

González Prada significa, pues, en aquella nación asolada por la guerra y la derrota final, por la anarquía y la política de gobiernos débiles y corrompidos, el despertar de una conciencia nacional. Fue uno de esos caracteres excepcionales que surgen en momentos difíciles y sirven para encarnar la conciencia y el espíritu de un país determinado, y la voz de su juventud. Esa actitud queda bien explicada en el discurso de 1888, pronunciado en el teatro Politeama de Lima, que comienza :

Señores :
Los que pisan el umbral de la vida se juntan hoy para dar una lección a los que se acercan a las puertas del sepulcro. La fiesta que presenciamos tiene mucho de patriotismo y algo de ironía : el niño quiere rescatar con el oro lo que el hombre no supo defender con el hierro.[3]

Los viejos deben temblar ante los niños, porque la generación que se levanta es siempre acusadora y juez de la generación que desciende. De aquí, de estos grupos alegres y bulliciosos, saldrá el pensador austero y taciturno; de aquí, el poeta que fulmine las estrofas de acero retemplado; de aquí, el historiador que marque la frente del culpable con un sello de indeleble ignominia. Niños, sed hombres temprano, madrugad a la vida, porque ninguna generación recibió herencia más triste, porque ninguna tuvo deberes más sagrados que cumplir, errores más graves que remediar, ni venganzas más justas que satisfacer.

En la orgía de la época independiente,[4] vuestros antepasados bebieron el vino generoso y dejaron las heces. Siendo superiores a vuestros padres, tendréis derecho para escribir el bochornoso epitafio de una generación que se va, manchada con la guerra civil de medio siglo,[5] con la quiebra fraudulenta y con la mutilación del territorio nacional.

[3] The purpose of the meeting was to raise funds to recover Tacna and Arica, southern provinces takens from Peru by Chile in the war of the Pacific. Peru recovered Tacna finally, in 1929.
[4] González Prada is referring to the years following the struggle for independence (1810-1826).
[5] The half century after the liberation of Peru was characterized not only by a series of dictatorships and civil wars, but also by external wars with Ecuador (1859-62), Spain (1864-66), and the above-mentioned war with Chile.

Si en estos momentos fuera oportuno recordar vergüenzas y renovar dolores, no acusaríamos a unos ni disculparíamos a otros. ¿Quién puede arrojar la primera piedra? La mano brutal de Chile despedazó nuestra carne[6] y machacó nuestros huesos; pero los verdaderos vencedores, las armas del enemigo, fueron nuestra ignoran- 5 cia y nuestro espíritu de servidumbre. [...]

González Prada luchó violentamente contra la tradición, el clericalismo, la vejez, la abulia y tantos males más que veía en su país. Y al propio tiempo, fue un escritor de gran fuerza. En política y pensamiento social, es el primero de una serie de hombres peruanos, como 10 José Carlos Mariátegui[7] y Victor Raúl Haya de la Torre,[8] profundamente preocupados por el porvenir del indio, y deseosos de su mejoramiento e incorporación a la vida nacional; en literatura, fue creador de gran originalidad, tanto en prosa como en verso, y conocedor de las letras extranjeras tanto como las de la tradición española, que a 15 pesar de su actitud revolucionaria, nunca desdeñó.

[6] A reference to the annexing of Tacna, Arica, and also Tarapacá.
[7] José Carlos Mariátegui (1891-1930), political leader and writer.
[8] Victor Raúl Haya de la Torre (b. 1895), writer and political leader, founder of the Peruvian *Aprista* party.

MANUEL GONZÁLEZ PRADA, EL REFORMADOR   **174**

Como escribió una vez Victor Andrés Belaúnde*, otro gran hombre público peruano contemporáneo:

De los múltiples aspectos de la personalidad de González Prada, el más alto, el que se impone a la admiración de todos es, seguramen-
5 te, el del escritor dotado de la facultad de encontrar una fórmula o una bandera y de despertar odios e inclinaciones populares.
Aún los espíritus que están alejados del humanitarismo materia-lista moderno y que, por lo mismo, no pueden aceptar la ideología de Prada, aún los pensadores que creen que la vida política repugna
10 las soluciones radicales y exige medidas de encauzamiento paciente e incompleto de la realidad, tienen que inclinarse ante la figura del escritor insigne por la belleza de su estilo, el vigor de sus apóstrofes y la maestría incomparable de sus ataques.

Y para que se vea la calidad de sus ideas, la independencia de su
15 modo de pensar y la fuerza de su prosa, vamos a dar ahora su conocida página sobre el tiranicidio, que dice así:

La sangre nos horroriza; pero si ha de verterse alguna, que se vierta la del malvado. Quién sabe si para una justicia menos estrecha que la justicia humana sea mayor crimen herir un animal benéfico que
20 suprimir a un mal hombre. Tal vez podamos afirmar con razón: antes que verter la sangre de la paloma o del cordero, derramar la del tirano. ¿Por qué vacilar en declararlo? Hay sangres que no manchan. Manos incólumes, manos dignas de ser estrechadas por los hombres honrados, las que nos libran de tiranos y tiranuelos.
25 Herir al culpable, solamente a él, sin sacrificar inocentes, realizaría el ideal apetecido. Un prejuicio inveterado nos induce a execrar la supresión del tirano por medio del revólver, el puñal o la dinamita y a no condenar el derrocamiento de ese mismo tirano merced a una revolución devastadora y sangrienta. Quiere decir: el tirano puede
30 asesinar al pueblo, mas el pueblo no debe matar al tirano. Así no pensaban los antiguos al glorificar al tiranicida.[9]
Cuando la organización de los pretorianos hace imposible todo

---

[9] Mencius (Latinized form of Mang-tsze), third century B.C. Chinese philosopher and dis-ciple of Confucius, maintained that the removal of a harmful monarch could not be considered murder; the Greek historian Polybius (c. 201-120 B.C.) also shared this view, while Cicero (106-43 B.C.) in *De Officiis* III, 4, declared that "the most beautiful of all acts is to kill the tyrant".

levantamiento popular,[10] cuando el solo medio de acabar con la tiranía es eliminar al tirano ¿se le debe suprimir o se ha de soportar indefinidamente la opresión ignominiosa y brutal? ¿Vale tanto la vida del que no sabe respetar las ajenas? Verdad, « el hombre debe ser sagrado para el hombre »; mas que los déspotas den el ejemplo. 5 Cuando el tiranicidio implica el término de un régimen degradante y el ahorro de muchas vidas, su perpetración entra en el número de los actos laudables y benéficos, hasta merece llamarse una manifestación sublime de la bien entendida caridad cristiana.[11] Si un Francia, un Rosas, un García Moreno y un Porfirio Díaz[12] 10 hubieran sido eliminados al iniciar sus dictaduras ¡cuántos dolores y cuántos crímenes se habrían ahorrado el Paraguay, la Argentina, el Ecuador y México! Hay países donde no basta el simple derrocamiento: en las repúblicas hispanoamericanas el mandón o tiranuelo derrocado suele recuperar el solio o pesar sobre la nación unos 15 veinte y hasta treinta años convirtiéndose en profesional de la revolución y quién sabe si en reivindicador de las libertades públicas. Al haber tenido su justiciero cada mandón hispanoamericano,[13] no habríamos visto desfilar en nuestra historia la repugnante serie de soldadotes o soldadillos, más o menos burdos y más o menos 20 bárbaros. El excesivo respeto a la vida de gobernantes criminales nos puede convertir en enemigos del pueblo.

Se da muerte a un perro hidrófobo y a un felino escapado de su jaula ¿por qué no suprimir al tirano tan amenazador y temible como el felino y el perro? Ser hombre no consiste en llevar figura 25 humana sino en abrigar sentimientos de conmiseración y justicia. Hombre con instintos de gorila no es hombre sino gorila. Al matarle no se comete homicidio. Montalvo,[14] ajeno a toda hipocresía,

[10] The Praetorian Guard constituted the Emperor's bodyguard; since they were the only armed troops permitted within Rome, any attempt at a popular uprising could easily have been crushed. Further, the Praetorians had the privilege of choosing the Emperor's successor, thus concentrating virtually all effective power within their own hands.

[11] In the Christian era, tyrannicide has not been without defenders: John of Salisbury (1110-1180), Scottish scholastic philosopher, maintained that since the tyrant was the image of the devil it was just to kill him, while St. Thomas, in his *Commentaries* on Cicero stated somewhat ambiguously "he who kills a tyrant in order to liberate his country is praised and receives recompense". Juan de Mariana (1536-1624), the Spanish historian in his *De rege et regis Institutione* also deals with this topic.

[12] José Gaspar Rodríguez de Francia (1756-1840), "El Supremo", dictator of Paraguay from 1814 until his death; Juan Manuel de Rosas (1793-1871), Argentinian dictator; Gabriel García Moreno (1821-1875) authoritarian president of Ecuador 1861-65, 1869-75); Porfirio Díaz, president of Mexico almost continuously from 1877 to 1910.

[13] *Al haber ... hispanoamericano* — If every Latin American boss had had justice meted out to him.

[14] Juan Montalvo (1832-1889), the major Ecuatorian writer of the nineteenth century, a leader of the opposition to García Moreno.

dijo con la mayor franqueza : « La vida de un tiranuelo ruin sin
antecedentes ni virtudes, la vida de uno que engulle carne humana
por instinto, sin razón, y quizás sin conocimiento ... no vale nada ...
se le puede matar como se mata un tigre, una culebra.» Blanco-
5 Fombona,[15] después de constatar lo inútil de las revoluciones y
guerras civiles en Venezuela, escribe con una sinceridad digna de
todo encarecimiento : « ¿Quiere decir que debemos cruzarnos de
brazos ante los desbordamientos del despotismo o llorar como
mujeres la infausta suerte? No. Quiere decir que debemos abandonar
10 los viejos métodos, que debemos ser de nuestro tiempo, que debemos
darnos cuenta de que la dinamita existe. El tiranicidio debe sustituir
a la revolución ... Que se concrete, que se personifique el castigo
en los culpables. Esa es la equidad. Prender la guerra civil para
derrocar a un dictador vale como pegar fuego a un palacio para
15 matar un ratón. »
Apruébese o repruébese el acto violento, no se dejará de reconocer
generosidad y heroísmo en los vengadores que ofrendan su vida
para castigar ultrajes y daños no sufridos por ellos. Hieren sin odio
personal hacia la víctima, por sólo el amor a la justicia, con la se-
20 guridad de morir en el patíbulo. Acaso yerran ; y ¿qué importa?
El mérito del sacrificio no estriba en la verdad de la convicción.
Los que de buena fe siguieron un error, sacrificándose por la mentira de la patria o por la mentira de la religión, forman hoy la pléyade
gloriosa de los héroes y los santos.
25 Los grandes vengadores de hoy ¿no serán los Cristos de mañana?

Podría pensarse, tras la lectura de estos fragmentos, que toda la obra
de González Prada es así de violenta y enérgica. Sin embargo, mucha de
su crítica literaria es serena y justa, como la contenida, por ejemplo,
en la Conferencia en el Ateneo de Lima, pronunciada en 1886; y gran
30 parte de su poesía es delicada y esencialmente lírica, además de contener interesantes experimentos de adaptación de formas poéticas
extranjeras, con lo cual contribuyó de modo evidente a la renovación
poética que se conoce con el nombre de Modernismo.[16]

[15] Rufino Blanco Fombona (1874-1944), Venezuelan poet, novelist, historian, and critic.
[16] The Modernist movement was, to a large extent, the attempt to adapt French poetry
of the Parnassian and Symbolist schools to Spanish verse and prose forms. The Modern-
ists were innovators and aesthetes, aspiring to perfection of form, musicality, and richness
of texture ; they were anti-bourgeois, anti-popular, and intellectually exclusive.

177

XV

JOSÉ MARTÍ, el apóstol
(1853-1895)

La idea de libertad, unida a la del deber que tienen los hombres de
luchar por ella con todos los medios a su alcance, tienen en Martí su
máximo exponente. Nadie como él supo en un momento de nuestra historia dar a esas dos ideas el ímpetu, la fuerza y la palabra apropiados
para expresarlas. Recordemos que a fines del siglo XIX el resto de la ⁵
América española era ya independiente, gracias a Bolívar, San Martín,
Hidalgo, O'Higgins, Sucre — todos los grandes libertadores del continente.[1] Cuba, sin embargo, se mantenía bajo el dominio español, a
pesar de muchos esfuerzos y varias insurrecciones y guerras malo-
gradas. En ese momento, pues, Martí encarna el ideal de la indepen- ¹⁰

---

[1] José de San Martín (1778-1850), liberator of Chile and Peru; Miguel Hidalgo (1753-
1811), initiator of the Mexican fight for independence; Bernardo O'Higgins (1776-
1842), Chilean, hero of Chilean independence; Antonio José de Sucre (1793-1830),
Venezuelan lieutenant of Bolívar who fought for the liberation of Ecuador and Peru.

dencia de su patria y lo hace valer y conocer y respetar por medio de sus viajes y su labor de propaganda. Al fin de todo ello, consigue hacer estallar la revolución en 1895, en Cuba, en la que poco después muere.

Esa idea de libertad que hemos mencionado la expresa Martí en frases como la siguiente, en la que pinta al mundo dividido en dos bandos o grupos : « Todos los que aborrecen la libertad, porque sólo la quieren para sí, están en uno; los que aman la libertad y la quieren para todos, están en otro ». Y en un trabajo escrito para los niños en 1889, perteneciente a su revista « La Edad de Oro », al referirse a tres héroes de la independencia hispanoamericana, afirma :

Libertad es el derecho que todo hombre tiene a ser honrado, y a pensar y a hablar sin hipocresía. En América no se podía ser honrado, ni pensar ni hablar. Un hombre que oculta lo que piensa, o no se atreve a decir lo que piensa, no es un hombre honrado. Un hombre que obedece a un mal gobierno, sin trabajar para que el gobierno sea bueno, no es un hombre honrado. Un hombre que se conforma con obedecer a leyes injustas, y permite que pisen el país en que nació los hombres que se lo maltratan, no es un hombre honrado. [...]

La vida de Martí, « una de las más intensas, puras y nobles que se han vivido sobre la tierra », según la conocida frase de Federico de Onís*, está completada por su obra. La obra política, por un lado; la literaria, por el otro. La primera la encaminó desde su adolescencia a luchar por la libertad de su patria, y a ese fin se dedicó en lo absoluto, con vocación de mártir. Ya en el drama en verso « Abdala », escrito a los 16 años de edad, su protagonista exclama, al final :

¡Oh! qué dulce es morir cuando se muere
Luchando audaz por defender la patria!

Su obra literaria tiene, a su vez, dos aspectos. Uno, como expresión escrita de su pensamiento político, robusto, claro, original e independiente, en el que la patria y la humanidad figuran siempre en primer plano, y en el que afirma la dignidad y el decoro del hombre, la necesidad de hacer bien, la de la interdependencia de las naciones, y que, en América, lo importante es conservar la propia personalidad y no imitar a otras naciones. Dice a este respecto en uno de sus ensayos más conocidos, « Nuestra América », de 1891 :

JOSÉ MARTÍ, EL APÓSTOL

Los jóvenes de América se ponen la camisa al codo[2], hunden las manos en la masa, y la levantan con la levadura del sudor. Entienden que se imita demasiado, y que la salvación está en crear. Crear es la palabra de pase de esta generación. El vino, de plátano; y si sale agrio, ¡es nuestro vino! Se entiende que las formas de gobierno de un país han de acomodarse a sus elementos naturales; que las ideas absolutas, para no caer por yerro de forma, han de ponerse en formas relativas; que la libertad, para ser viable, tiene que ser sincera y plena; que si la república no abre los brazos a todos y adelanta con todos, muere la república. [...]

Y en otra ocasión, al escribir sobre la patria:

Cada cual se ha de poner en la obra del mundo, a lo que tiene de más cerca, no porque lo suyo sea, por suyo, superior a lo ajeno[3] y más fino o virtuoso, sino porque el influjo del hombre se ejerce mejor y más naturalmente en aquello que conoce, y de donde le viene inmediata pena o gusto; y ese repartimiento de la labor humana, y no más, es el verdadero e inexpugnable concepto de la Patria. Levantando a la vez las partes todas, mejor, y al fin, quedará en alto todo; y no es manera de alzar el conjunto negarse a alzar una de las partes.

Patria es humanidad que vemos más cerca y en que nos tocó nacer. [...]

El otro aspecto de la obra literaria de José Martí es el artístico, aquel en que se advierte más al poeta y al estilista; al narrador y al creador de una prosa y de un verso tan originales que hacen de él el iniciador del Modernismo,[4] uno de los movimientos más importantes de la literatura escrita en castellano, es decir, tanto en Hispanoamérica como en la propia España.

Martí escribió sobre todos los temas posibles, pues tenía una gran cultura y una viva imaginación, a más del don natural de escritor.[5] Como los últimos 15 años de su vida los pasó casi constantemente en Nueva York, llegó a conocer este país y a admirar a sus grandes escritores; a comprender su política y sus grandezas y debilidades; advirtió

---

[2] *se ponen ... al codo* — roll up their shirt sleeves.
[3] *no porque ... a lo ajeno* — not because what he has, just because it *is* his, is better than anyone else's.
[4] *Modernismo* — Cf. Chapter XIV, n. 16.
[5] *a más ... escritor* — in addition to a natural gift for writing.

a los hispanoamericanos el peligro de una actitud del gobierno de los Estados Unidos que no podía ser favorable a los países de raíz hispánica de nuestro continente, y que en aquellos momentos y poco más tarde iba a ser llamado « imperialismo ». Pero también Martí, en una serie de artículos que con el título de « Escenas norteamericanas » escribió para periódicos de Caracas o de Buenos Aires, logró reflejar la vida, costumbres, fiestas, sucesos y gentes de este país, sobre todo de la ciudad de Nueva York, dándonos un panorama general que no ha sido igualado por ningún otro escritor.

Como ejemplo de su estilo, de su amor hacia un hombre de letras norteamericano, y de su conocimiento de la literatura, damos a continuación unos fragmentos del artículo de Martí sobre la muerte de Longfellow publicado en « La Opinión Nacional » de Caracas, el 11 de abril de 1882. Dice así :

Ya, como vaso frío, duerme en la tierra el poeta celebrado. Ya no mirará más desde los cristales de su ventana los niños que jugaban, las hojas que revoloteaban y caían, los copos de nieve que fingían en el aire danza jovial de mariposas blancas, los árboles abatidos, como por el pesar los hombres, por el viento,[6] y el sol claro, que hace bien al alma limpia, y esas leves visiones de alas tenues que los poetas divisan en los aires, y esa calma solemne que, como vapor de altar inmenso, flota, a manera de humo, sobre los montes azules, los llanos espigados y los árboles coposos de la tierra. Ya ha muerto Longfellow. ¡Oh, cómo acompañan, los buenos poetas! ¡Qué tiernos amigos, esos a quienes no conocemos! ¡Qué benefactores, esos que cantan cosas divinas y consuelan! Si hacen llorar, ¡cómo alivian! Si hacen pensar, ¡cómo empujan y agrandan! Y si están tristes, cómo pueblan de blandas músicas los espacios del alma, y tañen en los aires y le sacan sones, como si fuera el aire lira y ellos supieran el hermoso secreto de tañerla! [...]

Él anduvo sereno, propagando paz, señalando bellezas, que es modo de apaciguar, mirando ansiosamente el aire vago, puestos los ojos en las altas nubes y en los montes altos. Veía a la tierra, donde se trabaja, hermosa; y la otra tierra, donde tal vez se trabaja también, más hermosa todavía. No tenía ansias de reposar, porque no estaba cansado; pero como había vivido tanto, tenía ansias de hijo que ha mucho tiempo[1] no ve a su madre. Sentía a veces una blanda tristeza,

---

[6] *los árboles ... viento* — read *los árboles abatidos por el viento como los hombres* [*abatidos*] *por el pesar*.
[7] *ha mucho tiempo* = *hace mucho tiempo*.

JOSÉ MARTÍ, EL APÓSTOL

como quien ve a lo lejos, en la sombra negra, rayos de luna; y otras veces, prisa[8] de acabar, o duda de la vida posterior, o espanto de conocerse, le llenaban de relámpagos los ojos. Y luego sonreía, como quien se vence. Parecía un hombre que había domado a un águila. [...]

Y ha muerto ahora serenamente, cual se hunde en el mar la onda. Los niños llevan su nombre; está vacío el sillón alto, hecho del castaño del herrero,[9] que le regalaron, muy labrado y mullido, los niños amorosos; anda con son pausado el reloj rudo, que sobrevive al artífice que lo hizo, y al héroe que midió en él la hora de las batallas, y al poeta que lo celebró en sus cantos; y cuando, más como voz de venganza que como palabra de consuelo, sonaron sobre la fosa, abierta aún, aquellos sones religiosos, salmodiados tristemente por el hermano del poeta, que dicen que se vino del polvo y al polvo se vuelve,[10] parecía que la naturaleza descontenta en cuyo seno posaba ya su amado, enviaba el aire recio que abatía sobre la tumba fresca el ramaje del álamo umbroso, y que decía el viento en las ramas, como consuelo y como promesa, los nobles versos de Longfellow en que cuenta que no se dijo lo de la vuelta al polvo para el alma.[11]

Y echaron tierra en la fosa, y cayó nieve, y volvieron camino a la ciudad, mudos y tímidos, el poeta Holmes, el orador Curtis, el novelista Howells,[12] Luis Agassiz, hijo del sabio [13] que lo fué de veras porque no fué para él el cuerpo, como para tantos otros, velo del alma, y el tierno Whittier, y Emerson[14] trémulo, en cuyo rostro enjuto ya se pinta ese solemne y majestuoso recogimiento del que siente que ya se pliega su cabeza del lado de la almohada desconocida.

---

[8] *prisa = sentía prisa.*

[9] *hecho ... herrero* — made from the wood of the blacksmith's chestnut tree (Cf. the first lines of Longfellow's poem *The Village Blacksmith* "Under the spreading chestnut tree the village smithy stands").

[10] *que dicen ... se vuelve* — Genesis 3:19 "for dust thou art and unto dust shalt thou return"; Ecclesiastes 3:20 "all are of the dust, and all turn to dust again".

[11] *los nobles versos ... el alma* — the second stanza of *A Psalm of Life*: "Dust thou art, to dust returnest/Was not spoken of the soul".

[12] Oliver Wendell Holmes (1809-1894), American poet and physician; George William Curtis (1824-1892), American author, orator, publicist; William Dean Howells (1837-1920), American poet and novelist.

[13] Louis Agassiz died in 1873; Martí mistakes the first name of the father for the son's — he is referring to Alexander Agassiz, the mining expert.

[14] John Greenleaf Whittier (1807-1892), the "Quaker Poet"; Ralph Waldo Emerson (1803-1882), American philosopher, essayist and poet.

La obra poética de Martí, contenida en tres libros principales, titulados « *Ismaelillo* » (1882), « *Versos libres* » (escritos hacia 1885 y publicados póstumamente) y « *Versos sencillos* » (1891) es de una gran importancia dentro de las letras hispanoamericanas que tienen a su autor como uno de sus principales poetas. En este libro, preferimos dar, sin embargo, un documento que ha sido considerado siempre como fundamental para el conocimiento de su personalidad y de su misión de libertador. Es la carta a don Federico Henríquez y Carvajal*, su gran amigo dominicano, escrita por Martí dos meses antes de su muerte en la guerra.

A FEDERICO HENRÍQUEZ Y CARVAJAL

Montecristi,[16] marzo 25 de 1895.

Amigo y hermano : Tales responsabilidades suelen caer sobre los hombres que no niegan su poca fuerza al mundo y viven para aumentarle el albedrío y decoro, que la expresión queda como vedada e infantil, y apenas se puede poner en una enjuta frase lo que se diría al tierno amigo en un abrazo. Así yo ahora, al contestar, en el pórtico de un gran deber, su generosa carta. Con ella me hizo el bien supremo, y me dió la única fuerza que las grandes cosas necesitan, y es saber que nos la ve con fuego un hombre cordial y honrado. Escasos, como los montes, son los hombres que saben mirar desde ellos y sienten con entrañas de nación o de humanidad. Y queda, después de cambiar mano con uno de ellos, la interior limpieza que debe quedar, después de ganar, en causa justa una buena batalla. De la preocupación real de mi espíritu, porque usted me la adivina entera, no le hablo de propósito. Escribo, conmovido, en el silencio de un hogar que por el bien de mi patria va a quedar, hoy mismo acaso, abandonado. Lo menos que, en agradecimiento de esa virtud, puedo yo hacer, puesto que así más ligo que quebranto deberes, es encarar la muerte, si nos espera en la tierra o en el mar, en compañía del que, por la obra de mis manos y el respeto de la propia suya y la pasión del alma común de nuestras tierras, sale de su casa enamorada y feliz a pisar, con una mano de valientes, la patria

---

[15] Federico Henríquez y Carvajal (1848-1952), journalist, poet, and educator who rendered great assistance to the Cuban patriots in the revolutions of 1868 and 1895.
[16] Montecristi is a province of Santo Domingo.

cuajada de enemigos.[17] De vergüenza me iba muriendo — aparte de la convicción mía de que mi presencia hoy en Cuba es tan útil por lo menos como afuera —, cuando creí que en tamaño riesgo pudieran llegar a convencerme de que era mi obligación dejarlo ir solo, y de que un pueblo se deja servir, con cierto desdén y despego, de 5 quien predicó la necesidad de morir, y no empezó por poner en riesgo su vida.

Donde esté mi deber mayor, adentro o afuera, allí estaré yo. Acaso me sea dable u obligatorio, según hasta hoy parece, cumplir ambos. Acaso pueda contribuir a la necesidad primaria de dar a 10 nuestra guerra renaciente forma tal, que lleve en germen visible, sin minuciosidades inútiles, todos los principios indispensables al crédito de la Revolución y a la seguridad de la República. [...]

Yo evoqué la guerra : mi responsabilidad comienza con ella, en vez de acabar. Para mí la patria no será nunca triunfo, sino agonía 15 y deber. Ya arde la sangre. Ahora hay que dar respeto y sentido humano y amable al sacrificio; hay que hacer viable e inexpugnable a la guerra : si ella me manda, conforme a mi deseo único, quedarme, me quedo en ella : si me manda, clavándome el alma, irme lejos de los que mueren *como yo sabría morir*, también tendré ese valor. 20 Quien piensa en sí no ama a la patria : y está el mal de los pueblos, por más que a veces se lo disimulen sutilmente, en los estorbos o prisas que el interés de sus representantes ponen al curso natural de los sucesos. De mí espere la deposición absoluta y continua.

Yo alzaré el mundo. Pero mi único deseo sería pegarme allí al 25 último tronco, al último peleador : morir callado. *Para mí ya es hora.* Pero aun puedo servir a este único corazón de nuestras repúblicas. Las Antillas libres salvarán la independencia de nuestra América y el honor ya dudoso y lastimado de la América inglesa,[18] y acaso acelerarán y fijarán el equilibrio del mundo. Vea lo que 30 hacemos, usted con sus canas juveniles, y yo, a rastras, con mi corazón roto.

Adiós, y a mis nobles e indulgentes amigos. Debo a usted un goce de altura y de limpieza en lo áspero y feo de este universo humano. Levante bien la voz; que si caigo, será también por la 35 independencia de su Patria.[19] — Su José Martí.

[17] Martí is referring to General Máximo Gómez (1835-1905); it was for the purpose of securing his aid in the revolution that Martí went to Santo Domingo. In April, 1895, Gómez and Martí with a small force of 80 men joined the other revolutionary leaders, Antonio and José Maceo, in Cuba.

[18] *el honor ... de la América inglesa* — The Cuban revolution of 1868, the so-called Ten Years War, ended in a pact in 1878 unsatisfactory to the Cuban cause. Since the United States was sympathetic to this cause, the defeat of the revolution reflected indirectly on the United States.

[19] Martí was killed in action on May 19, 1895.

Y para terminar el presente capítulo damos una página de Rubén Darío[20] que aparece en su *Autobiografía*, y que se refiere al momento en que conoció en Nueva York a Martí. Veamos:

Me hospedé en un hotel español, llamado el Hotel América; y de allí se esparció en la colonia hispanoamericana de la imperial ciudad la noticia de mi llegada. Fué el primero en visitarme un joven cubano, verboso y cordial, de tupidos cabellos negros, ojos vivos y penetrantes y trato caballeroso y comunicativo. Se llamaba Gonzalo de Quesada, y es hoy ministro de Cuba en Berlín... Me dijo que la colonia cubana me preparaba un banquete y que el « Maestro » deseaba verme cuanto antes. El maestro era José Martí, que se encontraba en esos momentos en lo más arduo de su labor revolucionaria. Agregó asimismo Gonzalo que Martí me esperaba esa noche en Harmony Hall[21], en donde tenía que pronunciar un discurso ante una asamblea de cubanos [...] Yo admiraba altamente el vigor general de aquel escritor único, a quien había conocido por aquellas formidables y líricas correspondencias que enviaba a diarios hispanoamericanos como *La Opinión Nacional*, de Caracas; *El Partido Liberal*, de México, y, sobre todo, *La Nación*, de Buenos Aires. Escribía una prosa profusa, llena de vitalidad y de color, de plasticidad y de música. Se transparentaba el cultivo de los clásicos españoles y el conocimiento de todas las literaturas antiguas y modernas; y, sobre todo, el espíritu de un alto y maravilloso poeta. Fuí puntual a la cita, y en los comienzos de la noche entraba en compañía de Gonzalo de Quesada por una de las puertas laterales del edificio en donde debía hablar el gran combatiente. Pasamos por un pasadizo sombrío; y de pronto, en un cuarto lleno de luz, me encontré entre los brazos de un hombre pequeño de cuerpo, rostro de iluminado,[22] voz dulce y dominadora al mismo tiempo, y que me decía esta única palabra : « ¡Hijo! ».

[20] Rubén Darío — Cf. Chapter XVI.
[21] Rubén Darío meant Hardman Hall; the interview took place on May 24, 1893.
[22] *rostro de iluminado* — face of a mystic.

La Habana

XVI

RUBÉN DARÍO, el poeta

(1867-1916)

El movimiento que se produce en Hispanoamérica a fines del siglo XIX, hacia 1882, se conoce con el nombre de Modernismo y causó una verdadera revolución en cuanto a la estética y el estilo, tanto en prosa como en verso, de la literatura escrita en castellano. Conviene no confundir este *Modernismo*,[1] cuya influencia llega hasta nuestros días, 5 desde luego, pero que perdió su fuerza hacia 1910, más o menos, con el *Modernism* en la poesía de habla inglesa, que es posterior, y está

[1] *Modernismo* — Cf. Chapter XIV, n. 16.

relacionado más directamente con las escuelas poéticas de la primera posguerra.

Hay en Hispanoamérica varios poetas que inician la novedad, el espíritu de inquietud y cambio, como son el mexicano Manuel Gutiérrez
5 Nájera, el colombiano José Asunción Silva, o los cubanos Julián del Casal[2] y José Martí. Pero el que sirve para interpretar ese nuevo estilo, y extenderlo por todos los países de habla castellana, es el nicaragüense Rubén Darío, que vivió, después de su país natal, en Chile, en la Argentina, en España y organizó, formuló y expresó, mejor que nadie,
10 ese movimiento.

Dentro del Modernismo, como dice Max Henríquez Ureña*, pueden apreciarse dos etapas: la primera, en la que el culto preciosista de la forma[3] culmina en refinamiento artificioso; y la segunda, en la que « se realiza un proceso inverso, dentro del cual, a la vez que el lirismo
15 personal alcanza manifestaciones intensas ante el eterno misterio de la vida y de la muerte, » se advierte en el poeta un deseo de pertenecer a la historia y de escribir sobre temas relacionados con la política o el futuro de América. Rubén Darío pasó por ambas etapas, de las cuales vamos a ofrecer algunos ejemplos.

20 Conviene decir que Darío comenzó a escribir muy joven, que fue un verdadero niño prodigio, y que la poesía parecía ser su modo natural de expresión,

> ¿A qué edad escribí mis primeros versos? No lo recuerdo precisamente. [...] Yo nunca aprendí a hacer versos. Ello fué en mí orgánico,
25 natural, nacido.

Y desde los trece años, acaso antes, ya publicaba en revistas y periódicos de su ciudad natal.

Su primer libro importante, *Azul* (1888), se publicó en Chile, y de ese año comienza su fama. *Azul* fue comentado en España con elogio, y
30 ocho años más tarde aparecieron, en Buenos Aires, sus *Prosas Profanas* (1896) que lo colocaron como jefe del movimiento modernista. De ese libro es el poema que, como ejemplo de su primera manera, reproducimos a continuación.

---

[2] Manuel Gutiérrez Nájera (1859-1895), José Asunción Silva (1865-1896), Julián del Casal (1863-1893) all are forerunners of Darío.
[3] *culto preciosista* — the cult of over-adornment and ultra-refinement of expression: préciosité.

RUBÉN DARÍO, EL POETA

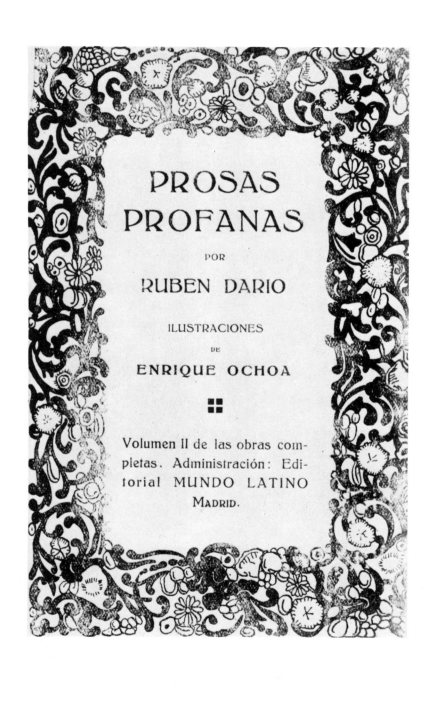

PROSAS PROFANAS

POR

RUBEN DARIO

ILUSTRACIONES

DE

ENRIQUE OCHOA

Volumen II de las obras completas. Administración: Editorial MUNDO LATINO Madrid.

SONATINA

La princesa está triste... ¿qué tendrá la princesa?[4]
Los suspiros se escapan de su boca de fresa,
que ha perdido la risa, que ha perdido el color.
La princesa está pálida en su silla de oro,
está mudo el teclado de su clave sonoro;
y en un vaso olvidada se desmaya una flor.

El jardín puebla el triunfo de los pavos-reales.[5]
Parlanchina, la dueña dice cosas banales,
y, vestido de rojo, piruetea el bufón.
La princesa no ríe, la princesa no siente;
la princesa persigue por el cielo de Oriente
la libélula vaga de una vaga ilusión.

¿Piensa acaso en el príncipe de Golconda[6] o de China,
o en el que ha detenido su carroza argentina
para ver de sus ojos la dulzura de luz?
¿O en el rey de las islas de las rosas fragantes,
o en el que es soberano de los claros diamantes,
o en el dueño orgulloso de las perlas de Ormuz?[7]

¡Ay! La pobre princesa de la boca de rosa
quiere ser golondrina, quiere ser mariposa,
tener alas ligeras, bajo el cielo volar,
ir al sol por la escala luminosa de un rayo,
saludar a los lirios con los versos de mayo,
o perderse en el viento sobre el trueno del mar.

Ya no quiere el palacio, ni la rueca de plata,
ni el halcón encantado, ni el bufón escarlata,
ni los cisnes unánimes en el lago de azur.[8]
Y están tristes las flores por la flor de la corte;
los jazmines de Oriente, los nelumbos[9] del Norte,
de Occidente las dalias y las rosas del Sur.

---

4 *qué ... princesa* — what might be troubling the princess?
5 *El jardín ... pavos reales* — read *el triunfo de los pavos reales puebla el jardín.*
6 *Golconda* — an old city in India, famous for its diamonds.
7 *Ormuz* — an island at the entrance to the Persian Gulf, noted for its pearls.
8 *ni los cisnes unánimes* — nor the swans [gliding] together. The swan, as a symbol of elegance, artificiality, and detachment, became associated with the Modernist movement.
9 *nelumbo* — Indian lotus, a variety of large water lily.

RUBÉN DARÍO, EL POETA

¡Pobrecita princesa de los ojos azules!
Está presa en sus oros, está presa en sus tules,
en la jaula de mármol del palacio real,
el palacio soberbio que vigilan los guardas,
que custodian cien negros con sus cien alabardas,   5
un lebrel que no duerme y un dragón colosal.

¡Oh quién fuera hipsipila[10] que dejó la crisálida!
(La princesa está triste. La princesa está pálida)
¡Oh visión adorada de oro, rosa y marfil!
¡Quién volara a la tierra donde un príncipe existe   10
(La princesa está pálida. La princesa está triste)
más brillante que el alba, más hermoso que abril!

— Calla, calla, princesa — dice el hada madrina —,
en caballo con alas, hacia acá se encamina,
en el cinto la espada y en la mano el azor,   15
el feliz caballero que te adora sin verte,
y que llega de lejos, vencedor de la Muerte,
a encenderte los labios con su beso de amor!

[10] *hipsipila* — butterfly.

RUBÉN DARÍO, EL POETA   **190**

El poeta y crítico mexicano Enrique González Martínez (1871-1952) escribió en una ocasión que :

... estos ríos tranquilos o agitados de la poesía contemporánea, nacieron, aunque se hayan olvidado del venero inicial, de una
5 fuente única : el modernismo. Aun las direcciones que más se apartan de él en sueño y lejanía, aun las que más repudian la filiación del primitivo manantial, deben a él, en parte, su caudal y su corriente.

Y más adelante afirma :

Sin Darío, lo que se ha llamado Modernismo habría sido moda
10 efímera y orientación inconsistente.

Desde luego que lo que sitúa a Rubén Darío como maestro de la poesía contemporánea de habla española no es esa primera manera, elegante y artificiosa, sino principalmente la segunda, que se advierte en *Cantos de vida y esperanza* (1905), a propósito del cual dice el propio
15 Darío :

Si *Azul* ... simboliza el comienzo de mi primavera, y *Prosas profanas* mi primavera plena, *Cantos de vida y esperanza* encierra las esencias y savias de mi otoño. He leído, no recuerdo ya de quién, el elogio del otoño; mas, ¿quién mejor que Hugo[11] lo ha hecho con el encanto
20 profundo de su selva lírica? La autumnal es la estación reflexiva. La naturaleza comunica su filosofía sin palabras, con sus hojas pálidas, sus cielos taciturnos, sus opacidades melancólicas. El ensueño se impregna de reflexión. El recuerdo ilumina con su interior luz apacible los más amables secretos de nuestra memoria.
25 Respiramos, como a través de un aire mágico, el perfume de las antiguas rosas. La ilusión existe, mas su sonrisa es discreta. Adquiere el amor mismo cierta dulce gravedad.

Y ese tono íntimo y reflexivo, que por otra parte se equilibra con poemas de gran aliento y musicalidad como la justamente famosa
30 « Marcha triunfal », lo encontramos, por ejemplo, en este soneto escrito hacia 1903 :

---

[11] Victor Hugo (1802-1885), French Romantic poet, dramatist, and novelist. His collection of lyrics entitled *Feuilles d'Automne* (*Autumn Leaves*) was published in 1831.

Melancolía

Hermano, tú que tienes la luz, dime la mía.
Soy como un ciego. Voy sin rumbo y ando a tientas.
Voy bajo tempestades y tormentas,
ciego de ensueño y loco de armonía.   5

Ese es mi mal. Soñar. La poesía
es la camisa férrea de mil puntas cruentas
que llevo sobre el alma. Las espinas sangrientas
dejan caer las gotas de mi melancolía.

Y así voy, ciego y loco, por este mundo amargo;   10
a veces me parece que el camino es muy largo,
y a veces que es muy corto...

Y en este titubeo de aliento y agonía,
cargo lleno de penas lo que apenas soporto.
¿No oyes caer las gotas de mi melancolía?   15

Enrique Anderson Imbert*, resume lo que Darío significa en la poesía castellana :

> Rubén Darío dejó la poesía diferente de como la había encontrado :
> en esto, como Garcilaso, Fray Luis de León, San Juan de la Cruz,
> Lope, Góngora y Bécquer.[12] Sus cambios formales fueron inme- 20
> diatamente apreciados. La versificación española se había reducido,
> durante siglos, a unos pocos tipos. De pronto, con Rubén Darío se
> convirtió en orquesta sinfónica. Dió vida a todos los metros y
> estrofas del pasado, aun a los que sólo ocasionalmente se habían
> cultivado, haciéndolos sonar a veces como imprevistos cambios de 25
> acento; y además inventó un lenguaje rítmico de infinitas sorpresas,
> sin salir de la versificación regular. No sólo desarrolló todas las
> posibilidades musicales de la palabra, sino que para cada estado de
> ánimo usó el instrumento adecuado. Leyéndolo uno educa el oído;
> al educarlo, más planos sonoros aparecen en el recitado. Por su 30
> técnica verbal Darío es uno de los más grandes poetas de todos los
> tiempos; y, en español, su nombre divide la historia literaria en un
> « antes » y un « después ». Pero no sólo fué un maestro del ritmo. Con
> incomparable elegancia poetizó el gozo de vivir y el terror de la
> muerte.   35

[12] Garcilaso de la Vega (1503-1536), poet who was instrumental in introducing Italianate
verse forms into Spanish poetry; Fray Luis de León (1527-1591), Spanish religious
poet; San Juan de la Cruz (1542-1591), poet and mystic; Lope de Vega (1562-1635),
fertile dramatist and great innovator in the Spanish theater; Luis de Góngora (1561-
1627), baroque poet; Gustavo Adolfo Bécquer (1836-1870), Romantic poet.

De esa actitud de Rubén Darío — amador de la vida y temeroso de la muerte — es ejemplo bien conocido su poema « Lo fatal » :

Lo Fatal

Dichoso el árbol que es apenas sensitivo,
y más la piedra dura porque ésa ya no siente,
pues no hay dolor más grande que el dolor de ser vivo,
ni mayor pesadumbre que la vida consciente.

Ser, y no saber nada, y ser sin rumbo cierto,
y el temor de haber sido y un futuro terror...
Y el espanto seguro de estar mañana muerto,
y sufrir por la vida y por la muerte y por

lo que no conocemos y apenas sospechamos,
y la carne que tienta con sus verdes racimos,
y la tumba que aguarda con sus fúnebres ramos,
¡y no saber adónde vamos,
ni de dónde venimos!...

Hay, sin embargo, en este poeta una conciencia social, histórica, que puede advertirse ya en los poemas de su juventud, y que se hace más evidente en su libro *Cantos de vida y esperanza* (1905). Esa conciencia lo lleva a escribir poemas como « Salutación del optimista » que es un canto de entusiasmo y fe en el futuro de los pueblos hispanoamericanos, cuya última parte dice así :

Únanse, brillen, secúndense tantos vigores dispersos;
formen todos un solo haz de energía ecuménica.
Sangre de Hispania fecunda, sólidas, ínclitas razas,
muestren los dones pretéritos que fueron antaño su triunfo.
Vuelva el antiguo entusiasmo, vuelva el espíritu ardiente
que regará lenguas de fuego en esa epifanía. [...]
Un continente y otro renovando las viejas prosapias,
en espíritu unidos, en espíritu y ansias y lengua,
ven llegar el momento en que habrán de cantar nuevos himnos.

La latina estirpe verá la gran alba futura,
y en un trueno de música gloriosa, millones de labios
saludarán la espléndida luz que vendrá del Oriente,
Oriente augusto en donde todo lo cambia y renueva
la eternidad de Dios, la actividad infinita.
Y así sea la esperanza la visión permanente en nosotros.
¡Ínclitas razas ubérrimas, sangre de Hispania fecunda!

Otras veces el temor ante la influencia política de los Estados Unidos sobre Hispanoamérica — temor que por aquellos años estaba plenamente justificado — le inspira, por ejemplo, la « Oda a Roosevelt »,[13] en la que, si bien se nota admiración por la figura del presidente norteamericano,

> (Es con voz de la Biblia o verso de Walt Whitman, que habría que llegar hasta ti, Cazador![14])

ese sentimiento queda contrastado por la advertencia del peligro que amenazaba a las naciones del sur. Recordemos que en ese poema hay versos como los siguientes:

> Los Estados Unidos son potentes y grandes.
> Cuando ellos se estremecen hay un hondo temblor
> que pasa por las vértebras enormes de los Andes.
> Si clamáis, se oye como el rugir de un león [...]
> Juntáis al culto de Hércules el culto de Mammón;[15]
> y alumbrando el camino de la fácil conquista
> la Libertad levanta su antorcha en Nueva York.[16]

---

[13] Theodore Roosevelt (1858-1919) was President of the United States from 1901-1909. During his term of office Roosevelt expanded the meaning of the Monroe Doctrine to the point where it seriously affected the sovereignty of the countries it had been designed to protect.

[14] Darío equates Roosevelt with Nimrod (Genesis 10:9) who was a "mighty hunter before the Lord".

[15] *Juntáis ... Mammón* — Hercules and Mammon symbolize, respectively, strength and the pursuit of wealth.

[16] A reference to the Statue of Liberty.

RUBÉN DARÍO, EL POETA

Mas la América nuestra, que tenía poetas
desde los viejos tiempos de Netzahualcoyotl[17] [...]
la América del gran Moctezuma, del Inca,
la América fragante de Cristóbal Colón,
la América católica, la América española,
la América en que dijo el noble Guatemoc
« Yo no estoy en un lecho de rosas »;[18] esa América
que tiembla de huracanes y que vive de Amor;
hombres de ojos sajones y alma bárbara, vive.
Y sueña. Y ama, y vibra; y es la hija del Sol.[19]
Tened cuidado. ¡Vive la América española!,
hay mil cachorros sueltos del León español. [...]

Algún tiempo después, en su libro *El canto errante* (1907), incluyó
Darío otro poema titulado « Salutación al Águila ». En él aparece una
confianza en el panamericanismo — fue escrito con ocasión de la
Conferencia Panamericana de Rio de Janeiro, de 1906 — que más
tarde el propio poeta vió desvanecida; y con esa confianza dice al
comienzo del poema :

Bien vengas, mágica Aguila de alas enormes y fuertes
a extender sobre el Sur tu gran sombra continental,
a traer en tus garras, anilladas de rojos brillantes,
una palma de gloria, del color de la inmensa esperanza,
y en tu pico la oliva de una vasta y fecunda paz. [...]

Estos ejemplos pueden servir, según nos proponemos, para completar el retrato que de la poesiá de Rubén Darío hemos intentado ofrecer
en este capítulo. Por un lado, la de temas y formas refinados; luego, la
de vida interior, y por fin la de tono político. Esos tres aspectos,
con el erotismo y cierta preocupación religiosa forman lo más notable
de la obra de este poeta, el gran maestro de la poesía contemporánea
de habla castellana.

---

[17] *Netzahualcoyotl* — fifteenth-century Mexican poet and king (Cf. Chapter I).
[18] *Guatemoc* was the nephew of Moctezuma and the last emperor of the Aztecs. In the attempt to find out where his treasures were hidden, the conquerors tortured both Guatemoc and his minister by placing them on a bed of hot coals. When the minister complained about the torture, Guatemoc replied "¿Crees acaso que estoy yo en un lecho de rosas?"
[19] The ancient races of the American continent considered the sun as the parent of mankind.

XVII

JOSÉ ENRIQUE RODÓ, el pensador
(1871-1917)

Es un hecho conocido en la literatura hispanoamericana el de que, si Rubén Darío es el indiscutido maestro de la poesía del Modernismo, Rodó fue el prosista más importante de ese período. No porque el escritor uruguayo participase del culto a la forma y el preciosismo de los primeros años de aquél, sino porque él fue quien vió más claro lo que tal movimiento significaba en nuestras letras, y quien en un ensayo titulado « Rubén Darío » logró precisar el papel del autor de *Prosas Profanas*. Desde 1900, sobre todo, en que apareció su ensayo *Ariel*,[1] Rodó quedó colocado al frente de un grupo de pensadores preocupados por el porvenir cultural de Hispanoamérica, amenazado por las influencias extranjeras, y en particular, por la de los Estados Unidos.

La vida de Rodó estuvo dedicada al estudio, y así puede decirse que no hizo otra cosa que leer y escribir. Fue catedrático de la Universidad de Montevideo, y Director de su Biblioteca Nacional. Durante la primera Guerra Mundial viajó a Europa — su primera salida de la ciudad natal — como representante de una revista argentina. Pasó por España casi de incógnito, y falleció en Italia, en Palermo, de una rápida enfermedad, mientras se hospedaba en el « Hotel des Palmes », en donde Wagner había escrito el último acto de « Parsifal ».[2]

Ariel es un ensayo dirigido a la juventud hispanoamericana exhortándola a utilizar sus fuerzas para la consecución de los fines de libertad, educación, confianza en el porvenir y desarrollo de la personalidad que son necesarios a nuestros países para conservar su carácter propio, más cerca de la tradición latina y española que de las formas norteamericanas de cultura y vida. Pedro Henríquez Ureña nos explica que « Rodó expresa el temor de que la afición a los Estados Unidos pueda llevar a las jóvenes sociedades americanas a la renuncia de los ideales latinos », y por ello, añadimos nosotros, se esfuerza en comunicar su entusiasmo a los jóvenes que lean su ensayo, escrito en forma de discurso que un profesor dirige a sus alumnos a la terminación de sus estudios. *Ariel* es, pues, un programa y una llamada al trabajo y al entusiasmo. Henríquez Ureña añade :

> Norma de nuestros pueblos debe ser buscar enseñanzas fecundas donde quiera que se encuentren ; y el afán de cosmopolitismo que suelen mostrar es indicio cierto de que en ellos no prevalecerá

---

[1] In Shakespeare's *The Tempest* Ariel is an airy sprite.
[2] Wagner completed *Parsifal* in 1882, one year before his death.

ninguna tendencia exclusivista. Pero, ante todo, para hacer de la
obra de nuestra regeneración una realidad viviente y crear una cultura armónica, un progreso vario y fecundo, es necesario dar a
las energías sociales un fin, un sentido ideal, una *idea-fuerza*[3] capaz
de unificar e iluminar los impulsos dispersos en el espíritu de la raza. 5

Ese espíritu de raza, y esa conciencia de lo nuestro es lo que Rodó se
ha empeñado en destacar en sus escritos. Además de *Ariel*, Rodó publicó en vida *Motivos de Proteo*,[4] su obra maestra, (1909) y *El mirador de
Próspero*[5] (1913), libros en los que aparece, principalmente, su filosofía
de la vida, el estudio de la vocación, la importancia de la voluntad, 10
según se deriva de la parábola « La pampa de granito »,[6] o la necesidad
de adaptar nuestro yo al mundo externo, la perpetua renovación del
espíritu para irlo adaptando a su circunstancia, como se leerá en el
ejemplo del niño y el vaso, que damos más adelante.

El escritor norteamericano Isaac Goldberg* establece en un ensayo 15
sobre Rodó la diferencia que él ve entre el uruguayo y Rubén Darío,
y nos hace ver que ella consiste en que Rubén Darío representa lo dionisíaco, mientras que Rodó es lo apolíneo.[7] Esa manera de ver el mundo,
con menos pasión, pero con más equilibrio, es lo que caracteriza la
obra de Rodó. 20

Véase ahora un ejemplo de su estilo, ese estilo *nuevo* que apareció a
principios de siglo en nuestras letras y sobre el que el citado Pedro
Henríquez Ureña, maestro de la crítica, ha dicho :

> Su prosa es la transfiguración del castellano, que abandonando los
> extremos de lo rastrero y lo pomposo, alcanza un punto medio y 25
> se hace espiritual, sutil, dócil a las más diversas modalidades,
> como el francés de Anatole France o el inglés de Walter Pater,
> o el italiano de D'Annunzio.[8]

---

[3] *Idea-fuerza* — The French philosopher Alfred J.E. Fouillée (1838-1912) endeavoured,
by means of his "idées-forces", to reconcile metaphysics and science. Both his *L'Evolu-
tionisme des idées-forces* and *La Psychologie des idées-forces* belong to the last decade
of the nineteenth century.

[4] *Proteo* — Proteus was a sea-god who constantly changed shape whenever he was seized,
as appears in Ovid's *Metamorphoses*.

[5] Prospero was the magician in *The Tempest* and Ariel's master; in Rodó's *Ariel* Próspero
is a venerable teacher.

[6] "La pampa de granito", a disturbing parable of the human will, is chapter CLI of *Motivos
de Proteo*.

[7] *lo dionisíaco ... lo apolíneo* — the Dionysian and the Apollonian; the active and passionate
versus the calm and the contemplative. Friedrich Nietzsche makes this distinction in
The Birth of Tragedy.

[8] Anatole France (1844-1924), whose novels are characterized by subtlety of style and
delicacy of irony; Walter Pater (1839-1894), English essayist and critic associated with
the exquisite in style; Gabriele D'Annunzio (1863-1938), florid and decadent Italian
novelist and poet.

JOSÉ ENRIQUE RODÓ, EL PENSADOR   198

Y esa es la prosa en que está escrito :

Decir las cosas bien...

Decir las cosas bien, tener en la pluma el don exquisito de la gracia y en el pensamiento la inmaculada linfa de luz donde se bañan las
5 ideas para aparecer hermosas, ¿no es una forma de ser bueno?... La caridad y el amor ¿no pueden demostrarse también concediendo a las almas el beneficio de una hora de abandono en la paz de la palabra bella; la sonrisa de una frase armoniosa; el « beso en la frente » de un pensamiento cincelado; el roce tibio y suave de una
10 imagen que toca con su ala de seda nuestro espíritu?... La ternura para el alma del niño está, así como en el calor del regazo, en la voz que le dice cuentos de hadas; sin los cuales habrá algo de incurablemente yermo en el alma que se forme sin haberlos oído. Pulgarcito[9] es un mensajero de San Vicente de Paúl.[10] Barba-
15 Azul[11] ha hecho a los párvulos más beneficios que Pestalozzi.[12] La ternura para nosotros, — que sólo cuando nos hemos hecho despreciables dejamos enteramente de parecernos a los niños, — suele estar también en que se nos arrulle con hermosas palabras. Como el misionero y como la Hermana,[13] el artista cumple su obra de miseri-
20 cordia. Sabios : enseñadnos con gracia. Sacerdotes : pintad a Dios con pincel amable y primoroso, y a la virtud con palabras llenas de armonía. Si nos concedéis en forma fea y desapacible la verdad, eso equivale a concedernos el pan con malos modos. De lo que creéis la verdad ¡cuán pocas veces podéis estar absolutamente seguros!
25 Pero de la belleza y el encanto con que lo hayáis comunicado, estad seguros que siempre vivirán. Hablad con ritmo; cuidad de poner la unción de la imagen sobre la idea; respetad la gracia de la forma ¡oh pensadores, sabios, sacerdotes! y creed que aquellos que os digan que la Verdad debe presentarse con apariencias adustas y
30 severas son amigos traidores de la Verdad.

Rodó presenta en forma de parábola un ejemplo de su *idea-fuerza* : renovarse es vivir.

Jugaba el niño, en el jardín de la casa, con una copa de cristal que, en el límpido ambiente de la tarde, un rayo de sol tornasolaba como
35 un prisma. Manteniéndola, no muy firme, en una mano, traía en la otra un junco con el que golpeaba acompasadamente en la

---

[9] *Pulgarcito* — Tom Thumb.
[10] St. Vincent de Paul (1576-1660), French priest noted for his charity.
[11] Blue Beard, character of the well-known tale.
[12] Johann Heinrich Pestalozzi (1746-1827), Swiss educator, pioneer in the use of psychology in education.
[13] *Hermana (de Caridad)* — Sister of Charity.

JOSÉ ENRIQUE RODÓ, EL PENSADOR

copa. Después de cada toque, inclinando la graciosa cabeza, quedaba atento, mientras las ondas sonoras, como nacidas de vibrante trino de pájaro, se desprendían del herido cristal y agonizaban suavemente en los aires. Prolongó así su improvisada música hasta que, en un arranque de volubilidad, cambió el motivo de su juego: se 5 inclinó a tierra, recogió en el hueco de ambas manos la arena limpia del sendero, y la fué vertiendo en la copa hasta llenarla. Terminada esta obra, alisó, por primor, la arena desigual de los bordes. No pasó mucho tiempo sin que quisiera volver a arrancar al cristal, su fresca resonancia; pero el cristal, enmudecido, como si hubiera 10 emigrado un alma de su diáfano seno, no respondía más que con un ruido de seca percusión al golpe del junco. El artista tuvo un gesto de enojo para el fracaso de su lira. Hubo de verter una lágrima, mas la dejó en suspenso. Miró, como indeciso a su alrededor; sus ojos húmedos se detuvieron en una flor muy blanca y pomposa, 15 que a la orilla de un cantero cercano, meciéndose en la rama que más se adelantaba, parecía rehuir la compañía de las hojas, en espera de una mano atrevida. El niño se dirigió, sonriendo, a la flor; pugnó por alcanzar hasta ella; y aprisionándola, con la complicidad del viento que hizo abatirse por un instante la rama, cuando la 20 hubo hecho suya[14] la colocó graciosamente en la copa de cristal, vuelta en ufano búcaro,[15] asegurando el tallo endeble merced a la misma arena que había sofocado el alma musical de la copa. Orgulloso de su desquite, levantó, cuan alto pudo, la flor entronizada, y la paseó, como en triunfo, por entre la muchedumbre de las flores. 25

[14] *cuando ... suya* — when he had seized it.
[15] *vuelta ... búcaro* — transformed into a proud vase.

¡Sabia, candorosa filosofía! pensé. Del fracaso cruel no recibe desaliento que dure, ni se obstina en volver al goce que perdió; sino que de las mismas condiciones que determinaron el fracaso, toma la ocasión de nuevo juego, de nueva idealidad, de nueva belleza...
5 ¿No hay aquí un polo de sabiduría para la acción? ¡Ah, si en el transcurso de la vida todos imitáramos al niño! ¡Si ante los límites que pone sucesivamente la fatalidad a nuestros propósitos, nuestras esperanzas y nuestros sueños, hiciéramos todos como él!... El ejemplo del niño dice que no debemos empeñarnos en arrancar
10 sonidos de la copa con que nos embelesamos un día, si la naturaleza de las cosas quiere que enmudezca. Y dice luego que es necesario buscar, en derredor de donde entonces estamos, una reparadora flor; una flor que poner sobre la arena por quien el cristal se tornó mudo... No rompamos torpemente la copa contra las piedras del
15 camino, sólo porque haya dejado de sonar. Tal vez la flor reparadora existe. Tal vez está allí cerca... Esto declara la parábola del niño; y toda filosofía viril, *viril* por el espíritu que la anime, confirmará su enseñanza fecunda.

El texto anterior pertenece al libro *Motivos de Proteo*, libro del que
20 el ya mencionado Isaac Goldberg en su *La Literatura hispanoamericana*: *Estudios críticos* (1922), dice que « son un estudio completo de la personalidad humana » y que « deberían ser traducidos a todos los idiomas y formar parte de todo sistema de educación ».

XVIII

RÓMULO GALLEGOS, el novelista
(n.1884)

La novela hispanoamericana, que comienza a principios del siglo XIX, y se desarrolla ampliamente durante el período romántico, adquiere en lo que va de siglo[1] su madurez. Romanticismo, realismo, modernismo, cada uno con su estilo diferente y su concepción del mundo y de los personajes, sirven para ir preparando ese estado actual de nuestro 5 género novelesco. Y a ellos hay que sumar, desde luego, las complicaciones, angustias, temores y frustraciones del alma contemporánea, que como es natural se reflejan en los escritores del continente.

Hay también ciertos problemas característicos de Hispanoamérica, relacionados con su historia, su composición social, su naturaleza 10 física, que naturalmente tienen que influir en la novela y darle color y asunto. Eso es lo que ocurre en los primeros treinta años de este siglo XX, cuando aparecen por lo menos cuatro de las más importantes novelas hispanoamericanas : — *Los de abajo* (1916), de Mariano Azuela, pinta, con una técnica casi naturalista y a trazos breves de tono 15 impresionista, algunas escenas, tipos y problemas de la Revolución mexicana de 1910. *La vorágine* (1924), de José Eustasio Rivera, es un cuadro impresionante de la naturaleza en la selva colombiana, en la que los personajes humanos se ven ahogados por la fuerza invencible de esa propia selva que parece ser el protagonista de la novela. *Don Segundo* 20 *Sombra* (1926) de Ricardo Güiraldes, lleva al lector al inmenso panorama de la pampa argentina y es un libro lleno de nostalgia y de amor al campo y a los hombres que en él habitan y trabajan.

El venezolano Rómulo Gallegos ya se había dado a conocer como novelista desde 1920, fecha en que publica *El último Solar*.[2] Pero fue 25

[1] *en lo que va del siglo* — in the course of the century.
[2] *El último Solar* — The last of the Solar family.

Doña Bárbara (1929) la obra que le dió nombre tanto en el resto de América como en España. A partir de ese momento, es Gallegos — escritor
consciente de su arte, político honrado y justo, hombre de gran temple
moral — uno de nuestros valores más altos. Fue Presidente de Venezuela
5 para el período 1947-1952; pero al año de ocupar la presidencia un
golpe de estado militar y antidemocrático se posesionó del poder, y
Gallegos tuvo que salir del país, viviendo durante algunos años en los
Estados Unidos, en Cuba y en México, hasta que la democracia volvió
a reinar en Venezuela, donde reside actualmente. La obra novelística de
10 Gallegos cuenta con más de diez títulos, entre novelas y colecciones de
cuentos.

De *Doña Bárbara* se ha dicho que es « una traducción cabal del campo
americano », toda vez que en ella se plantean y, afortunadamente se

RÓMULO GALLEGOS, EL NOVELISTA

resuelven, muchos de sus problemas. Por lo pronto, en esta novela se presenta un combate entre dos fuerzas contrarias : el mal, la barbarie, lo violento y primitivo de la naturaleza; y el bien, la civilización, el deseo, encarnado en Santos Luzardo, de destruir y construir : destruir lo perjudicial para construir lo beneficioso. De manera que la novela 5 tiene un plan claro y terminante. Es una llamada a la Ley, al orden. Todos los símbolos sobre los que está construida, como los nombres de personajes y lugares, indican el propósito del autor : hacer literatura, sí; pero una literatura comprometida.[3]

En síntesis, esta novela presenta el caso de Doña Bárbara, una 10 mestiza que, deshonrada cuando era muy joven, tras de ver morir a Asdrúbal, de quien se había enamorado, jura vengarse y se convierte luego en la « devoradora de hombres ». Llega a ser la dueña de toda una región de los llanos de Venezuela, adquiriendo tierras y más tierras y destruyendo a los hombres que se acercan a ella. Un día, Santos 15 Luzardo, joven que ha vivido en la ciudad, decide regresar a los llanos para recobrar la hacienda que está desapareciendo debido a los manejos de Doña Bárbara. Y tiene que enfrentarse con ella. La mestiza se enamora poco a poco de Santos, pero éste, a su vez, comienza a interesarse por una hija de Doña Bárbara, Marisela, a la que educa y 20 saca del ambiente primitivo en que ha vivido con su padre, Lorenzo Barquero, una de las víctimas de Doña Bárbara. La tensión entre los dos protagonistas va creciendo. Santos se hace fuerte y poco a poco domina la situación, mientras que « la devoradora de hombres » tras una tremenda lucha consigo misma, comprende la derrota y desaparece. 25

El capítulo XIII de la Tercera parte se titula « La hija de los ríos » y nos presenta, ya al final de la novela un momento crucial en la vida de su protagonista. Ha ido a la ciudad de San Fernando a arreglar ciertos detalles para devolver unas tierras a Luzardo, y sueña con comenzar una vida nueva, ilusionada por el amor que siente por él. Pero, 30 en medio de la noche, el recuerdo de su pasado la atormenta y la llamada del río, en donde ocurrió su desgracia primera, parece decirle, como un augurio : « Las cosas vuelven al lugar de donde salieron ». Así, poco más tarde va a desaparecer Doña Bárbara, sin dejar rastro ni noticia. 35

---

[3] *literatura comprometida* — literature that is "committed" or "*engagé*" (with a point of view).

Tiempo hacía que doña Bárbara no visitaba San Fernando. Como siempre, en cuanto corrió la noticia de su llegada, pusiéronse en movimiento los abogados, vislumbrando ya uno de aquellos litigios largos y laboriosos que entablaba contra sus vecinos la famosa
5 acaparadora del cajón del Arauca,[4] y en los cuales, si los pícaros hacían su cosecha — pues para quedarse ella con las tierras ajenas tenía que dejar, en cambio, entre costas y honorarios, sus buenas morocotas[5] en manos de jueces y defensores de la parte contraria o en los bolsillos de lós prohombres políticos que le hubieran presta-
10 do su influencia —, también los profesionales honrados salían ganando mucho con el acopio de jurisprudencia y el ejercicio de sutilezas que se requerían para defender, contra las argucias y bribonadas de aquéllos,[6] los derechos evidentes de la víctima. Pero, esta vez, se quedaron chasqueados los rábulas; doña Bárbara no venía a enta-
15 blar querellas, sino, por el contrario, a llevar a cabo reparaciones insólitas.

Mas, no sólo entre la gente de leyes se alborotaron los ánimos. Ya, al saberse que estaba en la población, habían comenzado a rebullir los comentarios de siempre y a ser contadas, una vez más, las mil
20 historias de sus amores y crímenes, muchas de ellas pura invención de la fantasía popular, a través de cuyas ponderaciones la mujerona adquiría caracteres de heroína sombría, pero al mismo tiempo fascinadora, como si la fiereza bajo la cual se la representaban, más que odio y repulsa, tradujera una íntima devoción de sus
25 paisanos. Habitante de una región lejana y perdida en el fondo de vastas soledades y sólo dejándose ver de tiempo en tiempo y para ejercicio del mal, era casi un personaje de leyenda que excitaba la imaginación de la ciudad.

Dada esta ya favorable disposición de ánimos, la noticia de que
30 había venido a entregar, personalmente, lo que su amante le robó a su enemigo y que representaba una suma considerable, y el rumor de que intentaba devolverle a Luzardo las tierras arrebatadas a Altamira,[7] tenía que conmover la población. [...]

Era el hotel una casa de corredor[8] hacia la calle, situada frente
35 a una de las plazas de la población. Doña Bárbara reposaba en una mecedora, al fresco de la brisa que soplaba del río, distante de allí un centenar de metros, sola, reclinada la cabeza en el respaldo del

---

[4] *cajón del Arauca* — the valley of the Arauca river.
[5] *morocota* — a gold piece worth about twenty dollars.
[6] *aquéllos* — refers to the counsel for the defense, the judges, and the political bigwigs bribed by Doña Bárbara.
[7] Altamira is the name of the Luzardo ranch.
[8] *casa de corredor* — house with a gallery.

asiento, en una actitud lánguida y con una expresión de absoluta indiferencia por todo lo que la rodeaba.

Y lo que la rodeaba era la curiosidad de la ciudad. En la acera de enfrente, hombres del pueblo se habían detenido a contemplarla y ya era numeroso el grupo mudo y extático, y bajo los corredores del 5 hotel y casas de comercio vecinas, que se prolongaban hasta la orilla del Apure,[9] pasaban a cada rato grupos de señoritas y de señoras jóvenes que habían salido de sus casas sólo para verla. Las primeras, al poner sobre ella sus ojos honestos, se ruborizaban, azoradas por el temor de que los hombres que estaban por allí cerca 10 las sorprendiesen satisfaciendo la maliciosa curiosidad; las segundas la examinaban a sus anchas y se cambiaban sus impresiones entre sonrisas malévolas. Vestía una bata blanca, adornada con encajes, que dejaba al descubierto sus hombros y brazos bien torneados[10] y como nunca la habían visto con un aspecto tan 15 femenino, hasta las más intransigentes concedían :

— Todavía da el gatazo.[11]

En cambio, las más espontáneas exclamaban :

— ¡Es estupenda! ¡Qué ojos tiene!

Y si alguna comentaba :   20

— Dicen que está perdidamente enamorada del doctor Luzardo.

No pasaba de amargura de honestidad desilusionada esto que otra agregara :[12]

— Y se casará con él. Esas mujeres logran todo lo que se proponen, porque los hombres son todos idiotas.   25

Al fin se cansaron de admirar y de murmurar, y la calle se fué quedando sola.

La luna brillaba débilmente sobre las copas de los árboles de la plaza, lavadas por el aguacero reciente, y se reflejaba en las charcas que se habían formado en la calle. A intervalos un soplo de brisa 30 agitaba las ramas y refrescaba la atmósfera. Ya los transeúntes se habían recogido a sus casas y los vecinos que tomaban fresco fuera de las suyas, obstruyendo las aceras, en mecedoras y sillas de extensión,[13] empezaban a despedirse de un grupo al otro con lentas voces y lánguidas entonaciones :   35

— Hasta mañana, pues. ¡A dormir, que ya esto se acabó!

Y en el silencio que se iba extendiendo por la población, aquellas

---

[9] *Apure* — Apure river.
[10] *bien torneados* — well-shaped.
[11] *todavía da el gatazo* — she's still attractive.
[12] *No pasaba ... agregara* — It was not without the bitterness of disillusioned virtue that someone else would add.
[13] *silla de extensión* — folding chair.

palabras sencillas, aquella lánguida invitación al sueño, tenían la mansa gravedad del drama de los pueblos tristes, donde es algo solemne el hecho de recogerse a la cama, al cabo de un día sin obras, que era sólo un día menos en la esperanza, pero murmurando siem-
5 pre :
— Mañana será otro día.

Así pensaba doña Bárbara. Ya había entregado las obras que le cerraban el paso y ahora veía despejado el camino.[14] Soñaba, como una jovencita ante su primer amor, haciéndose la ilusión de haber
10 nacido a una vida nueva y diferente, olvidada de su pasado, cual si éste hubiera desaparecido con el espaldero siniestro de la mano armada y tinta en sangre y con el amante del grosero amor.[15] ¿Cuáles serían sus sentimientos para las cosas que vendrían con aquel mañana? Se preparaba para ellas como para un espectáculo
15 maravilloso : el espectáculo de sí mismo, por un camino diferente del que hasta allí había recorrido, de su corazón abierto a las emociones desconocidas, y esta espera ya era luz sobre la región de su alma que empezaba a revelársele y por donde discurrían formas serenas, sombras errantes del buen amor frustrado de la muchacha
20 que vislumbrara, a través de las palabras de Asdrúbal, un mundo de sentimientos diversos de los que reinaban en la piragua de los piratas del río.[16]

Mas, he aquí que en lo mejor de sus desmemoriados fantaseos, una de esas ideas que se deslizan, furtivas, una impresión, tal vez
25 de una palabra inconscientemente percibida, un minúsculo cuerpo extraño en el engranaje de la máquina, altera de pronto su funcionamiento y la hace detenerse. ¿De dónde ha venido esta amargura repentina que la ha hecho contraer el ceño involuntariamente, este sabor conocido de olvidados rencores? ¿Por qué la ha asaltado el intem-
30 pestivo recuerdo de un ave[17] que cae encandilada, al apagarse, de pronto, unas hogueras? Así su corazón, deslumbrado ya por las luminosas ilusiones, se le ha quedado repentinamente ciego para el vuelo del sueño. ¿No bastaba, pues, haber entregado las obras?

Fué la contemplación del populacho agrupado en la acera de en-

---

[14] *ya había ... el camino* — She had already given up the activities that stood in her way, and now her road seemed clear.

[15] *espaldero ... amor* — The reference here is to the simultaneous tragedies of her youth : the murder of Hasdrubal by one of the captain's henchmen, and her violation by the crew. Cf. n. 16.

[16] The "pirates" mentioned here plied the river, engaging in illegal operations. They formed the crew of the boat on which Bárbara served as cook, and it was they who were responsible for the misfortunes noted above. After this point. Bárbara became the "devoradora de hombres".

[17] *un ave* — At the moment of Hasdrubal's death Bárbara heard the cry of the "*yacabó*" (*ya acabó*) bird, and interpreted it as an evil omen.

frente y el ir y venir de las señoras y señoritas de la ciudad. La admiración ingenua y la curiosidad maliciosa; la ciudad que quería hacerla recordar la historia que ella se empeñaba en olvidar. Parecíale que le hubiera dicho al oído: «Para ser amada por un hombre como Santos Luzardo es necesario no tener historia». 5

Y la suya se le vino a la mente, como siempre, por su punto de partida: «Era en una piragua, que surcaba los grandes ríos de la selva cauchera...»

Abandonó el corredor del hotel y, lentamente, se fué alejando por los de las vecinas casas de comercio que llegaban hasta la ribera 10 del Apure. Una necesidad invencible y oscura la llevaba hacia el paisaje fluvial; la hija de los ríos empezaba a sentir la misteriosa atracción.

Un cielo brumoso cernía sin brillo la luz de la luna sobre las fachadas de las casas ribereñas, sobre los techos de palma de los ranchos, 15 esparcidos más allá, sobre el monte de las costas, sobre la quieta superficie del turbio Apure, cuyas aguas, en máxima bajante por efecto de la sequía,[18] habían dejado al descubierto anchas playas arenosas.

Ya se habían retirado a sus casas los hombres que habían estado 20 bebiendo y charlando bajo los árboles de la ribera, frente a los botiquines, y los dependientes de éstos recogían las sillas y las mesas y cerraban las puertas, apagando así los reflejos de las lámparas sobre el río.

Doña Bárbara comenzó a pasearse por la avenida solitaria. En 25 la balsa, conversaban los bogas de las piraguas con los palanqueros del bongo[19] y su charla es algo tan lento como la corriente del río por la horizontalidad de la tierra, como la marcha de la noche soñolienta de brumas, como los pasos de doña Bárbara, sombra errante y silenciosa a lo largo del ribazo. 30

La costa del monte, quieta y oscura bajo la noche serena; el río, que viene de arriba, desde las remotas montañas, deslizándose en silencio; el graznido de un chicuaco[20] que se acerca, volando sobre el agua dormida, y la conversación de los bogas con los palanqueros: cosas terribles que han sucedido en los ríos que 35 atraviesan los llanos.

Esto, cuando doña Bárbara viene, lenta, bajo la tenue sombra azul que proyectaban los árboles. Y esto mismo cuando se revuelve: la costa del monte, la noche callada, el río que se desliza sin ruido

[18] *en máxima bajante ... sequía* — at their lowest level because of the drought.
[19] *los palanqueros del bongo* — the polers of the large canoe (the *bongo* is propelled by poles).
[20] *chicuaco* — a gull.

hacia otro río lejano, el graznido del pájaro insomne que ya se ha perdido de vista y la charla soñolienta de los palanqueros con los bogas : cosas graves que han acontecido en las tierras bárbaras de los anchos y misteriosos ríos...

5   Doña Bárbara no mira ni escucha nada más, porque para su conciencia ya no existe la ciudad que duerme sobre la margen derecha; sólo atiende a lo que, de pronto, se le ha adueñado del alma : la fascinación del paisaje fluvial, la intempestiva atracción de los misteriosos ríos donde comenzó su historia... ¡El amarillo Orino-
10 co, el rojo Atabapo, el negro Guainía[21]...!

Medianoche por filo. Cantan los gallos; ladran los perros de la población. Luego se restablece el silencio y se oye volar las lechuzas. Ya no se habla en la balsa. Pero el río se ha puesto a cuchichear con las negras piraguas. Doña Bárbara se detiene y escucha.
15 — Las cosas vuelven al lugar de donde salieron.

[21] Orinoco, Atabapo and Guainía are the names of the "mysterious rivers".

XIX

ALFONSO REYES, el humanista
(1889-1959)

La posición que a principios de este siglo tuvo Rodó como maestro de las juventudes hispanoamericanas, pasó, a su muerte, a ocuparla el mexicano Alfonso Reyes, aunque de distinta manera. La influencia del primero se ejerció más en el pensamiento político, en la filosofía de la vida, en la personalidad del hombre; mientras que Reyes ha sido y es, 5 sobre todo, el maestro de la crítica, el estudioso de nuestra literatura y de las literaturas extranjeras, una especie de nexo entre lo nuestro y lo ajeno, entre Europa y América. Alfonso Reyes ha escrito sobre casi todo. Provisto de una cultura y de un don de creador extraordinarios, sus libros, sus ensayos, artículos, poemas, trabajos de erudición, inter- 10 pretación de nuestro pasado histórico y comentario del presente, llenarían una biblioteca. Ha estudiado la Grecia antigua, el México prehispánico, los clásicos españoles del Siglo de Oro, Goethe y Mallarmé, Virgilio y Descartes, Esquilo y Bernard Shaw[1]... Defiende como Rodó, « el ideal español, la armonía griega, el legado latino ». 15

[1] Johann Wolfgang von Goethe (1749-1832) German poet, dramatist; Stéphane Mallarmé (1842-1898), French symbolist poet; Vergil (70-i9 B.C.), most celebrated of the Latin poets; René Descartes (1596-1650), French philosopher and mathematician; Aeschylus (525-456 B.C.), father of Greek tragedy; George Bernard Shaw (1856-1950), Irish author, dramatist, critic.

Y todo ello con la sobriedad y la armonía que, como dice Andrés Iduarte*, son características de su obra. Este mismo profesor mexicano cita un texto de Antonio Caso* que ofrece un exacto retrato del Maestro :

5 Alfonso posee la curiosidad de las ideas, sobre todo de las ideas bellas y sutiles. Las capta, las acaricia, las exorna sin prostituirlas, las compone en ramilletes de gusto exquisito, las echa a volar. Después las llama de nuevo a su corazón, les sacude el polvo de las alas y las deja bien avenidas entre sí, como si fueran una misma, a pesar
10 de su constante variedad y de su multicolora expresión. Las ideas, estos alfileres lúcidos y enigmáticos como chispas eléctricas, con que todo lo medimos, el ser y el no ser y el llegar a ser; el Bien y el Mal, que se cambian uno en otro, como dice Renan,[2] a la manera de los matices tornasolados del cuello de las palomas. Este es el gran bien,
15 el solo bien del humanista. Mas no penséis por ello que Alfonso sea un mandarín,[3] es decir, un desocupado de talento que juega con los pensamientos como los niños con el agua. No : ni escribe sobre arena, ni funda castillos en el aire. Este ideólogo es un estilista de América, pero el estilista y el ideólogo sabe que, de todas las entrañas
20 humanas, el cerebro es una víscera suprema y el corazón un músculo hueco lleno de amor. ¡Ay de aquel que ponga sobre el sentimiento la inteligencia! ¡El pensamiento sólo es brújula, el corazón es el motor!...

Reyes, como otros grandes escritores de nuestra América, fue diplo-
25 mático durante varios años, y ello le permitió residir en Madrid, París, Rio de Janeiro, Buenos Aires. Los viajes le sirvieron para estudiar el mundo y comprenderlo. Sus escritos, para traducir ese estudio y esa comprensión. La amistad y la cortesía con que trató siempre a las gentes que lo rodearon han dejado un recuerdo imperecedero en todas ellas,
30 que todavía hablan de « don Alfonso » como si acabaran de recibir una de aquellas cartas breves, justas y cariñosas con que se mantenía en contacto con el mundo exterior.

Alfonso Reyes fue poeta desde joven, y lo siguió siendo hasta su muerte. La poesía y la prosa ocupaban un lugar semejante en su voca-
35 ción de escritor. Como poeta, ha dejado un tomo, titulado simplemente *Obra poética* (1952), ejemplo de aquella sobriedad y armonía de que hablamos antes. Citemos como ejemplo el último poema de ese libro, un soneto escrito en 1951, titulado

[2] Ernest Renan (1823-1892), French historian and philologist.
[3] *mandarín* — used here in the sense of dilettante.

Visitación

— Soy la Muerte — me dijo. No sabía
que tan estrechamente me cercara,
al punto de volcarme por la cara
su turbadora vaharada fría.   5

Ya no intento eludir su compañía:
mis pasos sigue, transparente y clara
y desde entonces no me desampara
ni me deja de noche ni de día.

¡Y pensar — confesé — que de mil modos   10
quise disimularte con apodos,
entre miedos y errores confundida!

« Más tienes de caricia que de pena. »
Eras alivio y te llamé cadena.
Eras la muerte y te llamé la vida.   15

Como humanista verdadero, Alfonso Reyes ha tenido siempre la preocupación por el destino de América. Un destino relacionado con el fenómeno social y el fenómeno cultural; que tiene sus raíces en los orígenes de nuestra historia y que no puede presentarse como un hecho aislado toda vez que nuestros países son parte del mundo total en que 20 vivimos, y que geográfica e históricamente estamos ligados a él. Por ello creemos de interés reproducir, en parte, un ensayo que con el título de « *Posición de América* » fue leído por su autor en el Tercer Congreso de Literatura Iberoamericana en 1942. Dice así:

> El tema que me ha sido asignado, « América, cuna de una nueva 25
> cultura », padece de una errata de imprenta, porque debe de ir
> protegido y atenuado entre signos de interrogación si es que ha
> de corresponder a mi intento. No pertenece al orden de aseveración
> que los gramáticos llaman modo indicativo, sino al orden de la
> duda y la creencia, de la insinuación y de la esperanza. Aristóteles 30
> lo habría desterrado de su Dialéctica y sólo lo habría acogido en
> su Retórica.[4] Se refiere al principio de probabilidad, no al de certeza.
> Por el ánimo con que lo abordo, me atrevo a decir que pertenece
> a un modo extravagante de la gramática: el modo profético. [...]

[4] *Aristóteles ... Retórica* — Aristotle would have banished it from his *Dialectics* and would have welcomed it only in his *Rhetoric*.

ALFONSO REYES, EL HUMANISTA   **212**

Me disculpo si repito aquí observaciones recogidas en un libro reciente. Se me ofrece considerar iguales problemas, y de entonces acá mis puntos de vista no han cambiado y mis esperanzas se mantienen.

5 La primera observación se refiere a la consigna que América trajo al mundo desde el día de su aparición. Tras de haber sido presentida por mil atisbos de la sensibilidad, en la mitología y en la poesía, como si fuera una forma necesaria de la mente, América aparece como una realidad geográfica. Y desde este instante,
10 viene a enriquecer el sentido utópico del mundo, la fe en una sociedad mejor, más feliz y más libre. Así lo entendieron las mentes europeas. Así los sacerdotes de todas las tendencias cristianas. Así los peregrinos y refugiados de todo orden, y aun los que sencillamente querían rehacer la vida, borrando anteriores errores o accidentes de
15 la conducta. El que con ello⁵ se hayan mezclado afanes de explotación colonial y lucros económicos es más que humano, y en modo alguno perturba el sentido filosófico del proceso. América es, en esencia, una mayor posibilidad de elección del bien, fundada en un peso menor de tradiciones casuales, de estratificaciones causadas
20 por el azar histórico y no directamente deseadas. Este esquema abarca como una consigna general, como un santo y seña de la conducta, a todo el Nuevo Mundo. Inútil entretenerse en averiguar si tal fenómeno corresponde al concepto de juventud, que en el caso asume un sentido limitado, o más. bien, como creemos, el
25 concepto de nuevo punto de partida.⁶ Claro está que este nuevo punto de partida supone un aprovechamiento de las formas culturales antes alcanzadas, y queda siempre expuesto a accesiones involuntarias de lo inútil. Toda característica deja su marca mucho más allá de la utilidad que la produce, y los antropólogos nos
30 explican que la costumbre de montar a caballo por la izquierda procede del tiempo en que todo jinete ceñía una espada al flanco izquierdo. Pero quien se confunda en estas razones será que no sabe distinguir entre la esencia y el accidente. La consigna de América es una consigna de mejoramiento, sustentada en la posibilidad de
35 prescindir y escoger. Puede decirse aún que esta consigna es general en la mente humana. Pero si la expandimos a los grupos sociales, es evidente que ella está en terreno más propicio en América que en Europa.

La segunda observación se refiere a algo que, a primera vista,

⁵ *el que con ello* — the fact that along with all of this.
⁶ *Inútil ... partida* — It's useless to waste time in finding out if this phenomenon is due to the concept of youth, which in this case assumes only a limited meaning or, rather as we believe, the idea of a new point of departure.

parecería una deficiencia : al carácter colonial o subordinado de los orígenes americanos. Por una parte, en toda cultura colonial obra un principio de retrogradación hacia las formas más elementales o más antiguas de las metrópolis. Esta retrogradación se explica por dificultad de transporte, por dificultad de adaptación ante el nuevo 5 ambiente y por necesidad pedagógica para comunicar a las poblaciones exóticas una lengua, una religión, una representación del mundo que no tenían relación con sus costumbres inveteradas. Esta es la « teología que no conoció Santo Tomás »,[7] de cuyos problemas se quejaban los misioneros de la Nueva España. Y vemos, 10 en efecto, en los aborígenes del teatro americano — pues el teatro por su naturaleza fue inmediatamente adoptado como la forma literaria más pública e institucional — que, para servir a los fines del catequismo, la escena americana creada por los sacerdotes católicos retrocede a tipos rituales y eclesiásticos ya superados por 15 el teatro independiente de la metrópoli. A esta retrogradación necesaria se une otra discrecional, y que resulta de las condiciones de la conciencia pública en la época de la creación de las colonias americanas : la metrópoli echaba murallas en torno a sus colonias y se reservaba el privilegio exclusivo de la explotación económica 20 y de la transmisión cultural. Romper las barreras económicas era uno de los incentivos que movían a Inglaterra a favorecer la independencia de las Américas. Las ideas de la Francia revolucionaria, que tanto influyeron en la filosofía de la independencia, sólo entraban subrepticiamente en nuestro mundo y eran objeto de 25 inquisiciones y castigos. Al caudillo insurgente Hidalgo se le tachaba de « afrancesado ».[8] Y el que algunos sabios europeos, como Humboldt,[9] hayan podido obtener permiso de recorrer y estudiar a su gusto las colonias americanas era efecto ya del liberalismo invasor, y anunciaba por sí solo que en los sistemas del tiempo 30 estaba ya escrita la futura emancipación, a la que algunos ministros de la corona quisieron, en cierto modo, adelantarse,[10] en evitación de mayores males que ya empezaban a presentir.

Esta inevitable invasión del liberalismo, o política de puertas abiertas, alcanza su máximo con las independencias americanas. 35

[7] St. Thomas Aquinas (1225-1274), great Catholic theologian.
[8] Miguel Hidalgo, the priest of Dolores (cf. Chapter XV, n. 1) was denounced to the Holy Office for, among other things, desiring to see French liberty established in Spanish America; it was also declared that his home was known as "little France". The philosophy of the Latin American wars of independence was influenced by the French Declaration of the Rights of Man as well as by the works of such men of the Enlightenment as Diderot, Montesquieu, Rousseau, Voltaire, etc.
[9] Cf. Chapter XII n. 23.
[10] *a la que ... adelantarse* — which some ministers of the crown tried, to a certain extent, to anticipate. (Cf. Chapter IX n. 28).

A partir de esa hora, las antiguas colonias quedan en categoría de sociedades que no han creado la cultura, sino que la reciben hecha de todos los focos culturales del mundo. Por un explicable proceso, toda la herencia cultural del mundo pasa a ser un patrimonio suyo
5 por igual derecho. Su sistema de cultura, aunque para nuestros pueblos referido siempre a la fuente hispánica, se ensancha a la absorción de todas las corrientes extranjeras, algunas veces por sorda hostilidad y reacción contra la antigua metrópoli, y más generalmente y en último análisis, por convicción y por educación
10 de universalismo. Este universalismo viene entonces a ser el inesperado efecto benéfico de la formación colonial. El ciudadano de las grandes naciones creadoras de cultura casi no tiene necesidad de salir de sus fronteras lingüísticas para completar su imagen del mundo. El ciudadano de la antigua colonia tiene que ir a la vida inter-
15 nacional para completar tal imagen y, además, está acostumbrado a buscar en el exterior las fuentes del saber. Así se explica el sabor de extranjerismo en ciertas etapas de nuestra adolescencia cultural. Más tarde, en la hora de madurez que apenas se inicia, sobreviene la confrontación entre nuestros pueblos, al saldo de comunes de-
20 nominadores que ella produce,[11] y la incipiente figuración de nuevas técnicas de dominio aprendidas en el estudio de los ya visibles y evolucionados caracteres propios, nacionales y continentales. [...]

[11] *sobreviene ... produce* — there comes the confrontation of our peoples, balancing out the common denominators produced by this confrontation.

Ciudad Universitaria, México

La tercera observación se relaciona muy de cerca con la anterior, y especialmente se refiere a los hábitos internacionales en un sentido más limitado y político. De un modo general y sin entrar en odiosos distingos, los pueblos de América, por el impulso de su formación histórica semejante, son menos extranjeros entre sí que las naciones 5 del viejo mundo. Hay comunidad de bases culturales, de religión y lengua. Y por su captación étnica, están singularmente preparados para no exagerar el pequeñísimo valor de las diferencias de raza, concepto estático sin fundamento científico ni consecuencia ninguna sobre la dignidad o la inteligencia humanas, uniformes en principio 10 cuando se les ofrecen iguales posibilidades; cosa transitoria cuya exacta nivelación nuestra América entiende como uno de sus deberes sociales inapelables e indiscutibles. Las resistencias que aún persisten creemos que están llamadas a desaparecer[12] en la absorción democrática, y entretanto, sólo significan cuerpos en- 15 quistados como tantos otros que existen en las culturas, puesto que el ideal de la plena integración es sólo una norma orientadora[13] y ningún pueblo vive en la tierra en estricto acuerdo con sus pautas. Lo que no autoriza a negar sentido a tales pautas.

De esta grande homogeneidad en las mayorías nacionales de 20 América, ha resultado que nuestros pueblos hayan podido, según el sueño de Bolívar, desarrollar cierta labor armoniosa y continuada de conversación internacional, sostenida por más de medio siglo, muy anterior a la Liga europea[14] y mucho más eficaz a la larga, a pesar de los tropiezos y desajustes de todo lo humano, y sorprendente 25 si se considera la magnitud del territorio que cubre y el semillero de pueblos que abarca. [...]

En cuanto a las diferencias o heterogeneidades americanas, se reducen a los conceptos de raza y lengua. De la raza dijimos ya lo bastante y casi da enojo insistir. Para América no hay más 30 raza que la humana. [...]

[12] *están ... desaparecer* — will inevitably disappear.
[13] *norma orientadora* — guidepost.
[14] *Liga europea* — the League of Nations, established after World War I.

XX

FRANCISCO ROMERO, el filósofo (n.1891)

Un libro como el presente, que aspira, por su carácter, a ser una especie de panorama — lo más completo posible dentro de sus límites — de la cultura Hispanoamericana, no debe olvidar que hay en esa cultura una actividad importante, aunque de relativa novedad : la filosofía.
5 Como escribe Aníbal Sánchez Reulet * :

> El cultivo de la filosofía, con un sentido creador y original, es un hecho relativamente reciente en la América Latina. Con excepción de unos pocos nombres en el siglo XIX, su historia no va más allá de los últimos cincuenta años.

10 Claro que ello no quiere decir que no se hayan cultivado los estudios filosóficos, pues desde la creación de nuestras Universidades se establecieron cátedras dedicadas a ellos. Pero aunque se estudiaba la filosofía como disciplina en los programas universitarios, faltaban los creadores de un sistema propio, y hasta hace poco tiempo nos limitábamos
15 a reflejar y a comentar, con mayor o menor originalidad, los sistemas filosóficos extranjeros.

Fue el positivismo[1] del siglo XIX el que influyó más en el pensamiento hispanoamericano, y el que tuvo expositores como Eugenio María de Hostos, Enrique José Varona y José Ingenieros,[2] por ejemplo. Pero

---

[1] Positivism is a system of philosophy developed by Auguste Comte (1798-1857) which excluded everything but natural phenomena and knowable things.
[2] Eugenio María de Hostos (1839-1903), Puerto Rican essayist and thinker; Enrique José Varona (1849-1933), Cuban positivist and empiricist; José Ingenieros (1877-1925), Argentinian philosopher.

con la crisis del positivismo y la natural reacción contra sus postulados, ha surgido — según el autor antes citado — en nuestro siglo, en la mayoría de los países hispanoamericanos,

> un inusitado interés por los estudios filosóficos que ha ido creciendo en las últimas décadas y ha dado lugar, por primera vez, 5 a un movimiento verdaderamente creador. En menos de cincuenta años han aparecido, en el campo de la filosofía, más pensadores genuinos que en todos los siglos anteriores. Es el mejor síntoma de la madurez intelectual que han alcanzado los países de la América Latina. 10

Entre los pensadores y filósofos actuales de este continente destaca el argentino Francisco Romero, que aunque de familia española y nacido en Sevilla, se trasladó muy niño a Buenos Aires. Desde joven sintió inclinación a los estudios, y después de algunos años en que siguió la carrera militar, se dedicó a la enseñanza desde 1930, como 15 profesor de filosofía en las Universidades de Buenos Aires y La Plata.

FRANCISCO ROMERO, EL FILÓSOFO   **218**

El joven profesor Hugo Rodríguez-Alcalá*, estudioso de la obra de Romero, nos dice que :

En rigor, lo que Francisco Romero ha iniciado en la Argentina de la segunda década de este siglo es una obra semejante a la de Ortega y Gasset[3] en la España de los veinte años anteriores al derrumbe de la monarquía :[4] información, incitación desde la tribuna y la cátedra, desde el libro y la revista, y aun, desde el periódico. Como Ortega, Romero será también un gran periodista —aunque de repertorio más especializado y restringido —; y « La Nación » de Buenos Aires será para los argentinos lo que « El Sol » de Madrid para los españoles. Acaso esté demás advertir que el periodismo ejercido por ambos tiene una jerarquía única, al punto de que en ellos esa actividad de escritor un tanto secundaria que es la del periodista, adquiere una significación e irradia una influencia incomparables.

Y a esas actividades debemos agregar la fundación, en 1947, de la revista « Realidad » que, como la « Revista de Occidente » de Ortega en Madrid, sirvió de vehículo a los más serios escritores de la época, argentinos y extranjeros, para la exposición de sus ideas.

Entre los libros de Romero hay que mencionar algunos como *Filosofía de la persona* (1944), *Papeles para una filosofía* (1945), *Filosofía de ayer y de hoy* (1947), *El hombre y la cultura* (1950) y *Teoría del hombre* (1952).

Las ideas de Romero en cuanto a la concepción del mundo en relación con las grandes épocas históricas nos parecen claramente expuestas en el siguiente fragmento de su artículo « El positivismo y la crisis ». Dice así :

Toda gran época histórica es dueña de una determinada concepción del mundo. Más aún : desde cierto punto de vista, cada gran época histórica *es* una especial concepción del mundo. Lo que define y condiciona cada uno de los grandes tramos en la marcha de la humanidad, es el comienzo, auge y declinación hasta su agotamiento de una particular interpretación de la realidad y de la vida humana, con su correlativo cuadro de estimaciones, de preferencias y repugnancias. La concepción del mundo, en su pureza, es algo vivido y en su mayor parte inconsciente, y de ahí su absolutismo, el vivir el hombre como sumergido en ella, el utilizar sus tesis y normas

---

[3] José Ortega y Gasset (1883-1955), Spanish philosopher, lecturer, essayist, journalist, whose works range over an enormous variety of topics.
[4] *derrumbe de la monarquía* — The Spanish monarchy fell in 1931.

como principios indudables e indiscutibles. Sus aspectos parciales suelen ser examinados y discutidos, pero no sus bases, sus convicciones supremas, aquel fondo suyo sobre el cual se organiza todo lo demás y del cual depende la actitud del hombre ante el mundo y ante su propia existencia. Ello no obsta a que algunos 5 lleguen o puedan llegar a ser conscientes de la concepción del mundo dentro de la cual viven; pero, aparte de ser ellos excepción, ya en cierto modo salen y se destierran de esa concepción del mundo al lograr conciencia clara de ella, porque la fuerza de una concepción del mundo deriva de su sentido absoluto, de su cerrazón, de que 10 sea vivida sin que se la advierta y rodee al hombre por todos lados; sabida,[5] es comparada con otras y en alguna medida criticada, pierde su rango de cosa implícita y vital, pasa a ser una postura comparable a otras posturas posibles, y queda desprovista, por lo tanto, de la omnímoda capacidad de imponernos sus interpretaciones o 15 captaciones de las cosas, no como tales actos nuestros, sino como las cosas mismas, y sus estimaciones, no como apreciaciones en el plano de otras posibles, sino como las naturales y de por sí justificadas, las únicas lícitas, frente a las cuales todas las demás son error o capricho. 20

El Occidente poseyó una concepción universal del mundo durante la Edad Media; dicho en otros términos, la llamada Edad Media es el lapso durante el cual nace, crece y al final declina una concepción del mundo. La Edad Moderna, desde el Renacimiento, se halla informada por otra.[6] La génesis, el incremento y despliegue, 25 la agonía y agotamiento de una concepción del mundo, es un fenómeno sobremanera complejo; las investigaciones sobre este vastísimo asunto están en sus primeras fases, en la recolección de materiales y en el avance de puntos de vista personales, sin haber llegado todavía la sazón de las síntesis, de los ensayos de coordinar lo 30 allegado, ni siquiera en términos provisionales. Cuestiones muy circunscritas y del más subido interés — así, por ejemplo, la de las generaciones —, se debaten todavía entre mil incertidumbres y oscuridades. Algunos motivos se destacan con cierto realce: por ejemplo, la sede de la vida plena y dichosa, el reino del ideal y de la 35 perfección, ha sido concebido en diferentes orientaciones, que han cambiado en la dirección de marcha de las agujas del reloj: en el pasado (mito de la Edad de Oro,[7] renovado en el Renacimiento),

---

[5] *sabida* — once one is aware of it (one's concept of the world).
[6] *otra (concepción del mundo).*
[7] The Golden Age, according to Greek mythology, was initiated when Saturn, having been overthrown by his son Jupiter, fled to Latium. It was there, under his reign, that all was harmony and happiness.

para la Antigüedad; en el trasmundo celeste, para la Edad Media cristiana, y en el futuro, para la interpretación de la vida fraguada por la Edad Moderna. La vigencia de las concepciones del mundo, sobre todo de las más amplias y generales, las que dominan épocas
5 y extensas áreas geográficas, es siempre forzosamente relativa. Baste recordar cómo, en la Edad Media, persistían por muchas partes residuos de la concepción antigua, restos del paganismo, en islotes resistentes o como materia incorporada a las concepciones medievales. Durante la Edad Moderna perdura notable porción de
10 las concepciones de los tiempos medios, bien como principal visión de las cosas y de la vida, bien en diversos grados de complicación y componenda con las tesis y estimaciones que los tiempos modernos van creando. La opinión, muy difundida ya y de la cual yo participo, de que la denominada Edad Moderna es una etapa terminada, y
15 que la crisis presente es, en lo esencial, el tránsito a una nueva época — a una nueva concepción del mundo — propone, como uno de los problemas parciales más considerables dentro del total problema de la crisis, el de la Edad Moderna en cuanto[8] concepción del mundo, esto es, la determinación de lo que ha sido en cuanto actitud ante
20 las cosas y ante la vida. La cuestión de lo que haya sido, abarcada en su conjunto y entendida en profundidad, esa etapa que debemos ya mirar a nuestra espalda, constituirá de por sí[9] un apasionante capítulo de historia de las ideas o de la cultura. El interés que el asunto suscita dista mucho de ser exclusivamente teórico, de circuns-
25 cribirse a la necesidad de comprender — noble necesidad, por cierto, y consustancial con la esencia humana, que suelen desdeñar con obtusa suficiencia los que imaginan tocar el cielo con las manos al no valorar sino el saber útil, con lo cual reducen al hombre a la modestísima categoría de un instrumento.[10] Salvada así la jerarquía
30 y dignidad de la exigencia de comprender por el comprender mismo, ha de afirmarse al punto que otro género de preocupaciones nos llevan además ahora a preguntarnos por la sustancia y modos de lo moderno. Porque, si la crisis es pasaje de una situación a otra, de lo moderno a un diferente sistema de vida y de conocimiento que
35 se encuentra todavía en sus primeros trámites, la comprensión de la crisis — tema tan vital[11] y práctico como teórico — exige la de aquello que la crisis deja atrás como caduco y concluso, y, en la

---

[8] *en cuanto* — as (in so far as it is).
[9] *de por sí* — in itself.
[10] *que suelen desdeñar ... instrumento* — [the necessity of understanding] which is usually disdained with obtuse smugness by those who think they can reach up to heaven with their hands when they respect only useful knowledge, with which they reduce mankind to the extremely modest category of an instrument.
[11] *vital* — in the sense of "rooted in life".

medida de lo posible,[12] la presunción de lo venidero, único fundamento razonable de cualquier tentativa de acelerar la constitución
de los nuevos basamentos, para suprimir cuanto antes todo lo que
en la situación crítica es trastorno evitable, soluciones presurosas
y equivocadas, dolorosos aunque en parte justificados desvaríos: 5
en la cuenta de estos últimos creo que deben ponerse muchos de
los tremendos acontecimientos que han desgarrado la humanidad
en estos años.

[12] *en la medida de lo posible* — in so far as possible.

Buenos Aires

LA MÚSICA

Un estudio cualquiera de la música en Hispanoamérica debe tener en cuenta, desde el principio, la importancia de los tres elementos que forman su carácter : lo indio, lo español y lo africano. La combinación de los tres, con mayor importancia de lo indio en ciertas regiones, o de lo español en otras, o aun de lo negro en toda la cuenca del Caribe, 5 del golfo de México y las Antillas, va a dar como resultado una gran riqueza de ritmos y melodías populares, muy diferentes de país a país, o de región a región. Bailes y canciones como el « bambuco » y el « pasillo » colombianos; el « yaraví » y la « marinera » peruanos; el « huayno » de Perú y Bolivia; la « cueca » que es el baile nacional de 10 Chile y que se encuentra también en Bolivia y Perú; en la Argentina, el « gato », el « triste » y la « huella »; el « pericón », que es el baile nacional de la Argentina y del Uruguay; el « corrido » y el « joropo » venezolanos; el « huapango » y el « corrido » de México; el « zapateo », el « son » y la « rumba » cubanos; la « danza » y la « plena » de Puerto 15 Rico, — para no citar más que algunos de esos nombres —, son de mucha importancia como manifestación de lo folklórico y además,

porque han influido poderosamente en algunos aspectos de la música culta. Se sabe que « hacia 1590 se bailaba en el Nuevo Mundo, entre otros aires, el puertorrico, la churumba, la zarabanda, la chacona, la valona y el totarque », algunas de las cuales, como la zarabanda y la
5 chacona, por ejemplo, fueron adoptadas por Europa para incorporarlas a las formas cultas de la música del siglo XVIII. Y otras veces ocurre que en aquellos países de Hispanoamérica en que lo aborigen no tiene importancia, los ritmos europeos importados se modifican, y de ese modo, las danzas del viejo Continente adquieren aquí nueva
10 fisonomía, y hasta a veces es difícil identificarlas con sus formas originales.

Durante los siglos XVI y XVII se cultivó en el Nuevo Mundo la música polifónica principalmente, claro está, en las iglesias y monasterios; y ya en el siglo siguiente encontramos, particularmente en
15 Venezuela, una serie de maestros de capilla y compositores de misas, motetes, etc. como el P. Pedro Palacios, Lino Gallardo y José Angel Lamas. En Cuba hay que mencionar por esos años a Esteban de Salas.

LA MÚSICA

Y es curioso anotar, asimismo, que la primera orquesta sinfónica se fundó en Caracas en el año de 1750. Por todo el siglo XIX se notan las importaciones de la música española (popular y de salón) con los naturales contactos de vestigios aborígenes, y las transformaciones naturales que debido al tiempo y al espacio van sufriendo los ritmos 5 y las melodías. Pero poco a poco va a ir surgiendo « lo americano » que no es sino una síntesis y fusión de todos esos tan variados elementos.

Nos dice Pedro Henríquez Ureña que además de la de Caracas, en 1800 se formó la Orquesta Sinfónica de Guatemala. Y que tanto en Buenos Aires como en México o en Bogotá se organizaron otras 10 agrupaciones de conciertos en las que se tocaban sinfonías de Haydn y Mozart, mientras que en las iglesias se interpretaba música de Palestrina, Victoria,[1] Bach y Handel. Hubo además, en la segunda mitad del siglo, grandes intérpretes, entre los que podemos mencionar a la pianista venezolana Teresa Carreño, y los violinistas cubanos José White y 15 Claudio Brindis de Salas, todos los cuales alcanzaron gran renombre en Europa. Se escribieron también óperas, estrenadas con mayor o menor éxito. Pero en todo hubo siempre una gran actividad musical en las ciudades, por un lado; y en el campo, por otro, con la supervivencia y consiguientes modificaciones de las formas populares. 20

Sin duda la creación superior de la música hispanoamericana en el siglo XIX es la danza habanera, una transformación criolla, al parecer, de la « contredanse » francesa, que a su vez puede serlo de la « country dance » inglesa. De todos modos, la danza cubana se enriquece con ciertos ritmos y ondulaciones procedentes de la música africana, y 25 produce un género especial, elegante y armonioso, cuyo cultivador más conocido es Ignacio Cervantes (1847-1905). Esa danza se propaga a Puerto Rico, donde ha llegado a ser la verdadera música nacional, gracias a su notable cultivador, Juan Morel Campos (1857-1896) y llega hasta el sur, para producir la cadencia sensual del tango argen- 30 tino.

El ritmo de la danza habanera lo propagó en Europa el español Sebastián Yradier, — que vivió varios años en Cuba —, sobre todo en su famosa canción « La paloma » y en otra melodía que Bizet incor-

---

[1] Giovanni Palestrina (1524-1594), Italian composer; Tomás Luis de Victoria (ca. 1548-1611), Spanish religious composer.

poró en su ópera « Carmen ». Más tarde esa « habanera » logra su
forma más perfecta en la obra de Eduardo Sánchez de Fuentes (1876-
1944) cuya pieza « Tú » es una de las composiciones musicales más
conocidas. Sánchez de Fuentes escribió además de una serie de habaneras
5 y de canciones cultas, ópera, ballet, y música sinfónica.

   Ya durante el presente siglo, aparecen algunos compositores que,
siguiendo en ello las modernas tendencias europeas, aprovechan
formas populares y las incorporan a la música culta, como el mexicano
Manuel M. Ponce (1886-1948), autor de la conocida canción « Estrelli-
10 ta », y sobre todo, de unas danzas, canciones y « Rapsodias », de gran
   importancia en el desarrollo de nuestra música contemporánea; y el
   argentino Julián Aguirre (1869-1924), que trabajó con los materiales
   que le ofrecían la « huella » y el « gato », danzas cantadas del norte de
   su país.

El más importante de los compositores mexicanos contemporáneos, y uno de los mejores del mundo actual es Carlos Chávez (n. 1899). En este país ha dirigido en Nueva York, Philadelphia y Boston, y ha estrenado también algunas de sus obras. Chávez utiliza los materiales folklóricos de un modo muy original, en obras sinfónicas como « El [5] nuevo fuego » y « Los cuatro soles » y sobre todo en su « Sinfonía india », escrita precisamente en los Estados Unidos, entre 1935 y 1936, que es la composición más brillante y personal del maestro. Más tarde, Chávez supera el indigenismo para intentar un nuevo trato de lo esencial de su tierra dentro de los moldes generales de la música actual, [10] en obras como « Sonata para cuatro corni » (1937) y sobre todo en el « Concierto para piano y orquesta » estrenado en Nueva York en 1942, que, según el crítico español Adolfo Salazar*, es lo mejor de su obra y puede ser comparado con el « Concierto para clave » de Manuel de Falla.[2] Chávez tiene además una « Toccata » en tres movimientos, para [15] instrumentos de percusión; una « Sonatina » para violín y piano, y muchas obras más. En algún caso, como en la « Sinfonía de Antígona » (1932) se basó, según él mismo dice, en la música griega antigua.

Lo que se ha llamado la « superación del color » tiene en México un representante auténtico en Silvestre Revueltas (1899-1940), llamado el [20] Bela Bartok[3] de su país. Su música es nacionalista, surgida de la vida y la tierra. Por ejemplo, en « Planos » de 1934, expresa el México de nuestros días. Ha escrito también canciones y un encantador « ballet » infantil, « El renacuajo paseador ». Tiene un poema sinfónico, Cuauhnahuac », muy brillante, con el espíritu de la vida primitiva de México; [25] otros, « Sensemayá » para voz y pequeña orquesta, sobre un poema de Nicolás Guillén;[4] y obras para orquesta de cámara y para violín y piano, así como varias canciones y una « Toccata sin fuga », ejemplo de su imaginación e ingenio.

Una de sus mejores composiciones es el « Homenaje a García [30] Lorca »;[5] y cinco de sus « Siete canciones » para voz y piano están escritas sobre versos del poeta español. Como dice Otto Mayer-Serra en su Panorama de la Música Mexicana*, las dos tendencias actuales de

---

[2] Manuel de Falla (1876-1946), Spanish composer.
[3] Bela Bartok (1881-1945), Hungarian composer.
[4] Nicolás Guillén (1904), Cuban poet, particularly associated with Afro-Cuban poetry.
[5] García Lorca (1898-1936), Spanish poet and playwright.

Carlos Chávez

la música mexicana están representadas por el « indigenismo moder-nista » de Chávez y el « realismo mestizo » de Revueltas. Hay algunos músicos más jóvenes que ellos, como por ejemplo, Blas Galindo, Luis Sandi, Daniel Ayala o Salvador Contreras.

Como curiosidad histórica podríamos mencionar al maestro Julián Carrillo, autor de una teoría musical llamada « el sonido 13 », a base de intervalos de 1/4, 1/8 y 1/16 de tono, en los que escribió algunas piezas del más extraño y extraordinario efecto auditivo, y para cuya inter-pretación se emplean instrumentos especiales.

La presencia de lo folklórico — muchas veces superado, sin embar-go — puede observarse en la música cubana actual, en la que se com-binan bases de lo campesino blanco — procedente de lo español y más determinantemente lo andaluz, en tonadas como la « guajira » y el « punto », — con el ritmo y la temperatura de lo africano. Son dos influencias muy vivas en esa música, aunque en cierto modo, lo « negro » aparece más claramente por la viveza y resonancia de sus ritmos. Esto último es lo que se refleja en la obra de Amadeo Roldán, que fue Director de la Orquesta Filarmónica de la Habana durante varios años, autor de obras sinfónicas basadas principalmente en el folklore afro-antillano; y en Alejandro García de Caturla seguidor de sus hue-llas. Con posterioridad a ellos ese « color » se ha diluido mucho más en el ambiente general de la creación musical y si algunos de sus composi-tores como José Ardévol (nacido en España), o Harold Gramatges utilizan lo folklórico sólo como pretexto para sus obras, otros, como Aurelio de la Vega o Julián Orbón, el más distinguido de todos ellos, ganador de un premio en el concurso de Caracas (con Chávez y el argentino Juan José Castro), están situados en un plano mucho más internacional, sin olvidar por ello lo propio.

Eso « propio », lo incaico en este caso, lo expresan los peruanos Car-los Sánchez Málaga y Roberto Carpio, por ejemplo; mientras que en

Manuscrito de Humberto Allende

la Argentina Luis Gianneo, Enrique Casella y Alberto Ginastera traducen escenas y motivos del campo — la pampa o el norte del país —, y Juan Carlos Paz y José María Castro, van más por los caminos de lo universal. Juan José Castro es, además de un excelente compositor, un
5 director de primera categoría.

Alberto Ginastera (n. 1916) es tal vez el más conocido de los modernos compositores argentinos. Al principio de su carrera siguió la línea del impresionismo, pero luego la superó tomando como base el folklore de su país, y en esa época produce la mayor y la más importante
10 parte de su obra hasta 1956. Luego va haciendo uso de elementos no nacionales, de una técnica más universal, aunque en sus últimas obras se advierte la reunión de un método intensamente subjetivo con sabor nacional, y un proceso de objetivación bien definido. Su obra comprende, por ejemplo, « Estancia » que son escenas de la vida campe-
15 sina en forma de *suite* para *ballet*, brillantes y sonoras; la sinfonía pastoral « Pampeana no. 3 »; un ballet, « Panambi », escrito a los 20 años, sobre material folklórico de los indios del norte de la Argentina; y muchas obras más para orquesta, órgano, orquesta de cámara, coros, etc.

20 Al otro lado del río de la Plata, — en el Uruguay — hay que mencionar a Eduardo Fabini, uno de los más importantes de la actual música hispanoamericana, autor de varios poemas sinfónicos llenos de poesía y de una inspiración popular hondamente sentida e interpretada, y Luis Cluzeau-Mortet, más conocido por sus obras pianísticas y sus
25 canciones.

Chile debe su renovación musical al maestro Domingo Santa Cruz, a cuya iniciativa se llegó a superar la música « melodista » del siglo XIX. La orquesta Sinfónica de Santiago es una de las mejores de América, así como la Sociedad Bach, que ofrece conciertos regulares.
30 Santa Cruz es autor de « Cinco poemas trágicos » muy hermosos, y de dos series de « Imágenes infantiles » para piano. Sobre todo, su papel es el de gran educador. Aunque lo indígena en Chile es menos importante que en otros países de la América, Carlos Isamitt ha tratado algunos de sus temas, en tanto que Humberto Allende, el más cono-
35 cido de los compositores chilenos actuales, tiene en su obra, entre otras cosas, dos poemas sinfónicos, « Escenas campesinas » y « La voz de las calles », y algunas piezas para piano, como las famosas « To-

nadas », de inspiración campesina. A esos nombres habría que agregar los de Enrique Soro, Próspero Bisquertt y Alfonso Leng, autor este último de una ópera sobre la « María » de Jorge Isaacs, y de un magnífico poema sinfónico sobre el « Alsino » de Pedro Prado.[6]

En suma, lo mismo en el norte que en el centro y sur de Hispano- 5 américa, — como también en los Estados Unidos —, los compositores emplean una técnica de carácter internacional y al mismo tiempo han sabido hacer uso de los materiales propios de sus respectivos países. El nacionalismo musical de hoy día refleja esa doble tendencia, y en todo el continente el gran florecimiento de la música seria tiende a 10 superar esa otra corriente « populachera » que tanto desfigura a la verdadera, genuina música popular o folklórica, que, por lo menos en Hispanoamérica, continúa siendo de una riqueza incomparable.

[6] Pedro Prado (1886), Chilean novelist and poet.

Notas sobre algunos autores mencionados en el texto

Hubert Howe Bancroft (1832-1918), historiador y publicista norteamericano, autor, entre otros, de un libro titulado *The Native Races* (1883)

Adrián Recinos (n. 1886-1962), escritor e investigador guatemalteco contemporáneo

Luis Cardoza y Aragón (n. 1904)

Marcelino Menéndez y Pelayo (1856-1912), eminente polígrafo español

Mariano Picón Salas (n. 1901)

Fernando Ramírez (1804-1871), historiador mexicano, autor de *Vida de Fray Toribio de Motolinía* (México, 1944)

Arturo Uslar Pietri (n. 1905), narrador y ensayista venezolano

Aurelio Miró Quesada (n. 1907), periodista y escritor peruano

Alfonso Reyes (1889-1959), eminente escritor y humanista mexicano. Véase Cap. XIX.

Pedro Henríquez Ureña (1884-1946), polígrafo dominicano

Antonio Castro Leal (n. 1896), profesor y escritor mexicano, autor de un libro sobre Juan Ruiz de Alarcón (1943)

Miguel de Unamuno (1864-1936)

Daniel Florencio O'Leary (1800-1854), general irlandés al servicio de Venezuela y Colombia durante la guerra de Independencia

Luis Lloréns Torres (1878-1944)

José Victoriano Lastarria (1817-1888), publicista chileno

Germán Arciniegas (n. 1900)

Pál Kelemen (n. 1894), historiador de arte nacido en Austria, autor de *Baroque and Rococo in Latin America* (New York, Macmillan, 1951)

Stanton L. Catlin, *Art Moderne Mexicain* (Paris, 1952)

Enrique Castro Oyanguren (n. 1875), político y escritor peruano

Victor Andrés Belaúnde (n. 1883), profesor, diplomático y escritor peruano

Federico de Onís (n. 1885), profesor y crítico español, residente en Puerto Rico

Federico Henríquez y Carvajal (1848-1952), hombre público y escritor dominicano

Max Henríquez Ureña (n. 1885), crítico y ensayista dominicano
Enrique Anderson Imbert (n. 1910), escritor y profesor argentino
Isaac Goldberg (1887-1938), ensayista e hispanista norteamericano
Andrés Iduarte (n. 1907), escritor y profesor mexicano
Antonio Caso (1883-1946), filósofo y ensayista mexicano
Aníbal Sánchez Reulet (n. 1910), ensayista y profesor argentino
Hugo Rodríguez-Alcalá (n. 1919), poeta, ensayista y profesor paraguayo
Adolfo Salazar (1890-1960), crítico de música español

 Preguntas

I. LOS PRIMITIVOS

1. ¿Por qué ha sido llamado « barroco » el arte maya ?
2. Caracterizar el nivel científico alcanzado por los mayas.
3. ¿De dónde fueron los aztecas? ¿Cuándo se formó su imperio?
4. ¿Cuál es el tono del poema escrito por Netzahualcoyotl?
5. Comparar ese poema con el primer capítulo del libro de *Ecclesiastes;* ¿cuáles son las semejanzas?
6. ¿Quiénes fueron los antecesores de los incas? ¿Qué es lo que queda de esas civilizaciones?
7. ¿Cómo fue la religión de los incas?
8. ¿Qué es lo que tenían en común todas las antiguas culturas indígenas?
9. ¿Qué es el *Popol Vuh*? ¿En qué consiste su valor?
10. Comparar la creación del mundo según se lee en el *Popol Vuh* con el primer capítulo del libro de *Génesis*.

II. CRISTÓBAL COLÓN

1. Caracterizar a Cristóbal Colón física y moralmente.
2. ¿Cuáles son los documentos que nos sirven para conocer a Colón?
3. Según la carta escrita por él y dirigida a los Reyes Católicos ¿en qué basaba Colón su certidumbre de que podría navegar a las Indias?
4. ¿Qué clase de estudios había hecho Colón antes de emprender su gran viaje?
5. ¿En qué se manifiesta su fuerte sentimiento religioso?
6. Según lo que oyó Colón ¿cómo fue la isla de Cuba?
7. ¿Qué maravillas naturales encontró Colón en la Isla Española?
8. ¿Por qué no tienen armas los habitantes de las islas vistas por Colón?
9. ¿Cómo muestran ellos su generosidad y amabilidad?
10. ¿Por qué los trató bien Colón?
11. ¿Por qué creían los indios que habían venido del cielo los españoles?

III. HERNÁN CORTÉS

1. Decir algo de la vida de Cortés antes de su llegada a México.
2. ¿Qué clase de hombre parece ser Cortés según el retrato que de él hace Bernal Díaz?
3. ¿Cómo fue la entrada de Cortés en Tenochtitlán?
4. Bernal Díaz dice que esa entrada fue un acto muy atrevido : ¿por qué dice eso?
5. ¿Cómo viene Moctezuma al encuentro de Cortés?
6. ¿Cómo muestran los caciques el gran respeto que tienen por Moctezuma?
7. ¿Qué le regala Cortés a Moctezuma? ¿Cómo le habla?
8. ¿Por qué había tanta gente en las calles y en el lago?
9. (La Noche Triste) ¿Cómo trataron de defenderse los indios?
10. ¿Por qué motivo dijeron a Cortés que fuera a la fortaleza?
11. Mientras estaba allí, ¿qué estaba pasando fuera?
12. ¿Por qué le costó tanto trabajo escaparse de la ciudad?

IV. MOTOLINÍA

1. ¿Quién fue Fray Bartolomé de las Casas?
2. ¿Cuál fue el propósito de las Leyes de Indias?
3. ¿Por qué se alegraron los misioneros de que hubiera tanta gente en la Nueva España?
4. ¿Por qué adoptó el nombre de Motolinía Fray Toribio de Benavente?
5. Según los misioneros ¿cuál fue el modo más eficaz de difundir la religión cristiana?
6. ¿Qué escena bíblica representaron los indios?
7. Describir el decorado de la morada de Adán y Eva antes de su pecado.

V. ALONSO DE ERCILLA

1. ¿Por qué fue Ercilla a Chile? ¿A quién acompañó?
2. ¿En qué circunstancias escribió *La Araucana*?
3. ¿Qué opinión tenía él de los araucanos?
4. ¿Qué efecto produce Ercilla con su descripción del saqueo de la ciudad?
5. ¿Qué hacen los indios antes de quemar las casas?
6. ¿Quién es Tegualda?
7. ¿Qué busca en el campo de batalla?
8. ¿Qué le promete el poeta? ¿Cómo reacciona ella ante esta promesa?
9. ¿Qué simboliza Tegualda para Ercilla?
10. ¿Cómo describe Ercilla la vida de soldado? Dar detalles específicos.

PREGUNTAS

VI. GARCILASO DE LA VEGA, EL INCA

1. ¿Por qué puede decirse que representa Garcilaso el enlace de dos culturas?
2. ¿Qué es un mestizo?
3. Explicar por qué se vieron obligados los españoles a enterrar en secreto a Hernando de Soto.
4. ¿Dónde le enterraron? ¿Cuándo?
5. ¿Cómo trataron de engañar a los indios?
6. ¿Por qué decidieron desenterrarle?
7. Por fin, ¿qué hicieron con él?
8. Mencionar algunos de los temas de los *Comentarios reales*.
9. ¿Quién fue Pedro Serrano?
10. ¿De qué vivía en la isla?
11. ¿Cómo mataba a las tortugas?
12. ¿Qué hizo Serrano para que no se le apagara el fuego?
13. Describir la apariencia de Serrano después de haber vivido tres años en la isla.
14. ¿Qué hizo Serrano para que el nuevo náufrago no tuviera miedo de él?
15. ¿Por qué riñeron?
16. ¿Cómo volvieron a España?
17. ¿Qué le regaló a Serrano Carlos V?
18. Describir los últimos años de Serrano.
19. ¿Cómo se han conservado las historias y leyendas incaicas?
20. Según el tío del autor ¿cómo fue la vida antes de la venida de los incas?
21. ¿Por qué mandó el sol a dos hijos suyos que bajaran a la tierra?
22. ¿Cómo sabrían los dos dónde fundar su corte?
23. ¿Cómo debían reinar los dos?

VII. JUAN RUIZ DE ALARCÓN

1. ¿Cuál fue la relación entre el teatro de Alarcón y el de Lope de Vega? ¿entre Alarcón y el teatro francés?
2. Según Don Beltrán ¿en qué consiste la nobleza?
3. ¿Cuál es el punto de vista de su hijo Don García?
4. ¿Por qué considera D. Beltrán el vicio de mentir el más inútil de todos los vicios?
5. ¿Cómo explica D. Beltrán su propia incredulidad ante las afirmaciones de su hijo?
6. ¿Cuál es la reputación de D. García entre sus conocidos?

VIII. SOR JUANA INÉS DE LA CRUZ

1. ¿Cuál es la semejanza entre el tema del soneto *A su retrato* y el poema de Netzahualcoyotl (en el primer capítulo)?
2. ¿Cuál fue la preocupación principal de Sor Juana durante toda su vida?
3. ¿Por qué puede decirse que el *romance* al amado que va a ausentarse es buen ejemplo del estilo barroco? (contestar dando ejemplos específicos).
4. ¿Qué clase de poblaciones fueron fundadas por el Obispo D. Vasco de Quiroga?
5. Describir en detalle el ambiente intelectual en que creció Sor Juana.
6. ¿Con qué motivo escribió Sor Juana la « Respuesta a Sor Filotea »?
7. ¿En qué consiste la importancia de la « Respuesta »?
8. Según ella, ¿por qué prefieren muchos padres dejar incultas a sus hijas?
9. Sor Juana propone un remedio lógico a este problema : ¿cuál es?
10. ¿Cómo justifica ella su punto de vista?
11. Señalar las características barrocas del poema que empieza « Hombres necios ».
12. Enumerar las contradicciones que encuentra Sor Juana en la conducta de los hombres.

IX. SIMÓN BOLÍVAR

1. ¿Cuándo se fue a Jamaica Bolívar ? ¿Por qué?
2. ¿Quién le ayudó a volver a su patria?
3. Describir a Bolívar.
4. ¿Qué juró él en el monte Aventino?
5. ¿Cuál es el tema general de la « Carta de Jamaica »?
6. ¿Por qué no sería posible que tuviera éxito en América el sistema federal?
7. ¿Qué dice Bolívar de la posibilidad de una monarquía mixta como en Inglaterra?
8. ¿Qué forma de gobierno sería la más peligrosa de todas según Bolívar?
9. ¿Cuáles serán las características especiales de una república representativa en México?
10. ¿Qué esperanzas tenía Bolívar en cuanto al futuro del istmo de Panamá?
11. Según él, ¿cómo será el gobierno de la Argentina?
12. ¿Por qué creía Bolívar que una república podría perdurar en Chile más que en ningún otro país latinoamericano?
13. Bolívar dice « La Nueva Granada se unirá con Venezuela » ¿Pasó esto de veras? ¿Cuándo?
14. ¿Por qué sería lógico (aunque sólo en teoría) que formara una sola nación todo el Nuevo Mundo?

15. ¿Por qué renuncia Bolívar la dictadura del Perú? (dar tres razones).
16. ¿Por qué fue llamado « el Precursor » Francisco de Miranda?
17. ¿Cuál fue el papel de San Martín en las guerras de independencia?
18. ¿Qué fue « el grito de Dolores »?

X. ANDRÉS BELLO

1. ¿Qué semejanza hay entre Bello y Bolívar?
2. ¿Qué actitud intelectual tenían en común Bello, Emerson y Whitman?
3. Según Bello ¿en qué consiste la verdadera independencia del pensamiento?
4. ¿Cuáles son las mejores fuentes para un conocimiento de lo auténticamente americano?
5. ¿Por qué es peligrosa la imitación servil de lo ajeno?
6. ¿Qué imagen pinta Bello de los que viven lejos de todo contacto con la naturaleza?
7. ¿Cuáles son las ventajas morales de la vida en el campo?
8. ¿Cuáles son las ventajas materiales?

XI. JOSÉ MARÍA HEREDIA

1. ¿Por qué fue desterrado Heredia?
2. ¿Dónde pasó los años del destierro?
3. ¿En qué cosas personales piensa el poeta al contemplar el Niágara?
4. ¿Cuáles son los motivos de la tristeza y soledad que siente el poeta?
5. ¿Cómo ve Heredia su propio futuro?
6. ¿Cuáles son los aspectos románticos de su actitud?
7. ¿Qué impresión produce con su descripción del Niágara?

XII. DOMINGO FAUSTINO SARMIENTO

1. ¿Quién fue Facundo Quiroga?
2. ¿Qué mal específico estudia Sarmiento en *Facundo*?
3. ¿Cuál es el papel del gaucho cantor?
4. ¿En qué se parece al bardo de la Edad Media?
5. ¿Qué clase de vida lleva el gaucho cantor?
6. ¿Por qué suele tener dificultades con la justicia?
7. ¿Qué tiene de romántico el episodio del cantor que se escapa de la policía?
8. ¿Qué cargos públicos desempeñó Sarmiento?
9. ¿Cuál fue la actitud de Mary Mann para con él?

10. ¿A quiénes conoció Sarmiento en Cambridge?
11. ¿Cómo reacciona Sarmiento cuando recibe la noticia de haber sido electo Presidente de la Argentina?
12. ¿Cuándo parece convencerse de que es, en efecto, Presidente?
13. ¿En qué se basa su aparente optimismo en cuanto al futuro de su patria?

XIII. JORGE ISAACS

1. ¿A qué género literario pertenece *María*?
2. ¿Cómo describe el autor la naturaleza antes de presentar la conversación entre Efraín y María?
3. ¿Cómo muestra su inocencia e ingenuidad María?
4. ¿Cuál es la diferencia entre el ambiente del último capítulo y el del capítulo XLVI?
5. ¿Qué es lo que ofrece una nota de fatalidad al final de la obra?
6. ¿Qué detalles introduce Isaacs para reforzar la impresión de tristeza y desolación?

XIV. MANUEL GONZÁLEZ PRADA

1. ¿Cuál es la semejanza entre la actitud de González Prada y la de Juvenal ante la sociedad?
2. ¿Por qué se encontraba el Perú en un estado de derrota después de la guerra con Chile? ¿Cuál fue el motivo de la guerra?
3. ¿Cómo quiso González Prada despertar a su patria?
4. ¿A qué atribuyó él la pérdida de la guerra?
5. Resumir las razones que da González Prada para justificar el tiranicidio.
6. ¿A Vd. le parecen válidas estas razones? Explicar.
7. ¿Qué otros autores tenían el mismo punto de vista que González Prada?

XV. JOSÉ MARTÍ

1. Nombrar los grandes libertadores de Hispanoamérica.
2. ¿Cómo define Martí la libertad?
3. Según él, ¿por qué no había libertad en Cuba?
4. ¿Cuál es la semejanza entre lo que escribe Martí en el ensayo « Nuestra América » y lo que escribieron Bello, Emerson y Whitman?
5. Según el retrato que de él pinta Martí, ¿cómo fue Longfellow?
6. Resumir el tema de la carta a Federico Henríquez y Carvajal.
7. ¿Adónde piensa ir Martí? ¿Para qué?

8. ¿Quién es Máximo Gómez?
9. ¿Cómo cumplió Martí las promesas hechas en la carta?
10. ¿Cómo describe Darío a Martí?

XVI. RUBÉN DARÍO

1. ¿Qué es el modernismo?
2. ¿Cuáles son las dos etapas del modernismo por las que pasó Rubén Darío?
3. En la *Sonatina* ¿qué imágenes usa el poeta para expresar el deseo que tiene la princesa de escaparse del mundo real?
4. ¿Qué colores usa el poeta?
5. ¿Qué objetos artificiales pueblan el mundo de la *Sonatina*?
6. Según el poema *Melancolía* ¿cómo es la vida de un poeta?
7. ¿Cuáles fueron las innovaciones poéticas de Darío?
8. ¿En qué poemas se manifiesta la nota política?
9. ¿Cómo se puede caracterizar la actitud de Darío ante el poder de los Estados Unidos?
10. ¿En qué se fundan sus esperanzas de un gran futuro para Hispanoamérica?

XVII. JOSÉ ENRIQUE RODÓ

1. ¿Cuál es el tema central de *Ariel*?
2. ¿En qué consiste la importancia de « decir las cosas bien »?
3. ¿Qué simbolizan el niño y la copa?
4. ¿Qué lección puede deducirse del ejemplo del niño?
5. Según Rodó ¿para qué sirve la filosofía?

XVIII. RÓMULO GALLEGOS

1. ¿En qué sentido fue el siglo XIX la época de la novela?
2. ¿Cuál es el significado moral de *Doña Bárbara*?
3. ¿Por qué viene a San Fernando Doña Bárbara?
4. Al principio, todos los abogados están llenos de entusiasmo al verla llegar. ¿Por qué?
5. ¿Por qué parece casi legendaria Doña Bárbara?
6. ¿Por qué quiere Doña Bárbara devolver las tierras robadas a Santos Luzardo?
7. ¿Por qué tienen tanto interés en verla las mujeres?

8. ¿Cuál es el origen de la amargura constante de Doña Bárbara?

9. ¿Por qué la atrae tanto el río?

10. ¿Por qué abandona ella todos sus nuevos planes y esperanzas optimistas?

XIX. ALFONSO REYES

1. ¿Cuál ha sido el papel intelectual de Alfonso Reyes?

2. ¿Qué géneros literarios han sido cultivados por él?

3. Explicar la idea central del poema *Visitación*.

4. ¿En qué sentido se puede afirmar que América vino « a enriquecer el sentido utópico del mundo »?

5. ¿Qué intereses utilitarios se han mezclado con los ideales americanos?

6. ¿Por qué es esencial que una colonia se vuelva hacia formas ya superradas en la madre patria, antes de seguir adelante?

7. ¿Por qué quiso España echar murallas económicas y culturales en torno a sus colonias?

8. ¿Hasta qué punto tuvo éxito?

9. ¿Cómo se explica el « sabor de extranjerismo » en ciertas etapas del desarrollo cultural de Hispanoamérica?

10. ¿Qué condiciones especiales han facilitado cierta labor armoniosa entre las repúblicas de América?

XX. FRANCISCO ROMERO

1. ¿En qué se parecen Romero y Ortega y Gasset?

2. ¿Cuándo empezaron a surgir verdaderos filósofos en Hispanoamérica?

3. ¿Cuál es la característica invariable de toda gran época histórica?

4. ¿Qué tiene de inconsciente toda concepción del mundo?

5. ¿Cuál fue la concepción del mundo durante la Edad Media?

6. ¿A qué se debe la crisis actual, según Romero?

7. ¿Qué hay que analizar para poder comprender la naturaleza de la crisis presente?

 Vocabulario

NOTE

The follwing types of words have been omitted from the vocabulary: a) some easily recognizable cognates of English words; b) cardinal numbers; c) definite articles, personal and possessive pronouns and adjectives except in cases of special meaning; d) adverbs in -*mente* when the corresponding adjective is included; e) diminutives and superlatives except in cases of special meaning; f) verbal forms other than the infinitive except when used as adjectives.

Abbreviations used:

adj.   adjective
adv.   adverb
anat.   anatomy
arch.   architecture
Bib.   Biblical
bot.   botany
cap.   capital
coll.   colloquial
conj.   conjunction
dem.   demonstrative
ent.   entymology
f.   feminine noun
fig.   figurative
fort.   fortification
fpl.   feminine plural noun
ger.   gerund
ind.   indicative
indef.   indefinite
inf.   infinitive
interj.   interjection
interr.   interrogative
lit.   literature
m.   masculine noun
mf.   masculine or feminine according to sex
mil.   military

mineral.   mineralogy
mpl.   masculine plural noun
mus.   music
myth.   mythology
m. & f.   either masculine or feminine noun
neut.   neuter
orn.   ornithology
pers.   personal
philos.   philosophy
pl.   plural
poet.   poetical
pol.   politics
pp.   past participle
prep.   preposition
pres.   present
pron.   pronoun
rel.   relative
sg.   sixgular
super.   superlative
va.   active or transitive verb
v. aux.   auxiliary verb
vn.   neuter or intransitive verb
vr.   reflexive verb
zool.   zoology

A

a *prep.* at; to; in
abajo *adv.* down, below; **de abajo** lower; **los de abajo** underdogs
abalanzar *vr.* to hurl oneself, to rush
abandonar *va.* to abandon; *vr.* to yield
abandono *m.* abandonment
abanicar *va.* to fan
abarcable *adj.* that which can be embraced
abarcar *va.* to include, take in, encompass
abatido -da *adj.* downcast; abject
abatir *va.* to knock down; to take down; *vr.* to drop
abeja *f.* bee
abertura *f.* opening
abierto -ta *adj.* open
abismo *m.* abyss
abogado *m.* lawyer
abogar (por) *vn.* to advocate, to back
abordar *va.* to approach
aborigen *adj. & m.* aboriginal; **aborígenes** *mpl.* aborigines
aborrecer *va.* to hate, detest
abrasar *va.* to set afire, to burn; *vr.* to burn
abrazar *va.* to embrace; to clasp, take in; **abrazarse a** to clasp
abrazo *m.* hug, embrace
abrigar *va.* to cherish, foster
abrigo *m.* shelter
abril *m.* April
abrir *va.* to open
absolutismo *m.* absolutism
absoluto -ta *adj.* absolute; *m.* absolute; **en absoluto** absolutely
absorber *va.* to absorb
absorción *f.* absorption
absurdo -da *adj.* absurd
abuelo -la *mf.* grandparent
abulia *f.* lack of will
abundancia *f.* abundance
abundante *adj.* abundant
abundoso -sa *adj.* abundant
abuso *m.* abuse
acá *adv.* here
acabado -da *adj.* complete, perfect
acabar *vn.* to end; **acabar con** wipe out; **acabar de** + *inf.* to finish; to have just; *vr.* to end, come to an end
academia *f.* academy

académico -ca *adj.* academic
acaecer *vn.* to happen
acaparador -dora *mf.* monopolizer
acariciar *va.* to caress
acarrear *va.* to cause
acaso *adv.* maybe, perhaps
acatamiento *m.* reverence
acato *m.* reverence
accesión *f.* accession
accidentado -da *adj.* troubled, uneven
accidente *m.* accident
acción *f.* action
acelerar *va.* to hasten
acendrar *va.* to purify, refine
acento *m.* accent
aceptación *f.* acceptance
aceptar *va.* to accept
acequia *f.* irrigation ditch
acera *f.* sidewalk
acercar *vr.* to approach
acero *m.* steel; sword
acertar: **acertar a** + *inf.* to happen to
acierto *m.* skill, ability; accuracy, rightness
aclamar *va. & vn.* to acclaim
aclarar *vn.* to brighten; to dawn
acoger *va.* to accept
acometer *va.* to attack; to undertake
acomodar *va.* to arrange; to come to terms; **acomodarse a** to comply with
acompañar *va.* to accompany; to share with
acompasado -da *adj.* rhythmic; slow
aconsejar *va.* to advise
acontecer *vn.* to happen
acontecimiento *m.* event
acopio *m.* gathering, collecting
acordar *va.* to decide; *vr.* to remember
acortar *va.* to shorten
acostar *va.* to lay
acostumbrado -da *adj.* accustomed; usual, customary
acreedor a deserving of
acta *f.* certificate
actitud *f.* attitude
actividad *f.* activity
acto *m.* act
actor *m.* actor
actual *adj.* present, present-day
actualidad *f.* present time; **en la actualidad** at the present time

actualmente *adv.* at present

actuar *vn.* to act; to perform

acuchillar *va.* to stab; *vr.* to fight with knives or swords

acudir *vn.* to come up, to apply; to come to

acuerdo *m.* agreement; de acuerdo con in accord with; estar or ponerse de acuerdo to be in agreement

acusador -dora *adj.* accusing

acusa⁻ *va.* to accuse; to show

achaque *m.* excuse, pretext

Adán *m.* Adam

adaptación *f.* adaptation

adaptar *va.* to adapt, to fit

adarga *f.* oval -shaped leather shield

adecuado -da *adj.* fitting, suitable

adelantado *m.* (*archaic*) governor of a province

adelantamiento *m.* progress

adelantar *va.* to move forward; *vr.* to come forward, to move, go ahead; adelantarse a to get ahead of

adelante *adv.* ahead, forward; (más) adelante farther on; later

ademán *m.* gesture

además *adv.* moreover; además de in addition to, besides

adentrar *vn & vr.* to go into, penetrate

adentro *adv.* inside, within

adiestrar *va.* to train; to teach

adiós *m.* good-by

adivinar *va.* to guess

administración *f.* administration

admirable *adj.* admirable

admiración *f.* admiration; wonder

admirador -dora *mf.* admirer

admirar *va.* to admire; to surprise

admitir *va.* to admit

adobe *m.* adobe

adoctrinar *va.* to indoctrinate, to teach

adolescencia *f.* adolescence

adonde *conj.* where, whither

adoptar *va.* to adopt

adorar *va. & vn.* to adore, to worship

adoratorio *m.* shrine, temple

adormidera *f.* opium poppy

adornar *va.* to adorn

adorno *m.* adornment

adquirir *va.* to acquire

aduanero *m.* customhouse officer

adueñar *vr.* to take possession

adulador *m.* fawner; adulator

adusto -ta *adj.* grim, stern

advenimiento *m.* coming; accession

adversidad *f.* adversity, misfortune

advertencia *f.* warning; foreword

advertir *va.* to notice, observe; to point out; to warn; *vr.* to notice

afable *adj.* affable

afamado -da *adj.* noted, famous

afán *m.* hard work; anxiety, worry; eagerness

afanar *va. vn.* to toil, labor; *vr.* to strive

afición *f.* liking; ardor

afirmación *f.* affirmation

afirmar *va.* to secure; to affirm; *vr.* to make oneself firm

afligir *va.* to afflict, to grieve

aflojar *va.* to slacken, to let go

afortunado -da *adj.* fortunate

afrancesado -da *adj. & mf.* Francophile (especially as applied to Spaniards in the eighteenth and nineteenth centuries)

afrenta *f.* affront, outrage

afrentoso -sa *adj.* insulting, ignominious

africano -na *adj. & mf.* African

afro-antillano -ana *adj.* Afro-Antillean

afuera *adv.* outside

agarrochar *va.* to prick with a spear

agazapar *vr.* to hide; to crouch

agilidad *f.* agility

agitación *f.* agitation, excitement

agitado -da *adj.* agitated; rough (sea)

agitar *va.* to agitate, to shake; *vr.* to shake, to wave

agonía *f.* agony, anguish; death struggle

agonizante *adj.* dying

agonizar *vn.* to be in the throes of death, to be dying

agostar *va.* to parch, wither

agosto *m.* August

agotamiento *m.* exhaustion

agradable *adv.* agreeable

agradecimiento *m.* gratefulness; gratitude

agrandar *va.* to enlarge; to increase

agravio *m.* wrong

agregar *va.* to add

agresor -sora *mf.* aggressor

agreste *adj.* rustic; rough

agricultura f. agriculture
agrio -gria adj. sour
agrupación f. group
agrupar va. to cluster
agua f. water
aguacero m. heavy shower
aguardar va. to await, to wait for
agudo -da adj. sharp
aguijar vn. to hurry along
águila f. eagle
aguileño -ña adj. aquiline
aguja f. hand (of watch); obelisk
agujeta f. string
Agustín m. Augustine
agustino -na adj. & mf. Augustinian
aguzar va. to sharpen
ahí adv. there; de ahí que with the result
    that; de ahí thence
ahogado -da adj. drowned, suffocated
ahogar va. to drown
ahogo m. oppression; great sorrow
ahondar va. to make deeper
ahora adv. now; ahora bien now then,
    so then
ahorrar va. to save, to spare
ahorro m. economy, saving
ahumada f. smoke signal
airado -da adj. angry
aire m. air
aislamiento m. isolation
aislar va. to isolate
ajeno -na adj. another's; free; different
ajustar va. to adapt, adjust
ala f. wing
alabanza f. praise
alabar va. to praise
alabarda f. halberd
álamo m. poplar
alarido m. howl
alba f. dawn
albahaca f. basil
albarrada f. entrenchment, defensive
    earthwork
albedrío m. will
alborotar vr. to get excited
alcance m. pursuit; reach, arm's length;
    al alcance de within reach of
alcanzar va. to catch up to, to overtake;
    to reach; to attain
aldea f. village
aldeano -na adj. rustic

alegar va. to allege
alegrar va. to cheer; alegrarse de to be
    glad of
alegre adj. gay; cheerful
alejar vr. to move away; to withdraw
Alemania f. Germany
alerto -ta adj. alert
aletear vn. to flutter; to flap the wings
alfarería f. pottery
alfiler m. pin
alfombra f. carpet, rug
álgebra f. algebra
algo pron. indef. something; adv. some-
    what, rather
algodón m. cotton
alguno -na adj. indef. some, any; (after
    noun) not any; pron. indef. some one
alianza f. alliance; Santa Alianza Holy
    Alliance
aliento m. breath, breathing; courage,
    spirit
alimentar va. to feed
alimento m. food; encouragement
alisar va. to smooth
aliviar va. to soothe
alivio m. alleviation; relief
alma f. soul
almacén m. warehouse; store
almena f. (fort.) merlon of a battlement
almirante m. admiral
almizque m. musk
almohada f. pillow
alocución f. allocution; address
alrededor adv. around; alrededor de
    around, about
altar m. altar
alteración f. agitation
alterar va. to alter; to disturb
alternar va. to alternate
alternativo -va adj. alternating
alteza f. height; Highness (title)
alto -ta adj. high; deep; loud; noble;
    eminent; en alto up high, up above;
    en lo alto on high
altura f. height; loftiness
alumbrar va. to light, illuminate
alzar va. to raise, lift
allá adv. there, yonder; más allá farther
    away; más allá de beyond
allegar va. to collect, gather
allende prep. beyond

allí *adv.* there; then; **allí mismo** right there
amable *adj.* amiable; kind, lovable
amado -da *mf.* lover
amador -dora *mf.* lover
amanecer *m.* dawn; *vn.* to dawn, to begin to get light
amante *adj.* fond, loving; *mf.* lover
amar *va.* to love
amargo -ga *adj.* bitter
amargura *f.* bitterness
amarillear *vn.* to show yellow
amarillo -lla *adj.* yellow
ambición *f.* ambition
ambiente *m.* atmosphere
ámbito *m.* contour, limit; compass
ambos -bas *adj. & pron. indef.* both
amenazador -dora *adj.* threatening
amenazar *va. & vn.* to threaten
amenguar *va.* to lessen, diminish
americano -na *adj. & mf.* American; Spanish American
amigo -ga *mf.* friend; sweetheart
amistad *f.* friendship; kindness
amor *m.* love; **amores** *mpl.* love affair
amoroso -sa *adj.* affectionate
amparar *va.* to protect, shelter
amplio -plia *adj.* ample; full; wide
análisis *m. & f.* analysis
analizar *va.* to analyze
anarquía *f.* anarchy
anatema *m. & f.* anathema, imprecation
anciano -na *adj.* old, aged; *m.* old man; *f.* old woman
ancla *f.* anchor
ancho -cha *adj.* broad, wide; **a sus anchas** in comfort, as one pleases
andaluz -luza *adj. & mf.* Andalusian
andar *m.* pace; *vn.* to go, to run; to go about, to travel
andas *fpl.* litter
Andes *mpl.* Andes
ángel *m.* angel
angustia *f.* anguish
angustiado -da *adj.* grieved; anguished
anhelante *adj.* eager
anhelar *va* to crave, to covet
anheloso -sa *adj.* eager
anillado -da *adj.* ringed
ánima *f.* soul
animado -da *adj.* lively, animated

animal *adj. & m.* animal
animalejo *m.* little animal
animar *va.* to enliven; to encourage; to strengthen; impel; *vr.* to become enlivened
ánimo *m.* spirit; mind; courage, valor
anomalía *f.* anomaly
anónimo -ma *adj.* anonymous
anotar *va.* to note; to point out
ansia *f.* anxiety; anguish; longing
ansioso -sa *adj.* anxious; longing
antaño *adv.* of yore, long ago
ante *prep.* before, in the presence of; **ante todo** first of all
antecedente *m.* antecedent
antecesor -ora *mf.* ancestor
antepasados *mpl.* ancestors
anterior *adj.* previous
antes *adv.* before, formerly; previously; rather; **antes de** before (in time); **antes (de) que** before (in time)
anticipar *va.* to anticipate
antidemocrático -ca *adj.* antidemocratic
antigualla *f.* old story; ancient custom
antigüedad *f.* antiquity; *fpl.* antiquities
antiguo -gua *adj.* old; ancient
Antillas *fpl.* Antilles
antorcha *f.* torch
antropólogo *m.* anthropologist
anual *adj.* annual
anublar *va.* to cloud; to dim
anunciar *va.* to announce; to advertise
añadir *va.* to add
año *m.* year; **tener ... años** to be ... years old
apacible *adj.* peaceful; mild
apaciguar *va.* to calm
apagar *va.* to put out, to extinguish; *vr.* to go out
aparecer *vn. & vr.* to appear; to turn up
aparejado -da *adj.* suitable
aparejar *va.* to prepare
aparente *adj.* apparent, seeming
aparición *f.* appearance
apariencia *f.* appearance
apartado -da *adj.* distant
apartar *va.* to separate; *vr.* to move away
aparte *adv.* aside; **aparte de** apart from
apasionado -da *adj.* passionate
apasionante *adj.* exciting
apasionar *va.* to arouse passionately

apear *vr.* to dismount, alight
apego *m.* attachment, fondness
apenas *adv.* scarcely
apercibir *vr.* to observe
apesadumbrar *va.* to grieve, distress
apetecer *va.* to long for
apiadarse de to have pity on
aplicable *adj.* applicable
aplicación *f.* application
aplicar *va.* to apply
apoderar *vr.* to seize
apodo *m.* nickname
aporte *m.* contribution
aposentar *va.* to put up, to lodge
apóstol *m.* apostle
apostolado *m.* apostolate
apostólico -ca *adj.* apostolic
apóstrofe *m. & f.* scolding, insult
apoyar *vr.* to depend
apoyo *m.* support; backing
apreciación *f.* appreciation, appraisal
apreciar *va.* to appreciate; to appraise
aprender *va. & vn.* to learn
apresurar *va. & vr.* to hasten, hurry
apretadura *f.* compression
aprisionar *va.* to imprison
aproar *va.* to turn the prow
aprobar *va.* to approve
apropiado -da *adj.* appropriate, proper,
    fitting
apropiar *va.* to adapt; *vr.* to appropriate
aprovechamiento *m.* use
aprovechar *va.* to make use of, take
    advantage of; *vn.* to be useful, to avail;
    vr. aprovecharse de to take advantage
    of
aproximado -da *adj.* approximate
apurar *va.* to finish; to drain
aquejar *va.* to afflict; to harass
aquél, aquélla *pron. dem.* (*pl* : aquéllos,
    aquéllas) that one, that one yonder;
    the one; the former
aquello *pron. dem. neuter* that; that thing,
    that matter
aquí *adv.* here; de aquí from here; de
    aquí en adelante from now on; de
    aquí que hence
aquietar *va.* to calm
aquilino -na *adj.* aquiline
ara *f.* altar; en aras de in honor of
árabe *adj.* Arabic; (*arch.*) Moresque

araucano -na *mf.* Araucanian
árbol *m.* tree
arboleda *f.* grove
arca *f.* chest, coffer
arcabuz *m.* harquebus
arcaico -ca *adj.* archaic; ancient
arco *m.* arc; arch
archipiélago *m.* archipelago
arder *va.* to burn
ardiente *adj.* burning; passionate
arduo -dua *adj.* arduous, hard
área *f.* area
arena *f.* sand
arenoso -sa *adj.* sandy
argentería *f.* embroidery of silver or gold
argentino -na *adj.* argentine, silvery;
    Argentine; *mf.* Argentine, Argentinean
argucia *f.* trick
argüir *va.* to argue
aristocracia *f.* aristocracy
aristocrático -ca *adj.* aristocratic
Aristóteles *m.* Aristotle
aritmética *f.* arithmetic
arma *f.* arm, weapon
armar *va.* to arm
armonía *f.* harmony
armónico -ca *adj.* harmonious
armonioso -sa *adj.* harmonious
aroma *m.* aroma, fragrance
arquear *va.* to arch
arquitecto *m.* architect
arquitectónico -ca *adj.* architectonic
arquitectura *f.* architecture
arrancar *va.* to root up, to pull out, to
    tear away; to draw out
arranque *m.* impulse, fit
arrastrar *va.* to drag
arrebatado -da *adj.* reckless, rash
arrebatar *va.* to snatch
arreglar *va.* to arrange
arremeter *va.* to attack; arremeter con
    to rush upon
arremetida *f.* attack
arrepentir : arrepentirse de to repent
arriba *adv.* upward; above; de arriba
    from above
arriesgar *va.* to risk
arrimar *va.* to bring close
arroba *f.* arroba (Spanish weight of
    about 25 lbs. and Spanish liquid
    measure of varying value)

vii

arrodillar *vr.* to kneel
arrogancia *f.* arrogance
arrojar *va.* to throw; to shed; *vr.* to throw oneself
arroyo *m.* stream
arruga *f.* wrinkle
arrugar *va.* to wrinkle
arrullar *va.* to lull to sleep
arte *m. & f.* art; cunning; knack; **bellas artes** fine arts; **arte plumaria** art of embroidering featherwork
artículo *m.* article
artífice *mf.* craftsman
artificial *adj.* artificial
artificio *m.* artifice; device
artificioso -sa *adj.* skillful; artificial
artista *mf.* artist
artístico -ca *adj.* artistic
asaltar *va.* to assault, assail
asalto *m.* assault, attack; **tomar por asalto** to take by storm
asamblea *f.* assembly
asar *va.* to roast
ascua *f.* ember
asegurar *va.* to make secure; to assure, guarantee; *vr.* to be reassured
asequible *adj.* accessible, obtainable
asesinar *va.* to murder
aseveración *f.* asseveration, affirmation
así *adv.* so, thus; **así ... como** both ... and; **así como** as well as
Asia *f.* Asia
asiento *m.* seat; **hacer asiento** to settle
asignar *va.* to assign
asilo *m.* asylum; home (for sick, poor, etc.)
asimismo *adv.* also
asirio -ria *adj. & mf.* Assyrian
asistir *va.* to attend
asociación *f.* association
asolar *va.* to destroy
asombrar *va.* to astonish, amaze; *vr.* to be astonished
asordar *va.* to deafen
aspecto *m.* aspect
áspero -ra *adj.* rough; harsh
aspirar *vn.* to aspire
astrología *f.* astrology
astronómico -ca *adj.* astronomical
astrónomo *m.* astronomer
asumir *va.* to assume
asunto *m.* subject, matter

ataque *m.* attack
atar *va.* to tie, fasten
atardecer *m.* late afternoon
atasajar *va.* to slash, hack
ataúd *m.* casket, coffin
ataviar *va.* to dress, adorn
atemorizar *va.* to scare, frighten
atención *f.* attention
atender *va.* to pay attention to; to await
ateneo *m.* athenaeum (literary or scientific association or club)
atento -ta *adj.* attentive; polite
atenuar *va.* to attenuate
aterciopelado -da *adj.* velvety
aterrador -dora *adj.* frightful, dreadful
atisbo *m.* spying, observation
atmósfera *f.* atmosphere
atónito -ta *adj.* overwhelmed; astonished
atormentar *va.* to torment
atracción *f.* attraction
atraer *va.* to attract
atrás *adv.* behind; previously
atravesar *va.* to cross; to pierce
atrever *vr.* to dare; **atreverse a** to dare to
atrevido -da *adj.* bold, daring
atrevimiento *m.* daring
atribución *f.* power
atribuir *va.* to attribute
atribular *va.* to grieve, afflict
atropellar *va.* to trample under foot; to disregard
audaz *adj.* audacious, daring
audiencia *f.* high court of justice
auditivo -va *adj.* auditory
auditorio *m.* audience
auge *m.* apogee, peak
augurio *m.* augury; omen
augusto -ta *adj.* august; stately
aullar *vn.* to howl
aullido *m.* howl
aumentar *va.* to increase, enlarge
aun *adv.* still; even
aún *adv.* still, yet
aunque *conj.* although, even though
aura *f.* gentle breeze; breath; popularity
ausencia *f.* absence
ausentar *vr.* to absent oneself
austeridad *f.* austerity
austero -ra *adj.* austere
Austria *f.* Austria
auténtico -ca *adj.* authentic

auto *m.* short Biblical play; **auto sacramental** Biblical play following a procession in honor of the Sacrament
autobiográfico -ca *adj.* autobiographical
automóvil *m.* automobile
autor -tora *mf.* author
autoridad *f.* authority
autorizar *va.* to authorize
auxiliar *va.* to help, aid
avance *m.* advance
avasallador -dora *adj.* overwhelming
avasallar *va.* to subject, enslave
ave *f.* bird; **ave de rapiña** bird of prey
avenida *f.* avenue; **avenido** *adj.*: **bien avenidos** in agreement
aventura *f.* adventure; risk
averiguar *va.* to ascertain, find out
avidez *f.* avidity, greediness
avisar *va.* to inform; to warn
aviso *m.* information, warning
avivar *va.* to encourage
ay *interj.* alas! **¡ay de mí!** woe is me!
ayer *adv. & m.* yesterday
ayuda *f.* aid, help
ayudar *va.* to aid, help
ayuno *m.* fast, fasting
azar *m.* chance, hazard
azaroso -sa *adj.* hazardous; unfortunate
azor *m.* goshawk
azorar *va.* to disturb; to excite, stir up
azotea *f.* flat roof
azteca *adj. & mf.* Aztec
azúcar *m.* sugar
azucena *f.* lily
azul *adj. & m.* blue
azur *m.* azure

B

bachiller *m.* bachelor (holder of degree)
baile *m.* dance
bajada *f.* slope; descent
bajar *va.* to go down
bajel *m.* ship, vessel
bajío *m.* shoal
bajo -ja *adj.* low; **bajo** *prep.* under
bala *f.* bullet
balaustrada *f.* balustrade
balazo *m.* shot
balcón *m.* balcony

balde : **(en) balde** in vain
balsa *f.* raft
baluarte *m.* bulwark
ballesta *f.* crossbow
ballet *m.* ballet
bambolear *vn. & vr.* to swing
banal *adj.* commonplace
bandera *f.* flag, banner
bando *m.* faction, party
banquete *m.* banquet
bañar *va.* to bathe
baño *m.* bath; bathing place
barajar *vn.* to fight, quarrel
baratija *f.* trinket
barba *f.* chin; beard
barbarie *f.* barbarism
bárbaro -ra *adj.* barbaric; *mf.* barbarian
bardo *m.* bard
barra *f.* bar; rod
barranca *f.* ravine
barranco *m.* ravine, gorge
barrer *va.* to sweep
barrera *f.* barrier
barriga *f.* belly
barro *m.* mud; clay
barroco -ca *adj. & m.* baroque
basamento *m.* base
basarse en *vr.* to be based on; to rely on
base *f.* base; basis; **a base de** on the basis of
bastante *adj.* enough, sufficient; quite a bit
bastar *vn.* to suffice, be enough
basura *f.* refuse
bata *f.* smock
batalla *f.* battle, fight
batel *m.* small boat, skiff
batería *f.* battering
batir *va.* to beat down
beber *m.* drink, drinking; *va.* to drink
bejuco *m.* (*bot.*) liana (climbing plant); thicket
belleza *f.* beauty
bello -lla *adj.* beautiful
bendecir *va.* to bless
benefactor *m.* benefactor
beneficio *m.* benefit
beneficioso -sa *adj.* beneficial
benéfico -ca *adj.* beneficent, charitable, benevolent; beneficial
benévolo -la *adj.* benevolent, kind

Berlín *m.* Berlin
bermejo -ja *adj.* bright red
besar *va.* to kiss
beso *m.* kiss
bestia *f.* beast
bezo *m.* lip (thick)
Biblia *f.* Bible
bíblico -ca *adj.* Biblical
biblioteca *f.* library
bien *adv.* well; **más bien** rather; somewhat; **o bien** or else; **si bien** while, though; **bien ... bien** either ... or; *m.* good, welfare; dearest
bienhechor -chora *mf.* benefactor
biografía *f.* biography
biógrafo -fa *mf.* biographer
Bizancio *m.* Byzantium, Constantinople
bizarría *f.* gallantry; splendor
bizcocho *m.* hardtack
blanco -ca *adj.* white
blando -da *adj.* soft; sensual; exquisite
blanquear *va.* to whiten, to bleach
blanquecino -na *adj.* whitish
blasfemia *f.* blasphemy
bloque *m.* block
blusa *f.* blouse; shirtwaist
boca *f.* mouth; speech
bochornoso -sa *adj.* embarrassing, shameful
boda *f.* marriage, wedding
boga : en boga in vogue; *mf.* rower
Bolivia *f.* Bolivia
bolsillo *m.* pocket
bondad *f.* kindness, goodness
bondadoso -sa *adj.* kind, good
bonito -ta *adj.* pretty
borde *m.* edge, border
borrar *va.* to erase, to blot out
borrascoso -sa *adj.* stormy
boscoso -sa *adj.* woodsy
bosque *m.* forest, woods
bote *m.* rowboat
botín *m.* boot
botiquín *m.* retail wine store
bóveda *f.* (*arch.*) vault
bramar *vn.* to roar
bravo -va *adj.* wild, fierce
brazo *m.* arm
breñal *m.* rough and brambly region
breve *adj.* short, brief
brevedad *f.* brevity

bribonada *f.* knavery, mischief
brillante *adj. & m.* brilliant; bright
brillantez *f.* brilliance
brillar *va.* to shine
brillo *m.* brightness
brisa *f.* breeze
broquel *m.* shield
brotar *va.* to sprout; to spring, to gush; to put forth shoots
brújula *f.* compass
bruma *f.* fog, mist
brumoso -sa *adj.* foggy, misty
brutal *adj.* brutal
bruto -ta *adj.* brutish; *m.* brute (animal)
búcaro *m.* flower vase
bueno -na *adj.* good
bufón *m.* fool, jester
buho *m.* owl
bulto *m.* form, shadow
bullente *adj.* bubbling; teeming
bullicioso -sa *adj.* turbulent, merry
burdo -da *adj.* coarse
burla *f.* ridicule; trick, deception
burlar *va.* to ridicule
busca *f.* search, pursuit; **en busca de** in search of
buscar *va.* to look for; to seek
búsqueda *f.* search, pursuit
butaca *f.* armchair

C

cabal *adj.* exact; complete
cabalgar *vn.* to ride horseback
caballero *m.* nobleman; gentleman
caballeroso -sa *adj.* gentlemanly
caballete *m.* easel
caballito *m.* little horse; hobbyhorse
caballo *m.* horse; **a caballo** on horseback; **de (a) caballo** mounted; **montar a caballo** to ride horseback
cabellera *f.* head of hair
cabello *m.* hair; **cabellos** *mpl.* hair
caber *vn.* to fit, to go; to have enough room; to be admitted; to be possible
cabeza *f.* head
cabo *m.* end; bit, small piece; **al cabo de** at the end of; **llevar a cabo** to carry out, accomplish

cacao *m.* cacao
cacique *m.* Indian chief
cachorro -rra *mf.* pup, cub
cada *adj.* each; every; **cada cual** each one; **cada uno** each one
cadáver *m.* corpse
cadena *f.* chain
cadencia *f.* cadence
caduco -ca *adj.* feeble, decrepit
caer *vn.* to fall, to tumble; **caer en** to realize
café *m.* coffee
cafetal *m.* coffee plantation
caída *f.* fall, collapse
cajón *m.* big box or case
calcular *va.* to calculate
calendario *m.* calendar
calentar *va.* to warm up
calidad *f.* quality; nature; nobility
calma *f.* calm, tranquility; **en calma** in abeyance, in suspension
calor *m.* heat, warmth
caluroso -sa *adj.* warm
calzada *f.* causeway
calzado -da *adj.* shod; *m.* footwear
calzar *va.* to put shoes on; *vr.* to wear
callado -da *adj.* silent, quiet
callar *vn.* to be silent
calle *f.* street; passage; **abrir calle** to clear the way
callejuela *f.* side street, by-street
cama *f.* bed; couch
cámara *f.* chamber; **Cámara baja** Lower House
camarón *m.* shrimp
cambiar *va.* to change; to exchange
cambio *m.* change; **en cambio** on the other hand
caminar *vn.* to travel, to journey
camino *m.* road, way; journey; **camino de** or **a** on the way to
camisa *f.* shirt
campanario *m.* belfry, bell tower
campaña *f.* campaign; countryside
campesino -na *adj.* country; peasant
campestre *adj.* country
campiña *f.* stretch of farm land
campo *m.* field; country; camp
cana *f.* grey hair
canal *m.* canal
canción *f.* song

candela *f.* fire
candoroso -sa *adj.* candid, simple
cangrejo *m.* (*zool.*) crab
cano -na *adj.* white
canoa *f.* canoe
cansado -da *adj.* worn-out
cansar *va.* to tire; *vr.* to get tired
cantar *va.* to sing
cántaro *m.* jug
cantero *m.* piece of ground
cantidad *f.* quantity
canto *m.* song; chant; canto; corner
cantor *m.* singer, minstrel; bard
caña *f.* reed; sugar cane
cañamazo *m.* canvas; burlap
cañonazo *m.* cannon shot
caos *m.* chaos
capa *f.* cape, cloak
capacidad *f.* capacity
capaz *adj.* capable
capilla *f.* chapel; **Capilla Sixtina** Sistine Chapel
capital *adj.* main, principal; *f.* capital (city)
capitán *m.* leader; captain; **capitán general** (*mil.*) general (of highest rank)
capítulo *m.* chapter
capricho *m.* caprice
captación *f.* attraction; grasp
captar *va.* to capture; to grasp
cara *f.* face
carácter *m.* (*pl.* **caracteres**) character
característico -ca *adj.* characteristic; *f.* characteristic
caracterizado -da *adj.* distinguished
caracterizar *va.* to characterize; **caracterizarse (por)** to be characterized (by)
cárcel *f.* jail, prison
carcomer to undermine; *vr.* to become worm-eaten
cardo *m.* thistle
carecer (de) *vn.* to lack
carga *f.* burden; weight
cargado -da *adj.* loaded; laden
cargar *va.* to load; to carry
cargo *m.* burden, position; charge, responsibility; **a cargo de** in charge of (a person)
Caribe *m.* Caribbean
caricaturista *mf.* caricaturist; cartoonist
caricia *f.* caress

caridad *f.* charity
cariñoso -sa *adj.* affectionate
carmenado -da *adj.* combed or carded
carne *f.* flesh; meat
carpintero *m.* carpenter
carrera *f.* course; career; road
carro *m.* cart; chariot
carroza *f.* coach
carta *f.* letter; **carta de naturaleza** naturalization papers
casa *f.* house; **en casa de** at the home of; **casa de comercio** business house
casado -da *mf.* married person
casamiento *m.* marriage; wedding
casar *va.* to marry; **casarse con** to get married to
casero -ra *adj.* homemade; domestic
casi *adv.* almost, nearly
caso *m.* case; **verse en el caso de** + *inf.* to find oneself obliged to + *inf.*
castaño *m.* chestnut tree
castellano -na *adj. & mf.* Spanish
castigar *va.* to punish
castigo *m.* punishment
Castilla *f.* Castile
castillo *m.* castle
casto -ta *adj.* chaste, pure
casual *adj.* accidental, chance
catarata *f.* waterfall
catástrofe *f.* catastrophe
cátedra *f.* chair, professorship
catedral *f.* cathedral
catedrático *m.* university professor
categoría *f.* category; class
catequismo *m.* religious instruction
católico -ca *adj. & mf.* Catholic
cauchero -ra *adj.* rubber; *m.* rubber gatherer; *f.* (*bot.*) rubber plant
caudal *m.* volume; abundance; wealth
caudillo *m.* leader; head of the state
causa *f.* cause
causar *va.* to cause
cauteloso -sa *adj.* crafty, cunning
cavar *va.* to dig
caverna *f.* cavern
cavilación *f.* cavil, suspicion
cazador *m.* hunter
cebada *f.* barley
cebar *va.* to feed
cebo *m.* bait; lure
ceder *va.* to yield, give up

cedro *m.* cedar
cegar *va.* to block
ceja *f.* eyebrow
celebrar *va.* to celebrate; to hold; to perform; *vr.* to take place
célebre *adj.* celebrated, famous
celebridad *f.* celebrity
celeste *adj.* heavenly
celo *m.* zeal
celoso -sa *adj.* jealous; zealous
cementerio *m.* cemetery
cenceño -ña *adj.* slender, lean
ceniciento -ta *adj.* ashen, ash-gray
cenit *m.* zenith
censor *m.* censor; critic
censura *f.* censure
centenar *m.* hundred
centinela *mf.* sentinel; **hacer centinela** to keep watch
central *adj.* central
centrar *va.* to center
céntrico -ca *adj.* central
centro *m.* center
ceñir *va.* to gird; to encircle; **ceñir espada** to wear a sword
ceño *m.* frown; **contraer el ceño** to frown
cerámico -ca *adj.* ceramic; *f.* ceramics
cerca *adv.* near; **de cerca** near, nearly; at close range; **cerca de** near
cercano -na *adj.* close, neighboring
cercar *va.* to fence in; to surround
cerco *m.* siege
cerebro *m.* brain
ceremonia *f.* ceremony
cerner *va.* to sift
cero *m.* zero
cerrar *va.* to close
cerrazón *f.* closed-mindedness
cerro *m.* hill
certeza *f.* certainty
certidumbre *f.* certainty
certificar *va.* to certify; to attest
cesar *vn.* to cease, to stop
césped *m.* turf, lawn
cetro *m.* scepter
ciclópeo -a *adj.* cyclopean; huge
ciego -ga *adj.* blind; *mf.* blind person
cielo *m.* sky, heaven; skies
cien *adj.* hundred, a hundred
ciencia *f.* science, knowledge

científico -ca *adj.* scientific
cierto -ta *adj.* certain; a certain; definite; true; *adv.* certainly, surely
cima *f.* top, summit
cincel *m.* chisel
cincelar *va.* to chisel, carve
cinta *f.* waist
cinto *m.* belt
cipresal *m.* cypress grove
círculo *m.* circle
circunscribir *va.* to circumscribe; *vr.* to become circumscribed; to be limited
circunscrito -ta *pp. of* circunscribir limited
circunstancia *f.* circumstance
cisne *m.* swan
cita *f.* engagement. appointment
citar *va.* to cite, to quote
ciudad *f.* city
ciudadano -na *mf.* citizen
ciudadela *f.* citadel
cívico -ca *adj.* civic; public-spirited
civil *adj.* civil; civilian
civilización *f.* civilization
civilizador -dora *adj.* civilizing; *m.* civilizer
civilizar *va. & vr.* to civilize
clamar *va.* to cry out
claridad *f.* clarity; brightness, brilliance
claro -ra *adj.* clear; bright; light; **claro está** of course
clase *f.* class; kind
clásico -ca *adj.* classic, classical; *m.* classic (author); classicist
claustro *m.* cloister
clausura *f.* adjournment; closing
clavar *va.* to nail; to drive; to stick
clave *m.* harpsichord
clemencia *f.* clemency
clericalismo *m.* clericalism
clima *m.* climate; clime
cobijar *va.* to cover
cocer *va.* to cook
codicia *f.* covetousness, greed
codicioso -sa *adj.* greedy
codo *m.* elbow
cofrade *m.* brother of a confraternity, etc.
cofre *m.* coffer, chest
coger *va.* to get; to take hold of

coincidir *vn.* to coincide; to come together
cola *f.* tail
colaborar *va.* to collaborate
colección *f.* collection
colectivo -va *adj.* collective; group
colegio *m.* college; school, academy
colegir *va.* to gather, to infer
cólera *f.* anger, rage
colgar *va.* to hang
colina *f.* hill
colmena *f.* beehive
colocar *va.* to place, to put
colombiano -na *adj. & mf.* Colombian
Colón *m.* Columbus
colonia *f.* colony
colonial *adj.* colonial
colonización *f.* colonization
colonizador *m.* colonist
coloquio *m.* talk
color *m.* color
colorido -da *adj.* colorful; *m.* coloring
colosal *adj.* colossal
columna *f.* column
collar *m.* necklace
comarca *f.* region
comarcano -na *adj.* neighboring
combate *m.* combat, fight; struggle; siege
combatiente *m.* combatant
combatir *va.* to combat; to harass
combinación *f.* combination
combinar *va.* to combine
comedia *f.* play
comedido -da *adj.* moderate
comedimiento *m.* courtesy
comentador -dora *mf.* commentator
comentar *va.* to comment on; to comment
comentario *m.* commentary; *mpl.* gossip
comenzar *va. & vn.* to begin, to start
comer *m.* food; *va.* to eat
comercial *adj.* commercial
comerciante *mf.* merchant
comercio *m.* business
cometer *va.* to commit
comida *f.* meal, food
comienzo *m.* beginning
como *adv.* as; like; how
cómo *adv. interr. & interj.* how?

compañero -ra *mf.* companion; **compañero de armas** companion-at-arms
compañía *f.* company; **Compañía de Jesús** Society of Jesus
comparable *adj.* comparable
comparación *f.* comparison
comparar *va.* to compare
compasión *f.* compassion
compatriota *mf.* compatriot
compendioso -sa *adj.* abridged, brief
compensar *va.* to compensate; make up for
complacer : complacerse en to take pleasure in
complejo -ja *adj.* complex
completar *va.* to complete
completo -ta *adj.* complete
complexión *f.* constitution
complicación *f.* complication
complicidad *f.* complicity
componenda *f.* compromise; reconciliation
componer *va.* to compose; to arrange
composición *f.* composition
compositor -tora *mf.* composer
comprender *va.* to comprehend; to comprise
comprensión *f.* comprehension
comprometer *va.* to involve
compuesto -ta *adj.* composed
cómputo *m.* computation
común *adj.* common; *m.* community; **en común** in common
comunicación *f.* communication
comunicar *va. vn. & vr.* to communicate; to connect
comunicativo -va *adj.* communicative
comunidad *f.* community
con *prep.* with
concebir *va. & vn.* to conceive
conceder *va.* to concede, admit; to grant
concejo *m.* council
concentrar *va.* to concentrate
concepción *f.* conception
concepto *m.* concept
conciencia *f.* conscience; awareness
concierto *m.* agreement; (*mus.*) concert; concerto
concluir *va.* to conclude
concluso -sa *adj.* closed, concluded
concretar *va.* to make concrete

concurso *m.* concurrence, cooperation
concha *f.* shell
condenar *va.* to condemn
condensar *va.* to condense
condición *f.* condition, disposition; position; circumstance
condicionar *va.* to condition
cóndor *m.* (*orn.*) condor
conducir *va.* to lead
conducta *f.* conduct; behavior
conejo *m.* rabbit
confederación *f.* confederation, league
confederar *va. & vr.* to confederate
conferencia *f.* conference
conferenciar *vn.* to confer, hold an interview
confesar *va.* to confess
confesionario *m.* confessional
confianza *f.* confidence
confiar *va.* to entrust; to trust
confín *m.* border
confirmar *va.* to confirm
conformación *f.* conformation; shape
conformar *va.* to shape; *vr.* to comply
conforme *adj.* according; **conforme a** according to
confort *m.* comfort
confrontación *f.* confrontation
confundir *va.* to confuse; mix up; to confound; *vr.* to become confused; to become lost
confusión *f.* confusion
conglomerado *m.* conglomeration
congreso *m.* congress
conjunción *f.* combination
conjunto *m.* whole, entirety, ensemble
conmemorar *va.* to commemorate
conmiseración *f.* commiseration, pity
conmoción *f.* disturbance, uprising
conmover *va.* to stir up, to touch, to affect
conocedor -dora *mf.* connoisseur
conocer *va.* to know, to recognize, to distinguish
conocido -da *adj.* well-known; *mf.* acquaintance
conocimiento *m.* knowledge; understanding; acquaintance; **conocimientos** *mpl.* knowledge
conque *adv.* and so
conquista *f.* conquest

compañero-conquista

conquistador *m.* conquistador (Spanish conqueror in America in the sixteenth century)

conquistar *va.* to conquer

consagrado -da *adj.* consecrated

consagrar *va.* to consecrate; to dedicate; *vr.* to devote oneself

consciente *adj.* conscious

consecución *f.* acquisition, attainment

consecuencia *f.* consequence

conseguir *va.* to get, obtain

consejo *m.* advice, counsel; council

consentir *vn.* to consent

conservación *f.* preservation

conservar *va.* to keep, to preserve; **bien conservado** well-preserved; *vr.* to keep

considerable *adj.* considerable

consideración *f.* consideration; **de consideración** of importance

considerado -da *adj.* considered; esteemed

considerar *va.* to consider

consigna *f.* watchword

consiguiente *m.* consequence; **por consiguiente** therefore

consistente *adj.* consistent

consistir *vn.* to consist; **consistir en** to consist in

consolar *va.* to console

consolidar *va.* to consolidate

consorcio *m.* partnership; union

constancia *f.* constancy; steadfastness

constante *adj.* constant

constar *vn.* to be clear; **hacer constar** to state

constatar *va.* to state, show

constitución *f.* constitution

constitucional *adj.* constitutional

constituir *va.* to constitute; to establish; **constituirse en** to set oneself up as

construcción *f.* construction; structure, building

construir *va.* to construct

consuelo *m.* consolation, comfort

cónsul *m.* consul

consultar *va.* to consult; to discuss

consumar *va.* to consummate

consumir *va.* to consume; *vr.* to waste away, languish

consustancial *adj.* consubstantial

contacto *m.* contact

contar *va.* to count; to relate, to tell; **contar con** to rely on; to reckon with

contemplación *f.* contemplation

contemplar *va.* to contemplate

contemporáneo -a *adj.* contemporary

contender *vn.* to contend

contener *va.* to contain; *vr.* to contain oneself

contentarse con or de to be satisfied with

contento -ta *adj.* contented, glad; *m.* contentment

conterráneo *m.* fellow countryman

contestar *va.* to answer

continental *adj.* continental

continente *m.* continent

continuación *f.* continuation; **a continuación** later on, below

continuador -dora *mf.* continuer

continuar *va.* to continue; **continuar** + *ger.* to continue to + *inf.*

continuo -nua *adj.* continual; continuous

contorno *m.* outline; **contornos** *mpl.* environs

contra *prep.* against

contradecir *va.* to contradict

contradicción *f.* contradiction

contraer *va.* to contract

contrafuerte *m.* buttress

contrahecho -cha *adj.* counterfeit, faked, imitation, artificial

contrariar *va.* to counteract

contrario -ria *adj.* contrary; **al contrario** on the contrary; **en contrario** to the contrary; **por el** or **lo contrario** on the contrary

contrastar *vn.* to contrast

contraste *m.* contrast

contribuir *va.* & *vn.* to contribute

controversia *f.* controversy

convencer *va.* to convince

convencimiento *m.* conviction

convencionalismo *m.* conventionalism

convenir *vn.* to be suitable, be necessary, be important; **convenir en** + *inf.* to agree to + *inf.*

convento *m.* convent; monastery

conventual *adj.* & *m.* conventual; monastic

convergir *vn.* to converge

conversable *adj.* tractable; sociable
conversación *f.* conversation
conversar *vn.* to converse
convertir *va.* to turn; *vr.* to convert; to become
convicción *f.* conviction
convidar *va.* to invite
coordinar *va.* to coordinate
copa *f.* goblet, wineglass; treetop
copia *f.* copy
copiar *va.* to copy
copioso -sa *adj.* copious
copla *f.* couplet; stanza; *fpl.* poetry
copo *m.* flake
coposo -sa *adj.* bushy, high-topped
coraje *m.* mettle, spirit
corazón *m.* heart; courage
corcovado -da *mf.* humpback, hunchback
cordero *m.* lamb
cordial *adj.* cordial
cordillera *f.* mountain range; chain of mountains
cordón *m.* strand
Corinto Corinth
coro *m.* chorus; choir
corona *f.* crown
corpulento -ta *adj.* corpulent, thick
corral *m.* barnyard
correcto -ta *adj.* correct
corredor *m.* corridor; gallery
corregir *va.* to correct
correlativo -va *adj. & m.* correlative
correr *va.* to run, to race; to overrun; to flow
correspondencia *f.* correspondence, communication
corresponder *vn.* to correspond; to belong to
correspondiente *adj.* corresponding
corrida *f.* course
corriente *f.* current, stream
corromper *va.* to corrupt
corsé *m.* corset
cortar *va.* to cut; to trim
corte *f.* court
cortesano *m.* courtier
cortesía *f.* graciousness, politeness
corteza *f.* bark
corto -ta *adj.* short
cosa *f.* thing; **no ... alguna cosa** nothing
cosecha *f.* harvest

coser *va.* to sew
cosmografía *f.* cosmography
cosmopolitismo *m.* cosmopolitanism
costa *f.* cost, coast
costado *m.* side
costar *va. & vn.* to cost
costumbre *f.* custom; **de costumbre** usual; **tener por costumbre** + *inf.* to be in the habit of
costumbrista *mf.* (*lit.*) critic of manners and customs
costura *f.* sewing, needlework
costurero *m.* sewing room
cotidiano -na *adj.* daily, everyday
coyuntura *f.* opportunity; joint
cráneo *m.* (*anat.*) skull
creación *f.* creation
creador -dora *adj.* creative; *mf.* creator; **el Creador** the Creator
crear *va.* to create
crecer *vn.* to grow, to rise
creciente *f.* flood
crecimiento *m.* growth, increase
crédito *m.* credit
credo *m.* creed; credo
creencia *f.* belief
creer *va. & vn.* to believe, to think
criado -da *mf.* servant
crianza *f.* breeding, manners
criar *va.* to bring up; to breed; to nourish; to create
criatura *f.* creature
crimen *m.* crime
criminal *adj.* criminal ; *mf.* criminal
criollo -lla *adj. & mf.* Creole; native (in Latin America)
crisálida *f.* chrysalis
crisis *f.* crisis
crispar *va.* to cause to twitch
cristal *m.* crystal; pane of glass; **cristal de roca** rock crystal
cristalino -na *adj.* crystalline
cristianismo *m.* Christianity
cristiano -na *adj.* Christian; *mf.* Christian
Cristo *m.* Christ
Cristóbal *m.* Christopher
crítica *f.* criticism
criticar *va.* to criticize
criticismo *m.* criticism
crítico -ca *adj.* critical; *m.* critic
crónica *f.* chronicle

cronista *mf.* chronicler
crucial *adj.* crucial
crudo -da *adj.* raw
cruel *adj.* cruel
cruento -ta *adj.* bloody
cruz *f.* cross
cruzar *va.* to cross; **cruzarse de brazos** to remain idle
cuadra *f.* block, square
cuadro *m.* picture
cuajar *vr.* (*coll.*) to become crowded; to fill
cuajo: de cuajo by the roots
cual *adj. & pron. rel.* as, such as; like; **el cual** which, who; **por lo cual** for which reason
cuál *adj. & pron. interr.* which, what, which one
cualquiera *pron. indef.* anyone; *adj. indef.* any
cuan *adv.* as
cuando *conj.* when; **cuando más** at most; **cuando menos** at least
cuanto -ta *adj. & pron. rel.* as much as; **cuantos** all those who; **en cuanto** insofar as; **en cuanto a** as to, as for; **cuanto antes** as soon as possible
cuánto -ta *adj. & pron. interr.* how much
cuarto -ta *adj.* fourth; quarter; *m.* quarter; quarter-hour; room
cuasi *adv.* almost
cuba *f.* cask, barrel
cubano -na *adj. & mf.* Cuban
cubierto -ta *pp. of* cubrir; covered
cubrir *va.* to cover, cover up; *vr.* to cover oneself; to become covered
cuchichear *vn.* to whisper
cuchillada *f.* slash
cuchillo *m.* knife
cuello *m.* neck
cuenca *f.* valley
cuenta *f.* account; **darle cuenta a uno de una cosa** to give an account of something to someone; **darse cuenta de** to realize; **tener en cuenta** to bear in mind
cuento *m.* story, tale; short story; trouble, disagreement; **sin cuento** countless; **cuento de hadas** fairy tale
cuero *m.* leather; **en cueros** stark naked
cuerpo *m.* body; build

cuesta *f.* : **a cuestas** on one's back
cuestión *f.* question; dispute
cueva *f.* cave
cuidado *m.* care; worry; **tener cuidado** to be careful
cuidadoso -sa *adj.* careful
cuidar *va.* to care for, take care of; **cuidarse de** to care about
culebra *f.* snake
culminar *vn.* to culminate
culpa *f.* blame, guilt; **echar la culpa a uno de una cosa** to put the blame on someone for something; **tener la culpa de** to be guilty of *or* to blame for
culpable *mf.* culprit
culpar *va.* to blame, censure
cultivador -dora *mf.* cultivator
cultivar *va.* to cultivate
cultivo *m.* cultivation; farming
culto -ta *adj.* cultivated, cultured; educated; learned; **música culta** serious music; *m.* worship; cult
cultura *f.* culture
cultural *adj.* cultural
cumbre *f.* summit
cumplido -da *adj.* full, complete
cumplimiento *m.* fulfillment
cumplir *va.* to execute, perform, fulfill
cuna *f.* cradle
cuño *m.* stamp
cúpula *f.* cupola; dome
cura *m.* curate; priest
curar *va.* to heal
curiosidad *f.* curiosity
curioso -sa *adj.* curious; diligent; strange
cursar *va.* to devote oneself to; to take, to attend
curso *m.* course
curva *f.* curve
custodiar *va.* to guard, watch over
cuyo -ya *adj. rel.* whose

CH

chacona *f.* (*mus.*) chaconne
charca *f.* pool, puddle
charla *f.* chatting
charlar *vn.* to chat
chasquear *va.* to disappoint

chicharra *f.* locust
chileno -na *adj. & mf.* Chilean
chispa *f.* spark
chit *interj.* sh-sh!
chocar *vn.* to collide
choza *f.* hut
chupar *va.* to absorb

D

dable *adj.* possible, feasible
dalia *f.* dahlia
dama *f.* lady
danza *f.* dance
dañar *va.* to hurt
daño *m.* hurt; damage, harm
dañoso -sa *adj.* harmful
dar *va.* to give; to yield; **dar que hacer** to cause annoyance; **dar en** to be bent on; **dar en** + *inf.* to begin to + *inf.*; to be bent on + *ger.*; **darse por** to be considered as
dato *m.* fact; *pl.* data
de *prep.* of; from; by; with; than
debajo *adv.* below; **debajo de** under, below, underneath
debatir *va.* to debate; to battle; *vr.* to struggle
deber *m.* duty; *va.* to owe; *v. aux.* must; **deber** + *inf.* must, have to, ought to
debidamente *adv.* duly
debido -da *adj.* due; **debido a** due to
débil *adj.* weak
debilidad *f.* weakness
década *f.* decade
decadencia *f.* decadence
decálogo *m.* decalog
decencia *f.* decency, propriety
decidido -da *adj.* decided
decidir *va.* to decide; **decidirse** to make up one's mind
décima *f.* Spanish ten-line stanza of octosyllables with the following rhyme scheme: abba - accddc
decir *va.* to say, to tell; **es decir** that is to say; **querer decir** to mean; *vr.* to be called
decisivo -va *adj.* decisive
eclaración *f.* declaration

declarar *va.* to declare
declinación *f.* declination; decline
declinar *vn.* to decline; to degenerate
decoración *f.* decoration
decorado *m.* décor, scenery; stage setting
decorar *va.* to decorate
decorativo -va *adj.* decorative
decoro *m.* decorum; honor
decoroso -sa *adj.* decent; honorable
dedicar *va.* to devote; *vr.* to devote oneself
dedo *m.* finger; finger's breadth
deducción *f.* deduction
deducir *va.* to deduce
defecto *m.* defect; lack
defender *va.* to defend; to protect; to forbid
defensa *f.* defense
defensor -sora *mf.* defender; counsel for the defense
deficiencia *f.* deficiency, defect
deficiente *adj.* deficient, defective
definido -da *adj.* definite
definir *va.* to define
definitivo -va *adj.* definitive
deformado -da *adj.* deformed
degenerar *vn.* to degenerate
degollar *va.* to slit the throat; behead
degradante *adj.* degrading
dejar *va.* to leave; to abandon; to let; **dejar caer** to drop, let fall; **no dejar de** + *inf.* to not fail to; **dejar de** + *inf.* to stop or cease + *ger.*
delante *adv.* before, in front; **delante de** in front of
deleite *m.* delight
delgado -da *adj.* thin, slender
delicado -da *adj.* delicate
delicioso -sa *adj.* delicious, delightful
delimitar *va.* to delimit
delincuente *mf.* guilty person
delinear *va.* to outline
delirio *m.* delirium; nonsense; rapture
demagógico -ca *adj.* demagogic
demás *adj. indef.* other, rest of the; **estar demás** to be useless; to be superfluous; **por lo demás** furthermore; *pron. indef.* others; **los** or **las demás** the others, the rest
demasiado -da *adj. & pron. indef.* too much; **demasiado** *adv.* too

democracia *f.* democracy
demonio *m.* devil
demorar *va.* to delay
demostrar *va.* to demonstrate; to show
denominación *f.* denomination
denominador *m.* denominator
denominar *va.* to name, to call
denotar *va.* to denote
densidad *f.* density
denso -sa *adj.* dense
dentro *adv.* inside, within; **por dentro** on the inside; **dentro de** inside
depender *vn.* to depend; **depender de** to depend upon
dependiente *mf.* employee, clerk
deposición *f.* affirmation
depositario -ria *mf.* depositary
derecho -cha *adj.* right; straight; *m.* law; right; privilege; *adv.* directly
derivar *va.* to derive; *vr.* to be derived
derramar *va.* to spill, to spread; *vr.* to spread
derredor *m.*: **(en)derredor** around, round about
derribar *va.* to demolish
derrocamiento *m.* overthrow
derrota *f.* rout, defeat
derrotar *va.* to defeat
derrumbe *m.* fall
desabrido -da *adj.* unpleasant
desabrochar *va.* to unbutton
desacostumbrado -da *adj.* unaccustomed
desagüe *m.* drain, outlet
desajuste *m.* disorder, disagreement
desaliento *m.* discouragement
desamar *va.* to dislike
desamor *m.* coldness, indifference; hatred
desamparar *va.* to abandon, forsake
desapacible *adj.* unpleasant, disagreeable
desaparecer *vn. & vr.* to disappear
desarmar *va.* to disarm
desarreglado -da *adj.* unruly, slovenly
desarrollar *va.* to develop; *vr.* to take place
desarrollo *m.* development
desatinado -da *adj.* wild
desbaratar *va.* to rout
desbordamiento *m.* violence
desbordar *vr.* to overflow
descalzo -za *adj.* barefoot

descansar *vn.* to rest
descanso *m.* rest
descender *va.* to descend; *vn.* to decline
descendiente *mf.* descendant
descerrajar *va.* to break or tear off the lock of
descomponer *va.* to alienate, set at odds
desconfianza *f.* distrust
desconocido -da *adj.* unknown; unfamiliar
desconsolado -da *adj.* disconsolate
descontento -ta *adj.* discontented
describir *va.* to describe
descripción *f.* description
descubierto -ta *pp. of* descubrir; *adj.* uncovered; **al descubierto** in the open; bare
descubridor -dora *mf.* discoverer
descubrimiento *m.* discovery
descubrir *va.* to discover; to reveal
desde *prep.* since, from; after; **desde entonces** since then; **desde hace** for; **desde luego** of course
desdén *m.* disdain, contempt
desdeñar *va.* to scorn
desdichado -da *adj.* unfortunate
desear *va.* to desire, wish
desechar *va.* to cast aside
desembarazado -da *adj.* free, open
desembarazar *va.* to clear
desemejante *adj.* dissimilar
desempeñar *va.* to fulfill; to fill (a function)
desencajar *va.* to dislocate; to disconnect
desenredar *va.* to disentangle
desenterrar *va.* to disinter; to dig up
deseo *m.* desire, wish
deseoso -sa *adj.* desirous
desesperación *f.* despair, desperation
desfigurar *va.* to disfigure; to distort
desfilar *vn.* to march in review, parade
desgarrar *va.* to tear
desgracia *f.* misfortune; unpleasantness
desgraciado -da *adj.* unfortunate
deshacer *va.* to destroy; *vr.* to go to pieces, to melt
desharrapado -da *adj.* ragged, shabby
deshielo *m.* thaw
deshojar *va.* to strip the leaves off; *vr.* to lose leaves
deshonor *m.* dishonor

deshonrar *va.* to dishonor, to violate
desierto *m.* desert
designio *m.* design, purpose
desigual *adj.* unequal; uneven
desilusionar *va.* to disillusion
desinterés *m.* disinterestedness
deslizar *va.* to slide; *vr.* to glide; to slip out
deslumbrar *va.* to dazzle
desmayar *vr.* to faint
desmemoriado -da *adj.* forgetful
desmentir *va.* to give the lie to; to convince of a falsehood
desmenuzar *va.* to shred
desmontar *va. & vr.* to dismount
desnudo -da *adj.* naked, bare
desocupado *m.* idle, unemployed person
desocupar *va.* to clear, vacate
desolación *f.* desolation
desorden *m.* disorder
desordenado -da *adj.* unruly
despedazar *va.* to tear to pieces
despedida *f.* farewell
despedir *va.* to dismiss; *vr.* to take leave, say good-by
despego *m.* indifference
despejado -da *adj.* clear, unobstructed
despensa *f.* pantry, larder
despeñar *va.* to hurl over a cliff; *vr.* to plunge down
despersonalizado -da *adj.* depersonalized
despertar *va.* to awaken
desplegar *va.* to unfold; to display
despliegue *m.* unfolding
déspota *m.* despot
despotismo *m.* despotism
despreciable *adj.* despicable, contemptible
desprecio *m.* scorn
desprender *va. & vr.* to come forth, to issue
desprendimiento *m.* generosity, disinterestedness
desprovisto -ta *pp. of* **desproveer**; *adj.* deprived
después *adv.* after, afterwards; **después de** after; **después (de) que** after
desquiciar *va.* to unhinge; turn upside down
desquite *m.* recovery; retaliation
destacar *va.* to emphasize, to highlight; *vr.* to stand out

desterrado *m.* exile
desterrar *va.* to exile; to banish; *vr.* to withdraw
destierro *m.* exile
destino *m.* destiny
destrucción *f.* destruction
destruir *va.* to destroy
desunir *va. & vr.* to disunite
desvalido -da *adj.* helpless
desván *m.* garret
desvanecer *va.* to break up; *vr.* to evaporate
desvarío *m.* nonsense, wild idea
desvelar *vr.* to be watchful or vigilant
desventajoso -sa *adj.* disadvantageous
desventura *f.* misfortune
desvivirse por to be eager to
detalle *m.* detail, particular; **en detalle** in detail
detener *va.* to stop, to hold back; *vr.* to stop; to delay, to linger
detenimiento *m.* care
determinación *f.* determination, resolution
determinado -da *adj.* determined; definite
determinantemente *adv.* specifically
determinar *va.* to determine; to cause
detrás *adv.* behind; **detrás de** behind, back of
deudo -da *mf.* relative
devastador -dora *adj.* devastating
devoción *f.* devotion
devolver *va.* to return
devorador -dora *mf.* devourer
devorar *va.* to devour
devoto -ta *adj.* devout
día *m.* day
diablo *m.* devil
diáfano -na *adj.* diaphanous
diálogo *m.* dialogue
diamante *m.* diamond
diario *m.* diary; newspaper
dibujante *mf.* illustrator
dibujar *va.* to draw; to sketch; to outline
diciembre *m.* December
dictador *m.* dictator
dictadura *f.* dictatorship
dictar *va.* to dictate; to decree; to give

deshonrar-dictar

dicho -cha *pp. of* decir; said, told; aforesaid
dichoso -sa *adj.* happy; lucky
didáctico -ca *adj.* didactic
diente *m.* tooth
diestro -tra *adj.* skilful
diferencia *f.* difference; **a diferencia de** unlike‾
diferente *adj.* different
diferir *va.* to defer; *vn.* to differ, be different
difícil *adj.* difficult, hard
dificultad *f.* difficulty
dificultoso -sa *adj.* difficult
difundido -da *adj.* widespread
difundir *va.* to disseminate, to spread
dignidad *f.* dignity
digno -na *adj.* worthy
diligencia *f.* diligence; activity; speed
diluir *va. & vr.* to dilute
diluvio *m.* deluge; **el Diluvio** the Flood
dimensión *f.* dimension
dimitir *va.* to resign, to resign from
dinamita *f.* dynamite
dinero *m.* money
dios *m.* god; (*cap.*) *m.* God; **¡vive Dios!** by Jove!
diosa *f.* goddess
diplomático -ca *mf.* diplomat
dirección *f.* direction; trend, tendency
directo -ta *adj.* direct
director -tora *mf.* director; editor; (*mus.*) conductor
dirigir *va.* to direct; to address; to conduct; to turn; **dirigirse a** to address oneself to
disciplina *f.* discipline
discípulo -la *mf.* pupil, student; disciple
discreción *f.* discretion; wit
discrecional *adj.* discretionary, at will
discreto -ta *adj.* discreet; witty
disculpa *f.* excuse
disculpar *va.* to excuse; *vr.* to apologize
discurrir *va.* to conjecture; *vn.* to ramble, roam; to think
discurso *m.* discourse, speech
discusión *f.* discussion; argument
discutir *va.* to discuss; to argue
diseño *m.* design, outline
disgregar *va & vr.* to disintegrate

disimular *va.* to disguise
disminuir *va. & vn.* to diminish
disolver *vr.* to dissolve
disparate *m.* foolishness
disperso -sa *adj.* dispersed, scattered
disponer *va.* to arrange, prepare
disposición *f.* inclination; predisposition
disputa *f.* dispute
distancia *f.* distance
distante *adj.* distant
distar *vn.* to be far
distingo *m.* qualification, restriction
distinguido -da *adj.* distinguished
distinguir *va.* to distinguish
distintivo -va *adj.* distinctive
distinto -ta *adj.* distinct; different
distraer *va.* to distract
distribuir *va.* to distribute
diversidad *f.* diversity
diverso -sa *adj.* diverse, different
divertir *va.* to amuse
dividir *va. & vr.* to divide
divino -na *adj.* divine
divisar *va.* to espy; to make out
división *f.* division
divisorio -ria *adj.* dividing
doblar *va.* to double
doble *adj.* double, two-fold
dócil *adj.* docile; ductile, soft
docto -ta *adj.* learned
doctor -tora *mf.* doctor
doctrina *f.* doctrine; instruction
doctrinar *va.* to indoctrinate, to teach
documento *m.* document
dogmatismo *m.* dogmatism
doler *va.* to grieve; **dolerse de** to feel sorry for
dolor *m.* pain; grief; sorrow
doloroso -sa *adj.* painful; pitiful
domar *va.* to tame
dominador -dora *adj.* dominating; domineering; *mf.* ruler
dominar *va.* to dominate; control
domingo *m.* Sunday
dominicano -na *adj.* Dominican
dominio *m.* dominion; rule; authority
don *m.* gift, talent
doncella *f.* maiden
donde *conj.* where; wherein, in which
dónde *adv. interr.* where?

dondequiera *adv.* anywhere
doquier or doquiera *conj.* wherever
dorado -da *adj.* gilt; gilded
dormido -da *adj.* asleep; slow; *f.* night's resting place
dormir *vn.* to sleep
dormitorio *m.* dormitory
dotar *va.* to endow; to equip
dragón *m.* dragon
drama *m.* drama
dramático -ca *adj.* dramatic
dramaturgo *m.* playwright
dualidad *f.* duality
ducado *m.* ducat
duda *f.* doubt; sin duda beyond doubt; no doubt
dudoso -sa *adj.* doubtful
duelo *m.* duel
dueño -ña *mf.* owner, proprietor; *f.* duenna; matron
dulce *adj.* sweet
dulzura *f.* sweetness; gentleness
duradero -ra *adj.* lasting, serviceable
durante *prep.* during
durar *vn.* to last
duro -ra *adj.* hard; cruel

E

e *conj.* (used for y before a word beginning with the vowel sound i) and
eclesiástico -ca *adj.* ecclesiastical; *m.* ecclesiastic; priest
eclipse *m.* eclipse
eco *m.* echo
economía *f.* economy
económico -ca *adj.* economic
Ecuador (el) Ecuador
ecuatoriano -na *adj. & mf.* Ecuatorian
ecuestre *adj.* equestrian
ecuménico -ca *adj.* world-wide
echar *va.* to throw; cast; to pour; send forth; to utter; echar de ver to notice
edad *f.* age; edad de oro golden age; Edad Media Middle Ages
edición *f.* edition
edificio *m.* building, edifice
editor -tora *mf.* editor
educación *f.* education

educador -dora *mf.* educator
educar *va.* to educate; to train
efecto *m.* effect; en efecto in effect, as a matter of fact; por efecto de as a result of
eficaz *adj.* effective
efímero -ra *adj.* ephemeral
Efraín Ephraim
egipcio -cia *adj. & mf.* Egyptian
egregio -gia *adj.* distinguished
ejecución *f.* execution
ejecutar *va.* to execute
ejecutivo -va *adj.* executive
ejemplar *adj.* exemplary
ejemplo *m.* example; por ejemplo for example
ejercer *va.* to practice, exercise
ejercicio *m.* exercice; exertion
ejército *m.* army
elaboración *f.* elaboration
elaborar *va.* to elaborate
elección *f.* election; choice
electivo -va *adj.* elective
electo -ta *adj. & m.* elect; *pp. of* elegir
eléctrico -ca *adj.* electric
elegancia *f.* elegance; style
elegante *adj.* elegant
elegíaco -ca *adj.* elegiac
elegir *va.* to elect
elemental *adj.* elemental; elementary
elemento *m.* element
elevar *va.* to raise; *vr.* to be elevated or exalted
eliminar *va.* to eliminate
elocuencia *f.* eloquence
elocuente *adj.* eloquent
elogio *m.* praise
eludir *va.* to elude, evade
ello *pron. pers. neut.* it
emancipación *f.* emancipation
emancipar *vr.* to become emancipated
embarazo *m.* interference, obstruction
embarcar *va.* to embark
embargar *va.* to paralyze
embargo: sin embargo nevertheless, however
embelesar *vr.* to be charmed, be fascinated
embellecer *va.* to beautify, make beautiful

emigración *f.* migration
emigrar *va.* to emigrate; to migrate
eminente *adj.* eminent
emisario -ria *mf.* emissary
emoción *f.* emotion
empantanar *va.* to flood; to swamp
empeñarse en to insist on
empeño *m.* pledge; perseverance; determination
emperador *m.* emperor
empero *conj.* but; however
empezar *va. & vn.* to begin
empinar *va.* to raise, lift
emplazamiento *m.* location, site
emplear *va.* to employ, to use
empleo *m.* use
emplumado -da *adj.* plumed
emporio *m.* emporium; center of commerce
emprender *va.* to undertake
empresa *f.* enterprise, undertaking
empujar *va.* to push
emular *va. & vn.* to emulate
en *prep.* in; into; at; on
enajenable *adj.* alienable, transferable
enamorado -da *adj.* in love, lovesick; loving; *mf.* sweetheart; *m.* lover
enamorar : enamorarse de to fall in love with
enardecer *va.* to inflame, to fire
encaje *m.* lace
encaminar *va.* to direct; *vr.* to set out
encandilado -da *adj.* high, erect
encantador -dora *adj.* charming
encantamiento *m.* enchantment
encantar *va.* to enchant
encanto *m.* spell; charm
encarar *va.* to face
encarecimiento *m.* extolling; exaggeration
encargar *va.* to entrust
encargo *m.* job, responsibility
encarnación *f.* incarnation
encarnado -da *adj.* incarnate
encarnar *va.* to embody
encauzamiento *m.* channeling; direction
encender *va.* to light, kindle; excite
encendido -da *adj.* high-colored
encerrar *va.* to contain
encía *f.* gum

encima *adv.* above; por encima de above, over; encima de above, over
encina *f.* (*bot.*) holm oak
encomendar *va.* to commend, commit
encontrar *va.* to meet, to encounter, to find; *vr.* to meet; to be
encubrir *va.* to hide, conceal
encuentro *m.* encounter; clash; salir al encuentro a to go to meet
endeble *adj.* weak, fragile
enderezar *vr.* to straighten
endulzar *va.* to sweeten; to soften; to soothe
enemigo -ga *adj.* enemy; *mf.* foe
energía *f.* energy
enérgico -ca *adj.* energetic
enero *m.* January
enfermar *vn.* to get sick
enfermedad *f.* sickness
enfermo -ma *adj.* sick
enfocar *va.* to focus
enfrentarse con to confront; to face
enfrente *adv.* opposite; enfrente de opposite
enfurecer *vr.* to rage, become infuriated
engalanar *va.* to adorn, bedeck
engañado -da *adj.* mistaken
engañar *va.* to deceive; *vr.* to deceive oneself
engaño *m.* deceit, fraud
engranaje *m.* gearing, gears
engrandecer *va.* to exalt
engullir *va.* to gulp down
enigmático -ca *adj.* enigmatic
enjuto -ta *adj.* lean; austere
enlace *m.* linking
enmarañar *va.* to entangle
enmudecer *va.* to silence; *vr.* to be silent
ennegrecer *va.* to blacken
ennoblecer *va.* to ennoble
enojado -da *adj.* angry
enojo *m.* anger; annoyance
enorgullecer *va.* to fill with pride; enorgullecerse de to pride oneself on
enorme *adj.* enormous
enquistar *va. & vr.* to encyst, enclose
enredar *va.* to involve; to interweave
enredo *m.* entanglement
enriquecer *va.* to enrich
enrollar *va.* to roll up

ensalzar *va.* to extol; to praise
ensanchar *vr.* to widen, to expand
ensangrentado -da *adj.* blood-stained
ensañado -da *adj.* merciless, cruel
ensartar *va.* to string
ensayista *mf.* essayist
ensayo *m.* essay; attempt
enseñanza *f.* teaching; education
enseñar *va.* to teach, to show
ensueño *m.* dream; daydream
entablar *va.* to bring; to start
entallador *m.* carver
ente *m.* being
entender *va.* to believe; *vn.* to understand
entendimiento *m.* unterstanding
entero -ra *adj.* whole, entire; **por** or **todo entero** entirely
enterrar *va.* to inter, bury
entierro *m.* burial; funeral
entonación *f.* intonation
entonar *va.* to intone; *vr.* to sing in tune
entonces *adv.* then; **de entonces** of that time; **de entonces acá** since then
entrada *f.* entrance; arrival
entrañable *adj.* close, deep-felt
entrañas *fpl.* entrails; heart, feeling
entrar *vn.* to enter, go in
entre *prep.* between; among; **entre tanto** meanwhile
entrega *f.* surrender
entregar *va.* to hand over; **entregar las obras** to surrender
entrenzar *va.* to plait, braid
entretanto *adv.* meanwhile
entretener *va.* to make bearable; to while away (the time); to keep up; *vr.* to amuse oneself
entrevista *f.* interview
entronizar *va.* to enthrone
entusiasmo *m.* enthusiasm
entusiasta *mf.* enthusiast
enumerar *va.* to enumerate
enviar *va.* to send
envidioso -sa *adj.* envious
envolver *va.* to wrap; to surround
envuelto -ta *pp. of* **envolver** wrapped
épico -ca *adj.* epic
epifanía *f.* epiphany (apparition)
epigramático -ca *adj.* epigrammatic
epilepsia *f.* epilepsy

episodio *m.* episode
epitafio *m.* epitaph
época *f.* epoch, age, time
equidad *f.* equity; fairness
equilibrar *va. & vr.* to balance
equilibrio *m.* equilibrium, balance
equivaler *vn.* to be equal
equivocado -da *adj.* mistaken, wrong
equivocar *vr.* to be mistaken, to make a mistake
era *f.* era, age
erguir *va.* to raise, lift up
erigir *va.* to erect, build
erotismo *m.* erotism, eroticism
errado -da *adj.* mistaken; unwise
errante *adj.* wandering, roving
errar *va.* to err, be wrong
errata *f.* erratum; printer's error
error *m.* error, mistake
erudición *f.* erudition, learning
escala *f.* ladder
escalar *va.* to scale
escalera *f.* stairs
escalinata *f.* stone step
escalón *m.* step, rung
escalonado -da *adj.* in the form of steps
escapar *vn. & vr.* to escape
escarlata *adj.* scarlet
escasez *f.* scarcity, want
escaso -sa *adj.* scarce; stingy
escena *f.* scene; stage; episode
esclavitud *f.* slavery
esclavo -va *adj.* enslaved; *mf.* slave
escoger *va.* to choose, to select
escolástico -ca *adj. & mf.* scholastic
escollo *m.* reef; pitfall
esconder *va.* to hide
escribano *m.* clerk; notary
escribir *va. & vn.* to write
escrito -ta *pp. of* **escribir**; written; *m.* writing
escritor -tora *mf.* writer
escritura *f.* writing
escrutar *va.* to count (votes)
escuchar *va.* to listen to; *vn.* to listen
escudilla *f.* bowl
escudriñador -dora *adj.* scrutinizing
escudriñar *va.* to pry into
escuela *f.* school
esculpir *va.* to carve
escultórico -ca *adj.* sculptural

ensalzar-escultórico

escultura *f.* sculpture
esencia *f.* essence
esencial *adj. & m.* essential
esfera *f.* sphere
esforzado -da *adj.* courageous
esforzarse en to strive to
esfuerzo *m.* effort, vigor, courage
eslabón *m.* steel for striking fire from flint
esmerado -da *adj.* careful
esmero *m.* great care
eso *pron. dem. neut.* that; por eso therefore
espacio *m.* space; room
espada *f.* sword
espadaña *f.* belfry
espalda *f.* back
espaldero *m.* henchman
espantar *va.* to frighten; *vr.* to become frightened
espanto *m.* fright, terror
espantoso -sa *adj.* frightful, awful
España *f.* Spain; la Nueva España Mexico in colonial period
español -ñola *adj.* Spanish
esparcir *va.* to spread
especial *adj.* special, especial; en especial especially
especializar *va. vn. & vr.* to specialize
especie *f.* species; kind
especiería *f.* spice store; spicery (spices)
específico -ca *adj.* specific
espectáculo *m.* spectacle
especulación *f.* speculation
espejo *m.* mirror
espera *f.* wait, waiting; en espera de waiting for
esperanza *f.* hope
esperar *va.* to expect; to await; *vn.* to hope; to wait
espeso -sa *adj.* thick
espiar *va.* to spy on
espiga *f.* tassel (as of corn)
espigado -da *adj.* ripe, seeded
espina *f.* thorn
espíritu *m.* spirit
espiritual *adj.* spiritual
espléndido -da *adj.* splendid
esplendor *m.* splendor
espontáneo -a *adj.* spontaneous
esposo -sa *mf.* spouse; *m.* husband; *f.* wife

espuela *f.* spur
espuma *f.* foam
esquema *m.* scheme, schema, diagram
esquina *f.* corner
estable *adj.* stable
establecer *va.* to establish
establecimiento *m.* establishment
estacionar *va.* to station; to park
estadista *m.* statesman
estado *m.* state, condition; los Estados Unidos the United States
estallar *vn.* to break out
estallido *m.* crack, crash
estambre *m.* thread
estancia *f.* encampment; stay; country place; farm
estanque *m.* pond, pool
estar *vn.* to be; to be in; to be ready
estático -ca *adj.* static
estatua *f.* statue
estatura *f.* stature
este, esta *adj. dem. (pl.:* estos, estas*)* this
éste, ésta *pron. dem. (pl.:* éstos, éstas*)* this one; the latter
estela *f.* monument, tablet
estético -ca *adj.* aesthetic; *f.* aesthetics
estevado -da *adj.* bow-legged
estilista *mf.* stylist
estilizar *va.* to stylize
estilo *m.* style
estimación *f.* esteem; estimate; valuation
estimar *va.* to esteem
estío *m.* summer
estirpe *f.* stock, race, family
estorbar *va.* to hinder, to obstruct
estorbo *m.* hindrance, obstruction
estornudar *vn.* to sneeze
estratificación *f.* stratification
estrechar *va.* to tighten; to press; to bring close
estrecho -cha *adj.* narrow; close; strict
estrella *f.* star
estrellado -da *adj.* starry
estremecer *vr.* to shake
estrenar *va.* to perform (a play) for the first time
estribar *vn.* to rest; to be based
estricto -ta *adj.* strict
estrofa *f.* strophe
estructura *f.* structure
estruendo *m.* crash, uproar

estuco *m.* stucco
estudiante *mf.* student
estudiar *va.* to study
estudio *m.* study
estudioso *m.* student, scholar
estupendo -da *adj.* stupendous, wonderful
etapa *f.* stage
eternidad *f.* eternity
eterno -na *adj.* eternal
ético -ca *adj.* ethical
étnico -ca *adj.* ethnic or ethnical
etnógrafo *m.* ethnographer
eucalipto *m.* eucalyptus
Europa *f.* Europe
europeo -a *adj. & mf.* European
Eva *f.* Eve
evidente *adj.* evident
evitable *adj.* avoidable
evitación *f.* avoidance
evitar *va.* to avoid
evocación *f.* evocation
evocar *va.* to evoke
evolución *f.* evolution
evolucionar *vn.* to evolve
exacto -ta *adj.* exact; faithful
exagerar *va.* to exaggerate
exaltación *f.* exaltation; excitement
exaltado -da *adj.* hot-headed
exaltar *va.* to exalt; to elevate
examinar *va.* to examine; to inspect
excelencia *f.* excellence
excepción *f.* exception
excepcional *adj.* exceptional
excepto *prep.* except
excesivo -va *adj.* excessive
exceso *m.* excess
excitar *va.* to excite
exclamar *vn.* to exclaim
exclusivista *adj.* exclusive, clannish
exclusivo -va *adj.* exclusive
excusar *va.* to excuse; to avoid; *vr.* to excuse oneself; to apologize
execración *f.* anathematization; execration, curse
execrar *va.* to anathematize; to abhor
exhalar *va.* to exhale
exhortatión *f.* exhortation
exhortar *va.* to exhort
exigencia *f.* requirement
exigir *va.* to require

existencia *f.* existence
existir *vn.* to exist
éxito *m.* success; **tener éxito** to be successful
exornar *va.* to adorn, to embellish
exótico -ca *adj.* exotic
expandir *vn.* to extend
expedición *f.* expedition
experiencia *f.* experience
experimentar *va.* to try out; to experience
experimento *m.* experiment
explicable *adj.* explicable, explainable
explicación *f.* explanation
explicar *va.* to explain; *vr.* to understand
explotación *f.* exploitation
exponente *m.* exponent
exponer *va.* to expose; to expound
exposición *f.* exposition
expositor *m.* exponent; commentator
expresar *va.* to express; *vr.* to express oneself
expresión *f.* expression
expresivo -va *adj.* expressive
expreso -sa *adj.* express
expuesto *pp. of* **exponer** expounded, exposed
exquisito -ta *adj.* exquisite; consummate
éxtasis *m.* ecstasy
extático -ca *adj.* ecstatic
extender *va.* to stretch out; *vr.* to extend, to spread, to spread out
extendidamente *adv.* in detail
extensión *f.* extension; expanse; size
extenso -sa *adj.* extensive
exterior *adj.* exterior; *m.* exterior; **en el exterior** abroad
externo -na *adj.* external
extinguir *va.* to extinguish
extranjerismo *m.* xenomania (love for things foreign)
extranjero -ra *adj.* foreign; *mf.* foreigner
extrañeza *f.* strangeness
extraño -ña *adj.* strange; *mf.* stranger
extraordinario -ria *adj.* extraordinary
extravagante *adj.* extravagant; nonsensical
extremado -da *adj.* extreme
extremar *va.* to carry far, carry to the limit; *vr.* to exert oneself to the utmost

extremo -ma *adj.* extreme; *m.* end, extremity, tip; extreme; **en extremo** extremely ; **Extremo Oriente** Far East

F

fabricar *va.* to manufacture; to make
fábula *f.* fable; tale
fabulación *f.* conversation
fabuloso -sa *adj.* fabulous
facción *f.* faction *fpl.* features (face)
faceta *f.* facet
fácil *adj.* easy
facilitar *va.* to facilitate
factor *m.* factor
factura *f.* form, execution
facultad *f.* power; skill
fachada *f.* façade; front
faena *f.* task, job
faja *f.* zone
falange *f.* phalanx; array
falda *f.* skirt
falso -sa *adj.* false
faltar *vn.* to be missing; to be lacking
falta *f.* lack
fallecer *vn.* to die
fama *f.* fame; rumor
familia *f.* family
familiaridad *f.* familiarity
famoso -sa *adj.* famous
fantaseo *m.* fancy
fantasía *f.* fantasy
fantástico -ca *adj.* fantastic
fardel *m.* bag; bundle
fascinación *f.* bewitchment, spell
fascinador -dora *adj.* fascinating
fase *f.* phase
fastuosidad *f.* magnificence
fatal *adj.* fatal
fatalidad *f.* fatality; fate; misfortune
fatigar *va.* to weary; to annoy
favor *m.* favor
favorable *adj.* favorable
favorecer *va.* to favor
favorito -ta *adj. & mf.* favorite
faz *f.* face; aspect
fe *f.* faith; **de buena fe** in good faith
Febo *m.* Phoebus (sun)

febrero *m.* February
fecundar *va.* to fecundate; to make fruitful
fecundo -da *adj.* fecund, fertile
fecha *f.* date
fechar *va.* to date
federal *adj. & mf.* federal
felicidad *f.* happiness
felino *m.* feline
feliz *adj.* happy; lucky
femenino -na *adj.* feminine
fenecer *vn.* to die
fenómeno *m.* phenomenon
feo -a *adj.* ugly
fermentar *va. & vn.* to ferment; move violently
Fernando *m.* Ferdinand
férreo -a *adj.* iron
fértil *adj.* fertile
férvido -da *adj.* fervid, boiling
fervor *m.* fervor
fervoroso -sa *adj.* fervent
festejar *va.* to fete, honor
festín *m.* feast, banquet
feudal *adj.* feudal
feudalismo *m.* feudalism
fiarse a or de to trust in
fidelidad *f.* fidelity
fiel *adj.* faithful
fiereza *f.* fierceness, ferocity
fiero -ra *adj.* fierce; terrible; *f.* wild animal
fiesta *f.* holiday; celebration
figura *f.* figure; image; character; appearance
figuración *f.* figuration; role in society
figurar *va.* to represent; *vn.* to figure
fijar *va.* to fix; to establish; **fijarse en** to notice, to pay attention to
fijo -ja *adj.* fixed; permanent
Filadelfia *f.* Philadelphia
filantropía *f.* philanthropy
filarmónico -ca *adj. & mf.* philharmonic
filiación *f.* filiation; connection
filo *m.* edge; **por filo** exactly
filosofía *f.* philosophy
filosófico -ca *adj.* philosophical
filósofo *m.* philosopher
fin *m. & f.* end; purpose; **a fin de que** in order that; **a fines de** toward the end of; **al fin** finally; **en fin** finally

final *adj.* final; *m.* end
fineza *f.* favor, kindness
fingir *va.* to feign, pretend
fino -na *adj.* fine; thin; shrewd
firma *f.* signing
firmamento *m.* firmament
firme *adj.* firm, steady; staunch; *adv.* steadily
firmeza *f.* firmness; steadiness
físico -ca *adj.* physical
fisonomía *f.* physiognomy, appearance
flamante *adj.* brand-new
flamenco -ca *adj.* Flemish
flanco *m.* side
Flandes *f.* Flanders
flaqueza *f.* weakness, failing
flojedad *f.* slackness
flor *f.* flower
florecer *vn.* to flourish
florecimiento *m.* flowering
floresta *f.* woods, grove
florido -da *adj.* flowery, full of flowers; choice, select; **la Florida** Florida
flotar *vn.* to float
fluidez *f.* fluidity
fluir *vn.* to flow
flujo *m.* flow
fluvial *adj.* river
foco *m.* focus; center
folklore *m.* folklore
folklórico -ca *adj.* folkloric, (pertaining to) folklore
follaje *m.* foliage
fondo *m.* bottom; back, foundation
forastero -ra *mf.* outsider, stranger
forjar *va.* to forge
forma *f.* form; shape; way; **de forma que** so that
formación *f.* formation
formador *m.* former
formal *adj.* formal
formalizar *vr.* to become serious
formar *va.* to form; *vr.* to grow, develop
formidable *adj.* formidable
fórmula *f.* formula
formular *va.* to formulate
fortaleza *f.* strength; fortress, stronghold
fortificación *f.* fortification
fortificar *va & vn.* to fortify
fortísimo -ma *adj. super.* very strong
fortuna *f.* fortune

forzar *va.* to force
forzoso -sa *adj.* inescapable, unavoidable; necessary
fosa *f.* grave
fracasar *vn.* to fail
fracaso *m.* failure
fragante *adj.* fragrant
fragata *f.* frigate
frágil *adj.* fragile
fragilidad *f.* fragility
fragmentar *va.* to break into fragments
fragmentario -ria *adj.* fragmentary
fragmento *m.* fragment
fragor *m.* crash, din, uproar
fragoso -sa *adj.* rough, uneven
fraguar *va.* to forge
fraile *m.* friar
francés -cesa *adj.* French
Francia *f.* France
franciscano -na *adj. & mf.* Franciscan
franco -ca *adj.* free, open
franqueza *f.* frankness
frase *f.* phrase; sentence
fraudulento -ta *adj.* fraudulent
fray *m.* brother (friar)
frecuencia *f.* frequency
frecuente *adj.* frequent; common
frenesí *m.* frenzy
freno *m.* bridle; check, restraint
frente *m.* front; *f.* brow, forehead; **al frente de** in charge of; **frente a** in front of; before; opposite
fresa *f.* strawberry
fresco -ca *adj.* fresh; cool; *m.* coolness; **al fresco** in the open air; **tomar el fresco** to get some fresh air
frío -a *adj.* cold; *m.* cold
friso *m.* (*arch.*) frieze
frívolo -la *adj.* frivolous
frondoso -sa *adj.* leafy; shady
frontera *f.* boundary
frugal *adj.* frugal
frustración *f.* frustration
frustrar *va.* to frustrate, to thwart
fruta *f.* fruit
fruto *m.* (*bot.*) fruit; result; product; profit
fuego *m.* fire; **pegar fuego a** to set fire to
fuente *f.* fountain; source
fuera *adv.* out, outside; **fuera de** outside of; away from

final-fuera

fuero *m.* law; code of laws
fuerte *adj.* strong; *m.* fort
fuerza *f.* force; strength; power; **por fuerza** by force
fuga *f.* (*mus.*) fugue
fulgor *m.* brilliance
fulminar *va.* to thunder; hurl forth
fumar *va.* to smoke
función *f.* function; duty
funcional *adj.* functional
funcionamiento *m.* functioning; working
fundación *f.* foundation
fundador -dora *mf.* founder
fundamental *adj.* fundamental
fundamento *m.* foundation; basis
fundar *va.* to found; to build
fundir *vr.* to fuse, merge
fúnebre *adj.* funereal
funeral : funerales *mpl.* funeral
funerario -ria *adj.* funerary; funeral
funesto -ta *adj.* ill-fated; sad
furia *f.* fury
furioso -sa *adj.* furious
furor *m.* furor, rage
furtivo -va *adj.* furtive
fusión *f.* fusion
futuro -ra *adj.* future; *m.* future

G

gajo *m.* bunch; cluster
gala *f.* pomp; **hacer gala de** to take pride in, to glory in
galán *m.* gallant, suitor
galería *f.* gallery
galope *m.* gallop; **a galope** in great haste
galpón *m.* shed; bunkhouse
gallardía *f.* elegance
gallo *m.* rooster
gana *f.* desire; **de buena gana** willingly
ganado *m.* cattle
ganador -dora *mf.* winner
ganancia *f.* gain, profit
ganar *va.* to earn; to win
garantía *f.* guarantee
garganta *f.* throat
garra *f.* claw
garzo -za *adj.* blue

gastar *va.* to spend
gauchesco -ca *adj.* Gaucho
gemelo -la *adj.* & *mf.* twin
gemido *m.* moan, groan
gemir *vn.* to moan; to grieve
generación *f.* generation
general *adj.* general; enormous; *m.* general; **por lo general** in general
generalización *f.* generalization
género *m.* kind; genus; genre; **género humano** human race
generosidad *f.* generosity
generoso -sa *adj.* generous
génesis *f.* genesis; **el Génesis** (*Bib.*) Genesis
genio *m.* genius
genovés -vesa *adj.* & *mf.* Genoese
gente *f.* people
gentileza *f.* gallantry
genuino -na *adj.* genuine
geográfico -ca *adj.* geographical
geometría *f.* geometry
geométrico -ca *adj.* geometrical
germen *m.* germ
germinal *adj.* germinal
gesto *m.* face; grimace; look
gigantesco -ca *adj.* gigantic
girar *va.* to rotate; to revolve
globo *m.* globe
gloria *f.* glory
glorificar *va.* to glorify
glorioso -sa *adj.* glorious
glotón -tona *mf.* glutton
gobernador *m.* governor
gobernante *mf.* ruler; *m.* self-appointed head
gobernar *va.* to govern; rule
gobierno *m.* government; rule
goce *m.* enjoyment
golfo *m.* gulf
golondrina *f.* swallow
golpe *m.* blow; stroke; **golpe de estado** coup d'état
golpear *va.* to strike, hit, knock
gordo -da *adj.* fat
gorila *m.* gorilla
gota *f.* drop; **gota a gota** drop by drop
gótico -ca *adj.* Gothic
gozar *va.* to enjoy; *vn.* to enjoy oneself; **gozar de** to enjoy, possess; **gozarse en** to enjoy

gozo *m.* joy
gozoso -sa *adj.* joyful
grabador *m.* engraver
grabar *va.* to engrave
gracia *f.* grace, gracefulness, charm; *fpl.* thanks; **gracias a** thanks to
gracioso -sa *adj.* graceful; attractive
grado *m.* degree
gramática *f.* grammar
gramático -ca *mf.* grammarian
gran *adj. apocopated form* of **grande,** used before nouns of both genders in the singular
granado -da *adj.* choice; mature
grande *adj.* big, large; great; *m.* grandee
grandeza *f.* greatness
grandioso -sa *adj.* grandiose
granítico -ca *adj.* granite; granitic
granito *m.* granite
granja *f.* farm
granjería *f.* farming; gain, profit
gratitud *f.* gratitude
grave *adj.* heavy; serious
gravedad *f.* gravity
graznido *m.* caw
Grecia *f.* Greece
grey *f.* flock
griego -ga *mf.* Greek
grita *f.* outcry
gritar *vn.* to shout
grito *m.* cry, shout
grosero -ra *adj.* gross, crude
grueso -sa *adj.* thick
grupo *m.* group
gruta *f.* grotto
guadua *f.* thorny bamboo
gualdo -da *adj.* yellow
guarda *m.* guard, keeper
guardar *va.* to guard, to keep; to preserve, protect; watch over; **guardarse de** to guard against; **guardarse de** + *inf.* to guard against + *ger.* to take care not to
guardia *f.* guard; watch
guatemalteco -ca *adj.* & *mf.* Guatemalan
guerra *f.* war, warfare
guerrero -ra *adj.* warlike; *m.* warrior
guija *f.* pebble
guijarro *m.* large pebble
guiñar *va.* to wink

guirnalda *f.* garland, wreath
guitarra *f.* guitar
gustar *vn.* to please; to like; **gustar de** to like
gusto *m.* taste, flavor; liking; pleasure; **a gusto** at will
gustoso -sa *adj.* ready, willing

H

habanera *f.* habanera (dance and music)
habano *m.* Havana cigar
haber : **haber que** + *inf.* to be necessary to + *inf.*; *v. aux.* to have; **haber de** + *inf.* must, to be to + *inf.*; *vr.* to behave oneself
habilidad *f.* skill
habitador -dora *mf.* inhabitant
habitante *mf.* inhabitant
habitar *va.* to inhabit, live in
hábito *m.* habit
habla *f.* speech; language
hablar *va.* to speak, to talk
hacedero -ra *adj.* feasible
hacer *va.* to make; to do; **hace** ago; **hacer mucho (tiempo) que** to be a long time since; **hacer de** to act as; *vr.* to become
hacia *prep.* toward; near, about
hacienda *f.* property; ranch; *fpl.* household chores
hacha *f.* axe
hada *f.* fairy; **hada madrina** fairy godmother
hado *m.* fate, destiny
halcón *m.* falcon
hallar to find; *vr.* to find oneself; to be
hambre *f.* hunger
Hamburgo Hamburg
harto -ta *adj.* sufficient; quite a bit; *adv.* quite
hasta *adv.* even; *prep.* until; up to, down to; **hasta que** until
hay *3d. sg. pres. ind.* of **haber**; there is, there are
haz *m.* bunch, sheaf
hazaña *f.* deed, exploit
he *adv.* lo and behold
hebra *f.* thread

gozo-hebra

hecho -cha *pp. of* **hacer**, done, made; **estar hecho** to be; *m.* fact; deed, act; event

hechura *f.* form, shape

helado -da *adj.* cold; icy

hemisferio *m.* hemisphere

henchir *va.* to fill

hender *va.* to crack, split

Hércules *m.* Hercules

heredar *va. & vn.* to inherit

heredero *m.* heir

hereditario -ria *adj.* hereditary

herencia *f.* inheritance, heritage

herida *f.* wound

herido -da *adj.* wounded

herir *va.* to hurt, to wound

hermano -na *mf.* brother; sister

hermoso -sa *adj.* beautiful; handsome

hermosura *f.* beauty

héroe *m.* hero

heroicidad *f.* heroism

heroico -ca *adj.* heroic

heroína *f.* heroine

heroísmo *m.* heroism

herradura *f.* horseshoe

herrero *m.* blacksmith

heterogeneidad *f.* heterogeneity

hez *f.* (*pl.* **heces**) dregs

hidalguía *f.* nobility

hidrófobo -ba *adj.* hydrophobic

hierba *f.* grass; *fpl.* grass, pasture

hierro *m.* iron

hijo -ja *mf.* child; *m.* son; *mpl.* children; *f.* daughter

hila(s) *fpl.* lint

hilar *va.* to spin

hilo *m.* thread; thin stream

himno *m.* hymn

hincar *va.* to stick, to drive, to thrust

hipocresía *f.* hypocrisy

hirviente *adj.* boiling, seething

Hispania *f.* Hispania

hispánico -ca *adj.* Hispanic

hispano -na *adj.* Hispanic, Spanish

hispanoamericano -na *adj.* Spanish American

historia *f.* history; story

historiador -dora *mf.* historian

histórico -ca *adj.* historical

hogar *m.* home

hoguera *f.* bonfire

hoja *f.* leaf (of plant, book, door)

hojarasca *f.* fallen leaves

holgar *vn.* to be glad; **holgarse de** to be glad at

hollar *va.* to tread; to trample upon

hombre *m.* man

hombro *m.* shoulder

homenaje *m.* homage

homicida *mf.* murderer

homicidio *m.* homicide

homogeneidad *f.* homogeneity

hondo -da *adj.* deep; low

hondura *f.* depth

honestidad *f.* decency

honesto -ta *adj.* pure, chaste

honor *m.* honor; **en honor de** in honor of

honorario *m.* fee

honra *f.* honor

honradez *f.* honesty

honrado -da *adj.* honest, honorable

honrar *va.* to honor

hora *f.* hour, time; **por horas** by the hour

horario *m.* schedule; timetable

horizontalidad *f.* horizontality

horizonte *m.* horizon

horrendo -da *adj.* horrendous

horrible *adj.* horrible

horror *m.* horror

horrorizar *va.* to horrify

hospedar *vr.* to lodge, stop

hospicio *m.* hospice; orphan asylum

hospital *m.* hospital

hostilidad *f.* hostility

hotel *m.* hotel; villa

hoy *adv. & m.* today; **hoy día** nowadays; **hoy en día** nowadays

hoya *f.* pit, ditch

hueco *m.* hollow

huella *f.* track, trace

huerta *f.* garden, vegetable garden

huerto *m.* orchard; garden

hueso *m.* bone

huésped -peda *mf.* guest; stranger

huir *va.* to flee

humada *f.* smoke signal

humanidad *f.* humanity

humanista *adj. & mf.* humanist

humanitarismo *m.* humanitarianism

humanizar *va. & vr.* to humanize; **humanizarse** to become human

humano -na *adj.* human
humedad *f.* humidity, dampness
húmedo -da *adj.* moist, damp
humilde *adj.* humble
humo *m.* smoke; gauze
hundir *va.* to sink; to plunge
huracán *m.* hurricane
hurtar *va.* to steal
huso *m.* spindle

I

iberoamericano -na *adj. & mf.* Ibero-
American
ida *f.* departure
idea *f.* idea
ideal *adj. & m.* ideal
idealidad *f.* ideality
idealismo *m.* idealism
idealización *f.* idealization
identificar *va.* to identify
ideología *f.* ideology
ideólogo -ga *mf.* ideologist
idilio *m.* idyl
idioma *m.* language
idiota *mf.* idiot
idolatría *f.* idolatry
iglesia *f.* church
ignominia *f.* ignominy; infamy
ignominioso -sa *adj.* ignominious
ignorancia *f.* ignorance
ignorante *adj.* ignorant
ignorar *va.* not to know, to be ignorant of
igual *adj.* equal; *m.* equal; **sin igual**
unrivaled
igualar *va.* to equal
igualmente *adv.* equally; likewise
iluminado -da *adj.* illuminated
iluminar *va.* to illuminate
ilusión *f.* illusion
ilusionado -da *adj.* hopeful, happy
ilusionar *vr.* to have illusions
ilustración *f.* learning; enlightenment
ilustrar *va.* to make famous; to enlighten
ilustre *adj.* illustrious
imagen *f.* image
imaginación *f.* imagination
imaginar *va. vn. & vr.* to imagine
imaginativo -va *adj.* imaginative

imaginero *m.* painter or sculptor of
religious images
imitación *f.* imitation; **a imitación de**
in imitation of
imitar *va.* to imitate
impaciencia *f.* impatience
impaciente *adj.* impatient
imparcialidad *f.* impartiality
impasible *adj.* impassive
impedir *va.* to prevent
imperceptible *adj.* imperceptible
imperecedero, -dera *adj.* enduring
imperial *adj.* imperial
imperialismo *m.* imperialism
imperio *m.* empire
imperioso -sa *adj.* imperious; imperative
ímpetu *m.* impetus
impío -a *adj.* pitiless, cruel
implicar *va.* to imply
implícito *adj.* implicit
imponente *adj.* imposing
imponer *va.* to impose; **imponerse a** to
dominate
importación *f.* importation
importancia *f.* importance
importante *adj.* important
importar *va.* to concern; *vn.* to matter
importunar *va.* to importune, to pester
importuno -na *adj.* importunate; in-
opportune
imposible *adj.* impossible
impregnar *vr.* to become saturated
imprenta *f.* printing; press
impresión *f.* impression
impresionante *adj.* impressive
impresionismo *m.* impressionism
impresionista *adj.* impressionistic; *mf.*
impressionist
impreso -sa *pp.* of **imprimir** printed,
impressed
imprevisto -ta *adj.* unexpected
imprimir *va.* to impress; to print
improvisador -dora *mf.* improviser
improvisar *va.* to improvise
improviso : (**de**) **improviso** suddenly
impulsar *va.* to impel
impulso *m.* impulse
inaccesible *adj.* inaccessible
inajenable *adj.* inalienable
inapelable *adj.* inevitable, unavoidable
inaugurar *va.* to inaugurate

humano-inaugurar

inca *mf.* Inca; *m.* Inca (ruler)
incaico -ca *adj.* Inca, Incan
incansable *adj.* indefatigable, untiring
incapacidad *f.* incapacity, inability
incendio *m.* fire, burning
incentivo -va *adj. & m.* incentive
incertidumbre *f.* uncertainty
incipiente *adj.* incipient
incitación *f.* incitation, stimulation
incitar *va.* to incite; to stimulate
inclemencia *f.* inclemency
inclinación *f.* inclination; bent
inclinado -da *adj.* inclined
inclinar *va.* to incline, to bend; to move; *vr.* to be inclined; to bow
ínclito -ta *adj.* illustrious; distinguished
incluir *va.* to include
incógnito -ta *adj.* unknown; **de incógnito** incognito
incólume *adj.* sound, safe, untouched
incomparable *adj.* incomparable
incompleto -ta *adj.* incomplete
inconsciente *adj.* unconscious
inconsecuencia *f.* inconsistency
inconsistente *adj.* inconsistent
incontestable *adj.* unquestionable
inconveniente *m.* obstacle, difficulty; damage
incorporación *f.* incorporation; participation
incorporar *va.* to incorporate
incredulidad *f.* incredulity
incrédulo -la *adj.* incredulous
increíble *adj.* incredible
incremento *m.* increase
increpar *va.* to chide, rebuke
incuestionable *adj.* unquestionable
inculcar *va.* to inculcate
inculto -ta *adj.* uncultivated
incurable *adj. & mf.* incurable
indecencia *f.* indecency
indeciso -sa *adj.* undecided
indefinido -da *adj.* indefinite
indeleble *adj.* indelible
independencia *f.* independence
independiente *adj.* independent
indiano -na *mf.* Spanish American; person back from América with great wealth
indicar *va* to indicate
indicativo -va *adj.* indicative
indicio *m.* indication; sign

indiferencia *f.* indifference
indiferente *adj.* indifferent
indígena *adj.* indigenous; *mf.* native
indigenismo *m.* utilization of native themes, inspiration etc.
indignación *f.* indignation
indignado -da *adj.* indignant
indio -dia *adj.* Indian; *mf.* Indian; **la India** India
indiscutible *adj.* unquestionable
indispensable *adj.* indispensable
indisputable *adj.* indisputable
individuo *m.* individual
índole *f.* kind
indomable *adj.* indomitable
indómito -ta *adj.* unruly
inducir *va.* to induce
indudable *adj.* indubitable, certain
indulgente *adj.* indulgent
industria *f.* industry; effort, ingenuity
inesperado -da *adj.* unexpected, unforeseen
inestimable *adj.* inestimable
inevitable *adj.* inevitable
inexpugnable *adj.* impregnable; firm
infamar *va.* to defame, discredit
infamia *f.* infamy
infancia *f.* infancy
infantil *adj.* infantile; children's
infatigable *adj.* indefatigable
infausto -ta *adj.* unlucky
infecto -ta *adj.* foul, corrupt
infelice *adj.* (*poet.*) *var. of* **infeliz** unhappy
infelicidad *f.* misfortune
infeliz *adj.* unhappy; *m.* wretch, poor soul
inficionar *va.* to infect
infiel *mf.* infidel
infierno *m.* hell
infinito -ta *adj.* infinite
influencia *f.* influence
influir *vn.* to influence; **influir sobre** or **en** to have an influence on
influjo *m.* influence
información *f.* information
informar *va.* to shape
infructuoso -sa *adj.* fruitless
infundir *va.* to infuse; to instil
ingeniero *m.* engineer
ingenio *m.* talent; wit, cleverness; talented person
ingenioso -sa *adj.* ingenious, clever

ingenuidad *f.* naïveté
ingenuo -nua *adj.* ingenuous; naive
Inglaterra *f.* England; la Nueva Inglaterra New England
inglés -glesa *adj.* English
ingrediente *m.* ingredient
ingresar *va.* to enter
iniciador -dora *mf.* initiator
inicial *adj. & f.* initial
iniciar *va.* to initiate
iniciativa *f.* initiative
inicio *m.* beginning
inigualado -da unequaled
inimitable *adj.* inimitable
injuria *f.* offense; insult
injusticia *f.* injustice
injusto -ta *adj.* unjust
inmaculado -da *adj.* immaculate
inmediación *f.* immediacy
inmediato -ta *adj.* immediate
inmensidad *f.* immensity
inmenso -sa *adj.* immense
inmigración *f.* immigration
inmortal *adj.* immortal
inmortalidad *f.* immortality
inmóvil *adj.* immobile
inmovilidad *f.* immobility
innoble *adj.* ignoble
innovación *f.* innovation
innumerable *adj.* innumerable
inocencia *f.* innocence
inocente *adj. & mf.* innocent
inquieto -ta *adj.* anxious, restless
inquietud *f.* restlessness
inquisición *f.* inquisition
insensato -ta *adj.* insensate (foolish)
insigne *adj.* noted, renowned
insinuación *f.* insinuation, intimation
insípido -da *adj.* insipid
insistir *vn.* to insist; insistir en to insist on or upon
insólito -ta *adj.* unusual
insomne *adj.* sleepless
insoslayable *adj.* ineluctable
inspiración *f.* inspiration
inspirar *va. & vn.* to inspire; *vr.* to be inspired
instalar *va.* to install; to settle
instancia *f.* entreaty
instante *m.* instant; al instante immediately; *adj.* urgent

instinto *m.* instinct
institución *f.* institution
institucional *adj.* institutional
instituto *m.* institute
instrucción *f.* instruction, education
instructivo -va *adj.* instructive
instrumento *m.* instrument
insufrible *adj.* insufferable
ínsula *f.* island; unimportant place
insuperable *adj.* insuperable
insurgente *adj. & mf.* insurgent
insurrección *f.* insurrection
integración *f.* integration
integridad *f.* integrity
íntegro -gra *adj.* whole, complete
intelectual *adj. & mf.* intellectual
inteligencia *f.* intelligence
inteligente *adj.* intelligent
intempestivo -va *adj.* untimely
intención *f.* intention
intenso -sa *adj.* intense
intentar *va.* to try, to attempt
intento *m.* purpose
interdependencia *f.* interdependence
interés *m.* interest
interesante *adj.* interesting
interesar *va.* to interest; interesarse por to take an interest in
interior *adj.* interior; inner
intermediario -ria *adj.* intermediary
intermedio *m.* interlude, intermission
internacional *adj.* international
interponer *va.* to interpose; *vr.* to stand between
interpretación *f.* interpretation
interpretar *va.* to interpret
intérprete *mf.* interpreter; artist
interrogación *f.* interrogation; question mark
interrogar *va. & vn.* to question
interrumpir *va.* to interrupt
intervalo *m.* interval
intestino -na *adj.* internal; domestic
íntimo -ma *adj.* intimate; innermost
intransigente *adj. & mf.* irreconcilable, die-hard
intrincado -da *adj.* intricate; entangled
intrínseco -ca *adj.* intrinsic
introducir *va.* to introduce
intruso -sa *mf.* intruder
inusitado -da *adj.* unusual

ingenuidad-inusitado

inútil *adj.* useless
invariable *adj.* invariable
invasión *f.* invasion
invasor -sora *adj.* invading
invencible *adj.* invincible
invención *f.* invention
inventar *va.* to invent
inverso -sa *adj.* opposite
investigación *f.* investigation
investir *va* to invest
inveterado -da *adj.* inveterate, confirmed
invisible *adj.* invisible
invitación *f.* invitation
invitar *va.* to invite
involuntario -ria *adj.* involuntary
ir *vn.* to go; *vr.* to go away ; to slip
iris *m.* rainbow
irlanda *f.* cotton cloth; Irish linen
ironía *f.* irony
irradiar *va.* to radiate
irregular *adj.* irregular
irresistible *adj.* irresistible
isabelino -na *adj. & mf.* Isabelline
isla *f.* island
islote *m.* small barren island
istmo *m.* isthmus
Italia *f.* Italy
italiano -na *adj. & mf.* Italian
izquierdo -da *adj.* left; **a la izquierda** on the left

jovial *adj.* jovial
joya *f.* jewel
judío -a *adj.* Jewish; *mf.* Jew
juego *m.* play; game; gambling
juez *m.* judge
jugar *va.* to play
jugo *m.* juice; substance
juguetón -tona *adj.* playful
juicio *m.* judgment
julio *m.* July
junco *m.* (*bot.*) rush
junio *m.* June
juntar *va.* to join, unite; to gather together; *vr.* to gather together
junto -ta *adj.* joined, united; *pl.* together; **junto** *adv.* **junto a** near, close to; **junto con** along with, together with
juramento *m.* oath; curse
jurar *va.* to swear
jurisprudencia *f.* jurisprudence, laws, legislation
justicia *f.* justice
justiciero -ra *adj.* just, fair
justificar *va.* to justify
justo -ta *adj.* just; correct
juvenil *adj.* youthful
juventud *f.* youth
juzgar *va. & vn.* to judge

L

labio *m.* lip
labor *f.* work; embroidery; **labores** *fpl.* workings; designs
laborioso -sa *adj.* laborious
labrado -da *adj.* carved
labrador -dora *mf.* farmer
labrar *va.* to work; to fashion; to carve; to till
laca *f.* lacquer
ladera *f.* slope, hillside
lado *m.* side
ladrar *va.* to bark
ladrillo *m.* brick
lagar *m.* wine press
lago *m.* lake
lágrima *f.* tear
laguna *f.* lagoon

J

jabalí *m.* wild boar
jactar *vr.* to boast, to brag
jade *m.* (*mineral.*) jade
jamás *adv.* never
jardín *m.* garden
jaula *f.* cage
jazmín *m.* jasmine
jefe *m.* chief, leader
jerarquía *f.* hierarchy
Jesucristo *m.* Jesus Christ
jesuíta *adj. & m.* Jesuit
Jesús *m.* Jesus
jinete *m.* horseman
joven *adj.* young; *mf.* youth, young person

lamentable *adj.* lamentable
lamento *m.* lament
lámpara *f.* lamp
lana *f.* wool
lancha *f.* barge, lighter
languidez *f.* languor
lánguido -da *adj.* languid
lanza *f.* lance
lanzar *va.* to hurl, to throw, to fling; to cast
lapidario -ria *adj.* lapidary, carved in stone
lapso *m.* lapse
largo -ga *adj.* long; **a la larga** in the long run; **a lo largo de** along, throughout; **pasar de largo** pass without stopping
lascivo -va *adj.* lascivious
lástima *f.* pity; **¡qué lástima!** what a shame!
lastimar *va.* to hurt, injure
lastimoso -sa *adj.* pitiful
lastre *m.* ballast (steadiness)
lateral *adj.* lateral
latido *m.* beat, throb
látigo *m.* whip
latín *m.* Latin (language)
latino -na *mf.* Latin (person)
latitud *f.* latitude; region
laudable *adj.* laudable
laurel *m.* (*bot.*) laurel; laurels (of fame)
lavar *va.* to wash
lazo *m.* tie
lebrel *m.* whippet; greyhound
lección *f.* lesson
lector -tora *mf.* reader
lectura *f.* reading
lecho *m.* bed
lechuza *f.* barn owl
leer *va.* to read
legado *m.* legacy
legar *va.* to bequeath
legendario -ria *adj.* legendary
legislador -dora *mf.* legislator
legislativo -va *adj.* legislative
legua *f.* league
lejanía *f.* distance, remoteness
lejano -na *adj.* distant, remote
lejos *adv.* far; **a lo lejos** in the distance; **de lejos, de muy lejos** or **desde lejos** from a distance
lengua *f.* tongue; language

lenguaje *m.* language
lento -ta *adj.* slow
leña *f.* firewood
leño *m.* wood
león *m.* lion
letra *f.* letter; *fpl.* letters (literature)
letrado *m.* lawyer
levadura *f.* leavening; yeast
levantado -da *adj.* lofty
levantamiento *m.* uprising, revolt
levantar *va.* to raise; to lift; *vr.* to rise; to get up; to stand up
leve *adj.* light; slight
ley *f.* law
leyenda *f.* legend
libélula *f.* (*ent.*) dragonfly
liberal *adj.* liberal
liberalismo *m.* liberalism
libertad *f.* liberty
libertador -dora *adj.* liberating; *mf.* liberator
libertar *va.* to liberate, to free
librar *va.* to save, deliver
libre *adj.* free
libro *m.* book; **libro de texto** textbook
licenciado -da *mf.* licenciate (person who has a permit to practice a profession; holder of a licentiate or master's degree); lawyer
lícito -ta *adj.* just, right
lidiar *va.* to fight
liebre *f.* hare
lienzo *m.* canvas
ligar *va.* to tie, bind
ligero -ra *adj.* light
limitado -da *adj.* limited
limitar *va.* to limit
límite *m.* limit
límpido -da *adj.* limpid
limpieza *f.* cleanliness
limpio -pia *adj.* clean; clear
linaje *m.* lineage
lindero *m.* limit, edge
lindo -da *adj.* pretty; wonderful
línea *f.* line
linfa *f.* lymph; water
lingüista *mf.* linguist
lingüístico -ca *adj.* linguistic
lira *f.* lyre
lírico -ca *adj.* lyric; lyrical; *f.* lyric poetry
lirio *m.* iris

lamentable-lirio

lirismo *m.* lyricism
lisonja *f.* flattery
literario -ria *adj.* literary
literato -ta *mf.* literary person, writer
literatura *f.* literature
litigio *m.* lawsuit
litoral *m.* coast
liviandad *f.* lightness; lewdness
lóbrego -ga *adj.* dark; gloomy
localidad *f.* locality
loco -ca *adj.* crazy, mad, insane
lógico -ca *adj.* logical
lograr *va.* to get, obtain; to attain;
  lograr + *inf.* to succeed in
Londres London
longanimidad *f.* forbearance, magnanimity
lúcido -da *adj.* lucid
lucro *m.* profit
lucha *f.* fight; struggle
luchador -dora *mf.* fighter
luchar *vn.* to fight; **luchar por** + *inf.*
  to struggle to
luego *adv.* soon; then; later; **luego que**
  as soon as
luengo -ga *adj.* long
lugar *m.* place; room; village; **dar lugar**
  a to give rise to; **en lugar de** instead
  of; **tener lugar** to take place
Luisiana (la) Louisiana
lujo *m.* luxury
luminoso -sa *adj.* luminous
luna *f.* moon
lunes *m.* Monday
luz *f.* light; *fpl.* enlightenment, culture

LL

llaga *f.* sore
llama *f.* flame, blaze
llamada *f.* call
llamado -da *adj.* so-called
llamar *va.* to call; *vr.* to be called
llaneza *f.* plainness, simplicity
llano -na *adj.* simple; *m.* plain
llanto *m.* weeping
llanura *f.* plain
llegada *f.* arrival
llegar *vn.* to arrive; to reach; **llegar a** +

inf. to succeed in + *ger.*; *vr.* come near
llenar *va.* to fill; to fulfill
lleno -na *adj.* full
llevar *va.* to carry, to take, to lead; *vr.*
  to carry away
llorar *va.* to weep; to mourn
llovedizo -za *adj.* leaky; rain (water)
llover *vn.* to rain
lluvia *f.* rain
lluvioso -sa *adj.* rainy

M

macilento -ta *adj.* wan
machacar *va.* to crush
madera *f.* wood; timber
madre *f.* mother
madrugar *vn.* to get up early
madurez *f.* maturity
maduro -ra *adj.* mature
maestría *f.* mastery
maestro -tra *m.* master; teacher; **maestro**
  de capilla choirmaster; **maestro de**
  obras builder, master builder; *f.*
  teacher
mágico -ca *adj.* magic
magisterio *m.* teaching
magistrado *m.* magistrate
magistral *adj.* magisterial
magnate *m.* magnate, grandee
magnificar *va.* to exalt
magnífico -ca *adj.* magnificent
magnitud *f.* magnitude
magro -gra *adj.* thin, meager
maíz *m.* (*bot.*) maize, Indian corn
majestad *f.* majesty; (*cap.*) *f.* Majesty
  (title)
majestuoso -sa *adj.* majestic
mal *adv.* badly; scarcely; *m.* evil; harm;
  wrong; sickness
maldecir *va.* to curse
malecón *m.* sea wall, wharf
maleta *f.* valise
malévolo -la *adj.* malevolent; *m.* male-
  factor, criminal
maleza *f.* weeds
malicia *f.* evil; malice
malicioso -sa *adj.* malicious; sly
malo -la *adj.* bad; evil

lirismo-malo

malogrado -da *adj.* ill-fated
malón *m.* surprise attack; raid
maltratar *va.* to abuse; to harm
malvado -da *mf.* evildoer
mamá *f.* mama
mammón *m.* (*Bib.*) Mammon
manantial *m.* source
manar *va.* to run; to ooze
mancebo *m.* youth, young man
mancha *f.* spot, stain
manchar *va.* to spot, stain
mandar *va.* to order
mandarín *m.* mandarin; official held
in low esteem
mandato *m.* mandate
mando *m.* command
mandón *m.* boss
manejo *m.* scheming, intrigue
manera *f.* manner; way; type; **a la manera de** like; **de manera que** so that;
de otra manera otherwise
manerismo *m.* mannerism
manga *f.* sleeve; **en mangas de camisa**
in shirt sleeves
manifestación *f.* manifestation
manifestar *va.* to manifest; *vr.* to be or
become manifest
manjar *m.* food, dish
mano *f.* hand; **a mano** at hand; **llegar
a las manos** to come to blows
manojo *m.* handful, bunch
manoseo *m.* handling
mansedumbre *f.* gentleness, mildness
mansión *f.* dwelling; mansion
manso -sa *adj.* gentle
manta *f.* blanket
mantener *va.* to maintain; to keep; *vr.*
to maintain oneself; to keep, to stay
mantenimiento *m.* sustenance, food
manuscrito *m.* manuscript
manzana *f.* apple
maña *f.* skill
mañana *f.* morning; *m.* tomorrow
mapa *m.* map; **mapa mundi** world map
máquina *f.* machine
mar *m. & f.* sea
maravilla *f.* wonder, marvel; **a maravilla**
wonderfully well, wonderful
maravillar *va.* to astonish; **maravi-
llarse con** *or* **de** to wonder at, to
marvel at

maravilloso -sa *adj.* wonderful, marvelous
marca *f.* mark; stamp
marcado -da *adj.* marked, pronounced
marcar *va.* to mark; to stamp
marcha *f.* march; progress
marchar *vn.* to march; *vr.* to go away
marchitar *vr.* to wither
marchito -ta *adj.* withered; faded
marfil *m.* ivory
margarita *f.* pearl; (*mineral.*) margarite
margen *m. & f.* margin, border, bank
marido *m.* husband
marina *f.* navy
marinería *f.* seamanship
marinero *m.* sailor
marino -na *adj.* marine, sea
mariposa *f.* butterfly
marisco *m.* shellfish
mármol *m.* marble
marqués *m.* marquis
mártir *mf.* martyr
mas *conj.* but
más *adj.* more; most; **a más de** in addition to; **estar de más** to be superfluous; **poco más o menos** more or
less; **por más que** however much;
más bien rather
masa *f.* dough
matar *va.* to kill; to bore to death
materia *f.* material; subject
material *adj.* material; *m.* material
materialista *adj.* materialistic
maternal *adj.* maternal
maternizarse to become maternal
materno -na *adj.* maternal
matiz *m.* hue, shade
matización *f.* shading, gradation
mausoleo *m.* mausoleum
máximo -ma *adj.* maximum; greatest;
top; *m.* maximum
maya *adj. & mf.* Maya or Mayan
mayo *m.* May
mayor *adj.* greater; larger; older; largest
mayoría *f.* majority
mecedora *f.* rocker
mecer *vr.* to swing, to rock
mediano -na *adj.* average
medianoche *f.* midnight
medicina *f.* medicine
medida *f.* measurement; measure

medieval *adj.* medieval

medio -dia *adj.* half, half a; middle; **a medias** half-and-half; *m.* middle; medium, environment; means; **por medio de** through

mediodía *m.* south

medir *va.* to measure

meditación *f.* meditation

meditar *va. & vn.* to meditate

medroso -sa *adj.* timid

mejilla *f.* cheek

mejor *adj.* better; best

mejoramiento *m.* improvement

melancolía *f.* melancholy

melancólico -ca *adj.* melancholy

melificar *va.* to draw honey from

melodía *f.* melody

melodista *mf.* melodist

membrudo -da *adj.* burly, husky

memoria *f.* memory; record; *fpl.* memoirs

mencionar *va.* to mention

menear *va.* to manage; to handle

menester *m.* need; job; **haber menester** to need; **ser menester** to be necessary

menor *adj.* less, lesser; smaller; younger

menos *adv.* less; least; **a lo menos** at least; **por lo menos** at least

menospreciar *va.* to scorn, despise

menosprecio *m.* scorn, contempt

mensaje *m.* message

mensajero -ra *mf.* messenger

mente *f.* mind

mentir *vn.* to lie

mentira *f.* lie; illusion

mentiroso -sa *mf.* liar

mentón *m.* chin

mercader -dera *mf.* merchant, dealer

mercado *m.* market

mercancía *f.* trade; piece of merchandise

merced *f.* favor; mercy; **merced a** thanks to

merecer *va.* to deserve

merecido -da *adj.* deserved

mérito *m.* merit; value

mes *m.* month

meseta *f.* plateau

mestizaje *m.* crossbreeding

mestizo -za *adj.* mixed; hybrid; *mf.* half-breed; mestizo; hybrid

mesura *f.* gravity

mesurado -da *adj.* calm; moderate

meta *f.* goal

metafórico -ca *adj.* metaphorical

metal *m.* metal

meter *va.* to put

método *m.* method

metro *m.* meter; verse

metrópoli *f.* metropolis, mother country

mexicano -na *adj. & mf.* Mexican

México *m.* Mexico

mezclar *va.* to mix

mezquita *f.* mosque

miedo *m.* fear

miel *f.* honey

mientras *adv. & conj.* while; **mientras que** while

mies *f.* harvest (of converts to Christianity); **mieses** *fpl.* grain fields

mil *adj. & m.* thousand, a thousand

milicia *f.* art of warfare

militar *adj.* military; *m.* soldier

millar *m.* thousand

millón *m.* million

mina *f.* mine; ore

mínimo -ma *adj.* tiny

ministerio *m.* ministry

ministro *m.* minister

minuciosidad *f.* minuteness; meticulousness

minúsculo -la *adj.* small

mira *f.* aim, purpose

mirada *f.* glance, look

mirado -da *adj.* thoughtful; **bien mirado** in fact

mirador *m.* watchtower

miramiento *m.* considerateness, regard

mirar *va.* to look at; to contemplate, consider

mirto *m.* myrtle

misa *f.* mass

miseria *f.* wretchedness

misericordia *f.* mercy

mísero -ra *adj.* wretched

misión *f.* mission

misionero -ra *adj.* missionary; *m.* missionary

mismo -ma *adj. & pron. indef.* same; own; very; self; **por lo mismo** for that very reason; **mismo ... que** same ... as

misterio *m.* mystery

misterioso -sa *adj.* mysterious
místico -ca *adj.* mystical
mitad *f.* half
mito *m.* myth
mitología *f.* mythology
mitológico -ca *adj.* mythologica!
mixto -ta *adj.* mixed
mocedad *f.* youth
moda *f.* fashion, style
modalidad *f.* modality, manner
modelo *m.* model
modernidad *f.* modernity
modernismo *m.* modernism
modernista *adj.* modernist
moderno -na *adj. & m.* modern
modesto -ta *adj.* modest
modificación *f.* modification
modificar *vr.* to modify
modismo *m.* idiom
modo *m.* mode, manner, way, method; mood; **al modo que** in the same way that; **de mal modo** impolitely; **de modo que** so that; **de todos modos** at any rate
modulación *f.* modulation
mohoso -sa *adj.* moldy
mojar *va.* to drench, soak
molde *m.* form, pattern
moldura *f.* molding
molestar *va.* to annoy, bother
molesto -ta *adj.* annoying, bothersome
molido -da *adj.* exhausted
molino *m.* mill
momento *m.* moment; **en todo momento** constantly; **por momentos** any moment, at times
monarca *m.* monarch
monarquía *f.* monarchy
monasterio *m.* monastery
monja *f.* nun
monocracia *f.* dictatorship
monolítico -ca *adj.* monolithic
monólogo *m.* monologue
monoteísta *adj.* monotheist, monotheistic (believing in one god)
monótono -na *adj.* monotonous
monstruoso -sa *adj.* monstrous
montaña *f.* mountain; forested region
montañoso -sa *adj.* mountainous
montar *va.* to mount; to ride
monte *m.* mount, mountain; woods

monumental *adj.* monumental
monumento *m.* monument
morada *f.* abode, dwelling
morador -dora *mf.* resident
moral *adj.* moral
moralista *m.* moralist
mordaz *adj.* corrosive; mordant
moribundo -da *adj.* dying
morir *vn.* to die
moro -ra *mf.* Moor; Moslem
mortal *adj.* mortal
mosaico *m.* mosaic
mostrar *va.* to show
motete *m.* (*mus.*) motet
motivar *va.* to motivate
motivo *m.* reason; motif; **con motivo de** on the occasion of
motor *m.* motor
mover *va.* to move; to stir; **mover a alguien a** + *inf.* to prompt someone to + *inf.*; *vr.* to move
movimiento *m.* movement; motion
mozárabe *adj.* Mozarabic
mozo -za *m.* youth; porter; *f.* girl; **buena moza** good-looking girl
muchacho -cha *mf.* youth, young person
muchedumbre *f.* crowd, multitude
mucho -cha *adj. & pron.* much, a lot of, a great deal of; **muchos -chas** many
mudar *va.* to change; **mudarse de** to change (clothing) etc.
mudéjar *adj.* Mudejar
mudo -da silent; *mf.* mute person
muelle *adj.* soft; luxurious
muerte *f.* death; murder; **dar muerte a** to kill
muerto -ta *pp. of* **morir** *and* **matar** killed; *mf.* corpse
muestra *f.* sign, model; **pasar muestra** to check carefully; to review
mujer *f.* woman; wife
mujerona *f.* big woman; mannish woman
multicolor *adj.* many-colored
múltiple *adj.* manifold
multiplicar *va. vn. & vr.* to multiply
multitud *f.* multitude
mullido -da *adj.* soft
mundial *adj.* world
mundo *m.* world; **Nuevo Mundo** New World; **todo el mundo** everybody

municipal *adj.* municipal
mural *adj.* mural; *m.* mural painting
muralla *f.* wall, rampart
murmurar *va.* to mutter; to gossip
muro *m.* wall; rampart
musa *f.* muse
músculo *m.* muscle
música *f.* music; **música de salón** dance music
musical *adj.* musical
musicalidad *f.* musicality
músico -ca *mf.* musician
muslo *m.* thigh
mutilación *f.* mutilation
muy *adv.* very; very much

N

nacer *vn.* to be born
nacido -da *adj.* natural, innate
naciente *adj.* incipient; resurgent
nacimiento *m.* birth; beginning
nación *f.* nation
nacional *adj.* & *mf.* national
nacionalismo *m.* nationalism
nacionalista *adj.* nationalistic
nada *f.* nothingness; *pron. indef.* nothing, not anything
nadador -dora *mf.* swimmer
nadar *vn.* to swim
nadie *m.* nobody; *pron. indef.* nobody, not anybody, no one
nao *f.* ship, vessel
napolitano -na *adj.* Neapolitan
naranja *f.* orange
naranjo *m.* orange tree
nariz *f.* nose
narración *f.* narration
narrador -dora *mf.* narrator
narrar *va.* to narrate
narrativo -va *adj.* narrative
natal *adj.* native
nativo -va *adj.* native
natural *adj.* natural
naturaleza *f.* nature
naturalista *adj.* naturalistic
naufragio *m.* shipwreck
náufrago -ga *adj.* shipwrecked; *mf.* shipwrecked person, castaway

nave *f.* (*arch.*) nave
navegación *f.* navigation
navegante *mf.* navigator
navegar *vn.* to sail
Navidad *f.* Christmas
navío *m.* ship, vessel
neblina *f.* fog, mist
necesario -ria *adj.* necessary
necesidad *f.* necessity; need
necesitar *va.* to require; to need; **necesitar de** to need
necio -cia *adj.* foolish, stupid
nefando -da *adj.* infamous
negación *f.* negation; denial
negar *va.* to deny; to refuse; to disown; **negarse a** + *inf.* to refuse to
negligencia *f.* negligence
negro -gra *adj.* black; dark; *m.* Negro
neoclásico *adj.* neoclassic
nervadura *f.* nervure, rib
nervio *m.* nerve
nexo *m.* nexus, link
ni *conj.* neither, nor; **ni ... ni** neither ... nor; **ni ... siquiera** not even
nicaragüense *adj.* & *mf.* Nicaraguan
niebla *f.* fog, mist
nieto -ta *mf.* grandchild; *f.* granddaughter
nieve *f.* snow
ninguno -na *adj. indef.* no, not any; *pron. indef. masc.* nobody, no one
niño -ña *adj.* young; *mf.* child; **desde niño** from childhood
nitrato *m.* nitrate
nivel *m.* level; **nivel del mar** sea level
nivelación *f.* leveling
noble *adj.* noble
nobleza *f.* nobility
noción *f.* notion, rudiment
nocturno -na *adj.* nocturnal; melancholy
noche *f.* night; darkness; **de noche** at night
nombramiento *m.* naming; appointment
nombrar *va.* to name; to appoint
nombre *m.* name; fame
nomenclatura *f.* nomenclature
norma *f.* standard; rule
norte *m.* north
norteamericano -na *adj.* & *mf.* North American; American
nostalgia *f.* nostalgia, homesickness

nostálgico -ca *adj.* nostalgic
nota *f.* note
notable *adj.* notable, noteworthy
notar *va.* to note, to notice
noticia *f.* news; information; knowledge
notorio -ria *adj.* notorious, well-known
novedad *f.* newness, novelty; surprise
novela *f.* novel, story; lie
novelesco -ca *adj.* novelistic
novelista *mf.* novelist
novelístico -ca *adj.* fictional
novia *f.* fiancée; bride
noviembre *m.* November
novio *m.* fiancé
nube *f.* cloud
nuevo -va *adj.* new; **de nuevo** again; *f.* news
numen *m.* deity; inspiration
número *m.* number
numeroso -sa *adj.* numerous
nunca *adv.* never

O

o *conj.* or
obedecer *va. & vn.* to obey
obispo *m.* bishop
objetivación *f.* objectivity, objectivization
objetividad *f.* objectivity
objeto *m.* object
obligación *f.* obligation
obligar *va.* to oblige; to force
obligatorio -ria *adj.* obligatory
obra *f.* work; **poner por obra** to undertake; **obra maestra** masterpiece
obrar *vn.* to perform; to act, operate
obrero *m.* workman
obsequias *fpl.* funeral rites
obsequio *m.* gift
observación *f.* observation
observador -dora *adj.* observant; *mf.* observer
observante *adj.* observant
observar *va.* to observe
observatorio *m.* observatory
obsesión *f.* obsession
obstar *vn.* to stand in the way
obstinarse en to persist in

obstruir *va.* to obstruct
obtener *va.* to obtain; to keep
obtuso -sa *adj.* obtuse
ocasión *f.* occasion, opportunity; **de ocasión** second-hand ; **en ocasiones** at times
ocasional *adj.* occasional
occidental *adj.* western
occidente *m.* occident; West
océano *m.* ocean
ocio *m.* idleness, leisure
octava *f.* hendecasyllabic octave, rhymed abababcc
octosílabo -ba *adj.* octosyllabic
octubre *m.* October
ocultar *va.* to hide
oculto -ta *adj.* hidden, concealed
ocupación *f.* occupation
ocupar *va.* to occupy
ocurrir *vn.* to occur, to happen; to come
oda *f.* ode
odiar *va.* to hate
odio *m.* hatred
odioso -sa *adj.* odious, hateful
oeste *m.* west
ofender *va. & vn.* to offend; *vr.* to take offense
oficial *adj.* official
oficio *m.* office, occupation; role; craft
ofrecer *va.* to offer; *vn.* to offer, to propose; *vr.* to happen
ofrecimiento *m.* offer
ofrendar *va.* to contribute
oído *m.* ear
oidor *m. (archaic)* judge
oír *va.* to hear; to listen to; **oír decir que** to hear that
ojalá *interj.* God grant!, would to God!
ojival *adj. (arch.)* ogival
ojo *m.* eye
ola *f.* wave
óleo *m.* oil; holy oil
oligarquía *f.* oligarchy
oliva *f.* olive branch
olor *m.* odor, fragrance
olvidar *va.* to forget; **olvidársele a uno** to forget
olvido *m.* oblivion
omnímodo -da *adj.* all-embracing
omnipotente *adj.* omnipotent
onda *f.* wave

ondeante *adj.* flowing
ondina *f.* undine, water sprite
ondulación *f.* undulation; wave
ondulado -da *adj.* wavy
onomástico *m.* saint's day
opacidad *f.* opacity; sadness
ópera *f.* (*mus.*) opera
opiniŏn *f.* opinion
oportunidad *f.* opportunity
oportuno -na *adj.* opportune
opresión *f.* oppression
oprimir *va.* to oppress; to press
oprobio *m.* opprobrium, infamy
optimismo *m.* optimism
optimista *mf.* optimist; *adj.* optimistic
opuesto -ta *pp. of* oponer opposed; *adj.* opposite, contrary
ora; *conj.* ora ... ora now... then
orador -dora *mf.* orator
orden *m.* order; *f.* order
ordenar *va.* to order; ordenar + *inf.* to order to + *inf.*
ordinario -ria *adj.* ordinary; de ordinario ordinarily
orfandad *f.* orphanhood; abandonment
orgánico -ca *adj.* organic
organización *f.* organization
organizar *va. & vr.* to organize
órgano *m.* organ
orgía *f.* orgy
orgulloso -sa *adj.* proud
orientación *f.* orientation
oriental *adj.* oriental; eastern
oriente *m.* east; (*cap.*) *m.* Orient; Extremo Oriente Far East
origen *m.* origin
original *adj.* original
originalidad *f.* originality
originar *va. & vr.* to originate
orilla *f.* edge; bank, shore
ornamentación *f.* ornamentation
ornamental *adj.* ornamental
ornamentar *va.* to ornament
ornamento *m.* ornament
ornar *va.* to adorn
oro *m.* gold
orquesta *f.* orchestra; orquesta de cámara chamber orchestra
osar *vn.* to dare
oscuridad *f.* darkness, obscurity
oscuro -ra *adj. & m.* dark, obscure

ostentar *va.* to show; to display
ostentoso -sa *adj.* ostentatious
otoño *m.* autum
otorgar *va.* to confer
otro -tra *adj.* other, another; otro alguno anybody else
ova *f.* (*bot.*) sea lettuce; *fpl.* roe

P

pabellón *m.* canopy
Pablo *m.* Paul
pacer *va.* to pasture, graze; to gnaw
paciente *adj. & mf.* patient
pacificación *f.* pacification
pacificar *va.* to pacify
Pacífico *m.* Pacific (ocean)
padecer *va.* to suffer
padre *m.* father; *mpl.* parents; ancestors
paga *f.* payment
paganismo *m.* paganism
pagar *va.* to pay
página *f.* page
pago *m.* district
país *m.* country
paisaje *m.* landscape
paisajista *mf.* landscape painter
paisano *m.* countryman
pájaro *m.* bird
paje *m.* page
palabra *f.* word; speech
palacio *m.* palace
palanquero *m.* poler
palenque *m.* palisade, paling
palidez *f.* paleness, pallor
pálido -da *adj.* pale
palio *m.* canopy
palma *f.* palm (tree and leaf)
palmera *f.* date palm
palo *m.* stick
paloma *f.* dove
palpable *adj.* palpable
pampa *f.* pampa
pan *m.* bread
panal *m.* honeycomb
panamericanismo *m.* Pan-Americanism
panegírico *m.* panegyric
panfleto *m.* pamphlet
panorama *m.* panorama

paño *m.* cloth
pañolón *m.* large shawl, scarf
pañuelo *m.* handkerchief
papel *m.* paper; role
par *m.* pair, couple; peer; **de par en par** wide-open
para *prep.* to, for; in order to; **para que** in order that
parabién *m.* congratulation; **dar el parabién a** to congratulate
parábola *f.* parable
paraíso *m.* paradise
parar *va.* to stop
parásito -ta *adj.* parasitic
parcial *adj.* partial
parco -ca *adj.* sparing
parecer *m.* opinion; *vn.* to look, to seem; **al parecer** apparently **¿qué le parece?** what do you think? **parecerse a** to look like, resemble
pared *f.* wall
pareja *f.* couple, pair
parentesco *m.* relationship
pariente *mf.* relative
parir *va.* to give birth to
París *m.* Paris
parlanchín -china *adj.* chattering
párrafo *m.* paragraph
parroquia *f.* parish
parroquial *adj.* parochial, parish
parte *f.* part; share; side; direction; (law) party; **la mayor parte** the majority; **por mi (su) parte** for or on my (his) part; **por otra parte** on the other hand; **por todas partes** everywhere
participar *vn.* to participate; **participar de** to partake of
particular *adj.* private; *m.* particular; **en particular** in particular
partida *f.* band, gang
partido *m.* (*pol.*) party; advantage
partija *f.* partition
partir *vn.* to leave; **a partir de** beginning with
párvulo -la *adj.* simple, innocent; *mf.* child, tot
pasadizo *m.* passage, corridor
pasado -da *adj.* past; gone by; *m.* past
pasaje *m.* passage
pasajero -ra *mf.* passenger

pasaporte *m.* passport
pasar *va.* to pass; to cross; to happen; to spend; to swallow; to suffer; **pasar de** to exceed
pasatiempo *m.* pastime
pase *m.* pass; **palabra de pase** password
paseador -dora *adj.* fond of walking
pasear *va.* to walk; to parade; show off; *vr.* to wander
paseo *m.* walk; **ir de paseo** to go walking
pasión *f.* passion
pasivo -va *adj.* passive
paso *m.* step, pace; passage; incident
pasto *m.* pasture
pastoral *adj.* pastoral
paternal *adj.* paternalistic
paterno -na *adj.* paternal
patíbulo *m.* scaffold
patio *m.* patio, court
patria *f.* native land
patrimonio *m.* patrimony
patriota *mf.* patriot; *adj.* patriotic
patriótico -ca *adj.* patriotic
patriotismo *m.* patriotism
paulatino -na *adj.* slow, gradual
pausa *f.* pause; slowness
pausado -da *adj.* slow, calm
pauta *f.* standard, model
pavo real *m.* (*orn.*) peacock
paz *f.* peace
pecar *vn.* to sin; to go astray
peculiar *adj.* peculiar
peculiaridad *f.* peculiarity
pecho *m.* chest, breast, heart
pedagógico -ca *adj.* pedagogical
pedazo *m.* piece; **hacer pedazos** (*coll.*) to fall to pieces
pedernal *m.* flint
pedestal *m.* pedestal
pedir *va.* to ask, to ask for; to demand
pedrería *f.* jewelry
pegar *va.* to set (fire); *vn.* to cling
pelaje *m.* coat, fur
peleador -dora *mf.* fighter
pelear *vn.* to fight; to struggle
peligro *m.* danger; risk
peligroso -sa *adj.* dangerous
pellejo *m.* skin; hide
pena *f.* grief, sorrow
pendencia *f.* dispute
penetrante *adj.* penetrating

penetrarse de to become imbued with
península *f.* peninsula
penitencia *f.* penitence; penance
pensador *m.* thinker
pensamiento *m.* thought; thinking; **ni por pensamiento** not even in thought
pensar *va.* to think; **sin pensar** unexpectedly; **pensar en** + *inf.* to think of + *ger.*
peña *f.* rock; cliff
peñasco *m.* pinnacle, crag
peón *m.* foot soldier
peor *adj. & adv.* worse; worst
pequeño -ña *adj.* small; young
pera *f.* pear
percibir *va.* to perceive
percusión *f.* percussion
perder *va.* to lose; *vr.* to go to the bottom
perdidamente *adv.* madly
perdón *m.* pardon
perdonador -dora *adj.* forgiving
perdonar *va.* to pardon, excuse; **no perdonar** to not miss
perdurar *vn.* to survive
perecer *vn.* to perish
peregrino -na *mf.* pilgrim
pereza *f.* laziness
perfección *f.* perfection
perfeccionar *va.* to perfect
perfecto -ta *adj.* perfect
perfil *m.* profile
perfume *m.* perfume
periódico *m.* newspaper
periodismo *m.* newspaper work, journalism
periodista *mf.* journalist; *m.* newspaperman
período *m.* period
perjudicial *adj.* harmful, prejudicial
perla *f.* pearl
permanecer *vn.* to stay, remain
permanencia *f.* stay, sojourn
permanente *adj.* permanent
permiso *m.* permission
permitir *va.* to permit, to allow; **permitirse** to take the liberty to
pero *conj.* but, yet
perpetración *f.* perpetration
perpetuar *va.* to perpetuate
perpetuo -tua *adj.* perpetual

perro *m.* dog
perseguir *va.* to pursue; to persecute
persistir *vn.* to persist
persona *f.* person
personaje *m.* personage; character
personal *adj.* personal
personalidad *f.* personality
personalizar *va.* to personalize
personificar *va.* to personify
perspectiva *f.* perspective; outlook
persuadir *vr.* to become persuaded or convinced
pertenecer *vn.* to belong
perteneciente *adj.* pertaining, belonging
perturbar *va.* to disturb
Perú (el) Peru
peruano -na *adj. & mf.* Peruvian
pesado -da *adj.* tiresome, dull
pesadumbre *f.* sorrow; heaviness
pesar *m.* sorrow; **a pesar de** in spite of; *vn.* to weigh; to cause sorrow
pescado *m.* fish
peso *m.* weight; burden; peso (Spanish American monetary unit)
petición *f.* petition; plea
pez *m.* fish
piadoso -sa *adj.* merciful; devout
pianista *mf.* pianist
pianístico -ca *adj.* pianistic; (pertaining to, for) piano
piano *m.* piano
pícaro -ra *mf.* rogue; schemer
pico *m.* beak
pictórico -ca *adj.* pictorial
pie *m.* foot; **a pie** on foot; **de pie** standing; **ponerse de pie** or **en pie** to stand up
piedad *f.* pity, mercy
piedra *f.* stone; rock
piel *f.* pelt; fur
pierna *f.* leg
pieza *f.* piece
pinar *m.* pine grove
pincel *m.* brush
pino *m.* pine
pintar *va.* to paint; *vr.* to put on make-up
pintor -tora *mf.* painter
pintura *f.* painting
pío -a *adj.* merciful
piragua *f.* canoe
piramidal *adj.* pyramidal

pirámide _f._ pyramid
pirata _m._ pirate
piruetear _vn._ to pirouette
pisar _va._ to step on; to tread
pista _f._ track
placer _m._ pleasure
plan _m._ plan
plancha _f._ plate
planear _va._ to plan
planeta _m._ planet
planificación _f._ planning
plano _m._ plane; **primer plano** foreground
planta _f._ (_bot._) plant; ground plan
plantear _va._ to state, to pose
plástica _f._ plastic (art of modeling)
plasticidad _f._ plasticity
plástico -ca _adj._ plastic
plata _f._ silver
plátano _m._ plantain, banana
plateresco -co _adj._ plateresque
plática _f._ talk, chat
platicar _vn._ to talk, to chat
playa _f._ beach, shore, strand
plaza _f._ plaza, square; fortified town or
  city
plebe _f._ common people
plebeyo -ya _adj. & mf._ plebeian
plegar _vr._ to yield, give in
pleno -na _adj._ full
pléyade _f._ Pleiad; group, cluster
pliegue _m._ fold
pluma _f._ feather; pen
población _f._ population, town
poblar _va._ to populate; to settle, colonize
pobre _adj._ poor
pobreza _f._ poverty
poco -ca _adj._ little; **pocos -cas** _adj. pl._
  a few; **poco a poco** little by little
poder _m._ power; _vn._ to be possible; to be
  able; _v. aux._ **poder** + _inf._ to be able
  to + _inf.,_ may, can
poderoso -sa _adj._ powerful, mighty
poema _m._ poem; **poema sinfónico**
  (_mus_). symphonic poem
poesía _f._ poetry, poem
poeta _m._ poet
poético -ca _adj._ poetic
poetisa _f._ poetess
poetizar _va. & vn._ to poetize, impart
  poetry to
polemizar _vn._ to start a polemic

policía _f._ police; cleanliness
policromo -ma _adj._ polychrome, many-
  colored
polifónico -ca _adj._ polyphonic
política _f._ politics, policy
político -ca _adj._ political; _mf._ politician
polo _m._ foundation
polvareda _f._ cloud of dust
polvo _m._ dust; _mpl._ dust
pompa _f._ pomp
pomposo -sa _adj._ pompous; high-flown
pómulo _m._ (_anat._) cheekbone
poncho _m._ poncho
ponderación _f._ exaggeration
ponderar _va._ to ponder over; to praise
poner _va._ to put, place; to impose; _vr._ to
  become, to turn, to set; **ponerse a** +
  inf. to begin to + _inf._
ponzoñoso -sa _adj._ poisonous
popa _f._ poop, stern
populachero -ra _adj._ popular; cheap,
  vulgar
populacho _m._ mob
popular _adj._ popular
popularizar _va._ to popularize
por _prep._ by; through; on account of;
  por + _adj._ + **que** however + _adj._
porcelana _f._ porcelain
porción _f._ portion
porfiar _vn._ to persist; **porfiar en** + _inf._
  to persist in
pórfido _m._ porphyry
pormenor _m._ detail, particular
porque _conj._ because; in order that
portada _f._ front
pórtico _m._ portico
Portugal _m._ Portugal
porvenir _m._ future
posada _f._ dwelling
posar _vr._ to perch
poseedor -dora _mf._ owner, possessor
poseer _va._ to possess, to have
posesión _f._ possession
posesionar _vr._ to take possession
posguerra _f._ postwar period
posibilidad _f._ possibility
posible _adj._ possible
posición _f._ position; standing
positivismo _m._ positivism
posteridad _f._ posterity; posthumous
  fame

pirámide-posteridad

xlvi

posterior *adj.* rear; later, subsequent

posterioridad *f.*: **con posterioridad** subsequently, later on; **con posterioridad a** subsequent to

postrar *va.* to prostrate; exhaust

postrero -ra *adj.* last; *mf.* last, last one

postulado *m.* postulate

póstumo -ma *adj.* posthumous

postura *f.* attitude

potencia *f.* power

potente *adj.* powerful

práctica *f.* practice

práctico -ca *adj.* practical; *f.* practice

prado *m.* meadow

preámbulo *m.* preamble

precaver *va.* to protect

preceder *va. & vn.* to precede

preceptiva *f.* set of rules

precepto *m.* precept

preciado -da *adj.* precious, valuable

precio *m.* value

preciosismo *m.* (*lit.*) preciosity

precioso -sa *adj.* precious; witty, keen

precipicio *m.* precipice

precipitado -da *adj.* precipitous; hasty

precisar *va.* to state precisely; to fix

preciso -sa *adj.* necessary, precise

precortesiano -na *adj.* before the coming of Cortés

precursor -sora *mf.* precursor, forerunner

predicación *f.* preaching

predicar *va.* to preach

predilecto -ta *adj.* favorite

predominio *m.* predominance

preferencia *f.* preference

preferente *adj.* preferable, preferred

preferir *va.* to prefer

pregonar *va.* to proclaim

pregunta *f.* question; **hacer una pregunta** to ask a question

preguntar *va.* to ask, to question

prehispánico -ca *adj.* prehispanic

preincaico -ca *adj.* pre-Incan

prejuicio *m.* prejudice

premiar *va.* to give an award to

premio *m.* prize

prenda *f.* pledge; gift; darling

prender *va.* to seize

preocupación *f.* preoccupation

preocupar *va.* to preoccupy; **preocuparse con** *or* **por** to become preoccupied with

preparar *va.* to prepare

preparatorio -ria *adj.* preparatory

preponderante *adj.* preponderant

presa *f.* prey

presbiterio *m.* presbytery

prescindir *vn.*: **prescindir de** to leave out; to do without

presencia *f.* presence

presenciar *va.* to witness

presentar *va.* to present; to introduce; *vr.* to present oneself; to appear

presente *adj.* present; **al presente** at present; *m.* present

presentimiento *m.* presentiment

presentir *va.* to have a presentiment of; to foretell

preservar *va.* to preserve, protect

presidencia *f.* presidency

presidente *m.* president

presidir *va.* to preside over; to dominate

preso -sa *adj.* imprisoned; *mf.* prisoner

prestar *va.* to lend; to give

presto -ta *adj.* quick, prompt

presumir *va.* to presume; *vn.* to boast

presunción *f.* presumption; vanity

presuroso -sa *adj.* hasty

pretender *va.* to claim, to try to do

pretensión *f.* pretension

pretérito -ta *adj.* past

pretextar *va.* to use as a pretext; to pretend

pretexto *m.* pretext

pretoriano -na *adj. & m.* praetorian

prevalecer *vn.* to prevail; to thrive

prieto -ta *adj.* black

primacía *f.* primacy; top place

primario -ria *adj.* primary

primavera *f.* spring

primero -ra *adj.* first

primitivo -va *adj.* primitive; original; *m.* primitive

primo -ma *mf.* cousin; *f.* (*mil.*) first quarter of the night

primor *m.* elegance; beauty

primordial *adj.* primordial, fundamental

primoroso -sa *adj.* skillful; exquisite

princesa *f.* princess

principal *adj.* principal, main; important; illustrious; *m.* chief
principalmente *adv.* above all else
príncipe *m.* prince
principiar *va.*, *vn.* & *vr.* to begin
principio *m.* beginning; principle; origin; **a principios de** around the beginning of; **al principio** at first; **en principio** in principle
prisa *f.* hurry, haste; **a prisa** quickly
prisionero *mf.* prisoner
prisma *m.* prism
privado -da *adj.* private
privar *va.* to deprive
privilegio *m.* privilege
probabilidad *f.* probability
probable *adj.* probable, likely
probar *va.* to try; **probar fortuna** to try one's luck
problema *m.* problem
procedente *adj.* coming, originating
proceder *vn.* to proceed; to originate; to behave
procesión *f.* procession; parade
proceso *m.* process; progress
proclama *f.* proclamation, manifesto
proclamar *va.* to proclaim
procónsul *m.* proconsul
procurar *va.* to strive for; to procure; **procurar** + *inf.* to try to
prodigio *m.* miracle
prodigioso -sa *adj.* prodigious, marvelous
producción *f.* production
producir *va.* to produce; to yield
producto *m.* product
proemio *m.* preface
proeza *f.* prowess; feat
profano -na *adj.* profane; worldly
profesión *f.* profession
profesional *mf.* professional
profeso *m.* professed (monk)
profesor -sora *mf.* teacher; professor
profeta *m.* prophet
profético -ca *adj.* prophetic
profundidad *f.* depth
profundo -da *adj.* profound; deep
profuso -sa *adj.* profuse, lavish
progenitor *m.* progenitor
programa *m.* program
progreso *m.* progress
prohombre *m.* (*coll.*) big shot

prolífico -ca *adj.* prolific
prolijo -ja *adj.* prolix, tedious
prólogo *m.* prologue; preface
prologuista *mf.* writer of prologues
prolongar *va.* to prolong; to keep up; *vr.* to extend
promesa *f.* promise
prometer *va.* to promise
pronosticar *va.* to foretell; to predict
pronto *adv.* right away, soon; **de pronto** suddenly; **por lo pronto** for the present, provisionally
pronunciar *va.* to pronounce; to utter; to deliver
propaganda *f.* propaganda
propagar *va.* to spread; *vr.* to spread, to extend
propicio -cia *adj.* propitious
propio -pia *adj.* proper; same; himself, herself; own
proponer *va.* to propose; **proponerse** + *inf.* to propose to + *inf.*; to plan
proporción *f.* proportion
proporcionado -da *adj.* proportioned
propósito *m.* aim; **a propósito de** apropos of; **de propósito** on purpose
prorrogar *va.* to defer, postpone
prosa *f.* prose
prosaico -ca *adj.* prosaic
prosapia *f.* ancestry, lineage
proseguir *va.* to continue, carry on
prosista *mf.* prose writer
prosperidad *f.* prosperity
prostituir *va.* to prostitute
protagonista *mf.* protagonist
protección *f.* protection
proteger *va.* to protect
Proteo *m.* (*myth.*) Proteus
protesta *f.* protest
protestante *adj.* & *mf.* Protestant
prototipo *m.* prototype
provecho *m.* profit, gain
provechoso -sa *adj.* profitable
proveer *va.* to provide
provenir *vn.* to come, originate
providencia *f.* providence, foresight
provincia *f.* province
provinciano -na *adj.* & *mf.* provincial
provisión *f.* provision
provisional *adj.* provisional
provisto -ta *pp. of* **proveer**; provided

próximo -ma *adj.* close
proyectar *va.* to project
proyecto *m.* project
prueba *f.* proof
psicología *f.* psychology
publicar *va.* to publish; to publicize
público -ca *adj.* public; **en público** in public
pudor *m.* modesty
pudrir *va.* to rot
pueblo *m.* town, village; people, nation
puente *m.* bridge
puerta *f.* door, doorway; gate
puerto *m.* port, harbor
puertorriqueño -na *adj. & mf.* Puerto Rican
pues *adv.* then, well; yes, certainly; why; anyhow; **pues que** since; *conj.* for, since, because
puesto -ta *pp. of* poner; *adj.* placed, put, set; *m.* place; post, position; **puesto que** since, inasmuch as
pugnar *vn.* to struggle
pulido -da *adj.* polished
pulir *va.* to polish
pulpería *f.* general store
púlpito *m.* pulpit
punta *f.* point; tip
punto *m.* point; instant; **al punto** at once; **de todo punto** completely; **punto de partida** starting point; **punto de vista** point of view; **punto menos** almost
puntual *adj.* punctual
puñado *m.* handful
puñal *m.* dagger
puñalada *f.* stab
puño *m.* handful
pureza *f.* purity
puro -ra *adj.* pure, clear
purpúreo -a *adj.* purple
pusilánime *adj.* pusillanimous, cowardly

Q

que *adj. & pron. rel.* that, which; who, whom; **el que** he who; which, the one which; who, the one who; *adv.* than; *conj.* that; because

quebrada *f.* gorge, ravine
quebrantado -da *adj.* fatigued
quebrantar *va.* to break
quebrar *va.* to break; to crush
quedar *vn.* to remain; to stay; to be left; to be; **quedarse con** to keep
quejar *vr.* to complain; **quejarse de** to complain about
quemar *va.* to burn; *vr.* to burn
querella *f.* dispute; complaint
querer *va.* to wish, want; to love
querido -da *adj.* dear; *m.* lover; *f.* mistress
querubín *m.* cherub
quiebra *f.* damage, loss; bankruptcy
quien *pron. rel.* who, whom; he who, she who; someone who
quién *pron. interr. & rel.* who, whom
quieto -ta *adj.* quiet, calm
quintilla *f.* five-line stanza of eight syllables and two rhymes
quinto -ta *adj.* fifth
quintuplicar *va. & vr.* to quintuple
quitar *va.* to remove; *vr.* to take off
quiteño -ña *adj.* (pertaining to) Quito
quizá *or* quizás *adv.* maybe, perhaps

R

rábula *m.* pettifogger, shyster
racimo *m.* bunch; cluster
ración *f.* ration
racional *adj.* rational
radical *adj.* radical
radioso -sa *adj.* radiant
raíz *f.* root
ralo -la *adj.* sparse, thin
rama *f.* branch
ramaje *m.* branches
ramillete *m.* bouquet; cluster
ramo *m.* branch, bouquet
rancho *m.* mess; thatched hut
rango *m.* nature
rápido -da *adj.* rapid
rapiña *f.* robbery; **de rapiña** of prey
rapsodia *f.* rhapsody
rapto *m.* abduction
raro -ra *adj.* rare; odd, strange

ras *m.* evenness; **a ras** close; **a ras de** even with

rasgo *m.* trait, characteristic

rastra : **a rastras** dragging

rastrero -ra *adj.* dragging; abject

rastro *m.* trace

rato *m.* short time, little while; **gran rato** a long time; **de rato en rato** from time to time

ratón *m.* mouse

raudal *m.* stream

rayo *m.* ray, lightning; thunderbolt

raza *f.* race

razón *f.* reason; right, justice; **tener razón** to be right

razonable *adj.* reasonable

reacción *f.* reaction

reaccionar *vn.* to react

real *adj.* real; royal

realce *m.* relief

realidad *f.* reality; **en realidad** in reality

realismo *m.* realism

realista *adj.* realistic; royalist

realizador *m.* practitioner

realizar *va.* to carry out, accomplish; *vr.* to be carried out

realzar *va.* to raise, elevate; to set off

rebasar *va.* to exceed

rebelde *m.* rebel

rebullir *vn.* to stir

recaudo *m.* precaution

recibir *va.* to receive; to welcome

recién *adv.* (used only before past participles) recently, just, newly

reciente *adj.* recent

recinto *m.* enclosure, place

recio -cia *adj.* strong; heavy; hard, bitter

recitado *m.* recitative; recitation

reclinar *va. & vr.* to recline

recobrar *va.* to recover

recoger *va.* to pick up; collect; *vr.* to withdraw; to go to bed

recogimiento *m.* self-communion; withdrawal

recolección *f.* compilation

recomendar *va.* to recommend

reconciliar *vr.* to become reconciled

reconocer *va.* to recognize; to admit

reconvenir *va.* to remonstrate with; to reprimand

recordar *va.* to remember; to remind

recorrer *va.* to cross, to go through; to run through

recreación *f.* recreation

rectificar *va.* to rectify

recto -ta *adj.* straight

recuerdo *m.* remembrance; recollection

recuesto *m.* slope

recuperar *va.* to recover

recurso *m.* resource

rechazar *va.* to repel, drive back

redención *f.* redemption

Redentor *m.* Redeemer

redondilla *f.* eight-syllable quatrain with rhyme abba or abab

redondo -da *adj.* round

reducir *va.* to reduce

referente *adj.* referring

referido -da *adj.* above-mentioned

referir *va.* to refer; to tell; *vr.* to refer

refinamiento *m.* refinement

refinar *va.* to refine; to polish

reflejar *va.* to reflect; to show; *vr.* to be reflected

reflejo *m.* reflection

reflexión *f.* reflection

reflexivo -va *adj.* reflective

reforma *f.* reform; reformation

reformador -dora *mf.* reformer

reformar *va.* to reform; *vr.* to reform

reforzar *va.* to reinforce, strengthen

refrescar *va.* to cool

refugiado -da *mf.* refugee

regalado -da *adj.* dainty; luxurious

regalar *va.* to give

regar *va.* to sprinkle; to spread

regazo *m.* lap

regeneración *f.* regeneration

régimen *m.* regime

región *f.* region

regional *adj.* regional

regir *va.* to rule, govern

regocijo *m.* rejoicing

regresar *vn.* to return

regreso *m.* return

regular *adj.* regular, moderate

rehacer *va.* to make over, remake

rehuir *va.* to decline; *vn.* to flee

rehusar *va.* to refuse

reimpresión *f.* reprint

reina *f.* queen

reinar *vn.* to reign; to prevail

reino *m.* kingdom
reír *vn.* to laugh
reivindicador *m.* restorer
relación *f.* relation; report; story, account
relacionado -da *adj.* related
relacionar *vr.* to be related
relámpago *m.* lightning; flash
relampaguear *vn.* to flash, to sparkle
relatar *va.* to relate, to report
relativo -va *adj.* relative
relato *m.* report
relieve *m.* prominence; **bajo relieve** bas-relief
religión *f.* religion
religioso -sa *adj. & mf.* religious; monk, nun
reliquia *f.* relic; vestige
reloj *m.* clock
relumbrar *vn.* to shine brightly
remanso *m.* backwater
rematar *vn.* to end
remedar *va.* to imitate, copy
remediar *va.* to remedy
remedio *m.* remedy; help; **sin remedio** inevitable
reminiscencia *f.* reminiscence
remo *m.* oar
remodelar *va.* to remodel
remolino *m.* eddy; swirl
remontar *vr.* to soar
remoto -ta *adj.* remote
renacentista *adj.* (pertaining to the) Renaissance
renaciente *adj.* renascent
renacimiento *m.* rebirth, renaissance; Renaissance
renacuajo *m.* tadpole
rencor *m.* rancor, grudge
rendir *va.* to conquer; to subdue, to overcome; to do (homage); *vr.* to surrender
renombre *m.* renown
renovación *f.* renovation; renewal; transformation
renovar *va.* to renew
renta *f.* annuity; income
renuncia *f.* renunciation
renunciar *va.* to renounce; to resign
reñir *va.* to fight; *vn.* to quarrel
reorganizar *va. & vr.* to reorganize
reparación *f.* reparation

reparador -dora *adj.* repairing; restorative
reparar *va.* to repair
repartimiento *m.* distribution
repartir *va.* to distribute
repentino -na *adj.* sudden
repertorio *m.* repertoire
repetidamente *adv.* repeatedly
repetir *va.* to repeat
reposar *va.* to rest
reposo *m.* rest, repose
repostería *f.* pantry
reprensión *f.* scolding, reprimand
representación *f.* representation; performance
representante *mf.* representative
representar *va.* to represent; to show; to act, perform; *vr.* to imagine
representativo -va *adj.* representative
reprobar *va.* to disapprove
reproducir *va. & vr.* to reproduce
república *f.* republic
repudiar *va.* to repudiate
repugnancia *f.* repugnance; aversion
repugnante *adj.* repugnant
repugnar *va.* to contradict; *vn.* to be repugnant
repulsa *f.* rejection
reputación *f.* reputation
requerir *va.* to require
resaltar *vn.* to stand out
resbalar *vn.* to slide
rescatar *va.* to ransom, redeem
resentirse de *vr.* to suffer from
reseña *f.* sketch, outline
reseñador *m.* reviewer
reseñar *va.* to sketch
reservar *va.* to reserve; to exempt
resguardo *m.* defense; protection
residencia *f.* residence
residir *vn.* to reside
residuo *m.* remain; residue
resignar *va.* to resign
resistencia *f.* resistance
resistente *adj.* resistant
resistir *va.* to resist; to withstand
resolver *va.* to resolve; to solve
resonancia *f.* resonance; repercussion
resonar *vn.* to resound, to echo
resorte *m.* means; resources
respaldo *m.* back

li

respectivo -va *adj.* respective
respecto *m.* respect; **al respecto** in the matter
respetar *va.* to respect
respeto *m.* respect; consideration
respirar *va.* to breathe
resplandor *m.* brilliance
responder *va.* to answer
responsabilidad *f.* responsibility
respuesta *f.* answer, response
resquicio *m.* crack, chink
restablecer *va.* to restore; *vr.* to recover
restar *va.* to take away
restaurar *va.* to restore
resto *m.* rest, remainder; *mpl.* remains
restricción *f.* restriction, restraint
restringir *va.* to restrict
resultado *m.* result
resultar *vn.* to result; to turn out to be
resumen *m.* summary
resumir *va.* to sum up, to reduce; *vr.* to be reduced
retablo *m.* series of historical paintings or carvings; altarpiece
retemplado -da *adj.* tempered many times over
retirar *va.* to retire; *vr.* to withdraw
retiro *m.* retirement; retreat
retórica *f.* rhetoric
retratista *mf.* portrait painter
retrato *m.* portrait
retroceder *vn.* to retrogress; to back away
retrogradación *f.* retrogradation; retrogression
reunión *f.* gathering, meeting
reunir *va.* to assemble
revelación *f.* revelation
revelador -dora *adj.* revealing
revelar *va.* to reveal
revista *f.* review, magazine
revivir *vn.* to revive, to be revived
revolotear *vn.* to flutter
revolución *f.* revolution
revolucionario -ria *adj.* revolutionary; *mf.* revolutionist
revolver *va.* to retrace (one's steps); to swing (a horse) around
revólver *m.* revolver
revuelo *m.* flying around
revuelto -ta *adj. pp. of* revolver; confused, disordered; *f.* revolution, revolt

rey *m.* king
rezagado -da *mf.* straggler
rezagar *va.* to leave behind
rezar *va.* to pray
ribazo *m.* embankment
ribera *f.* bank, shore
ribereño -ña *adj.* riverside
rico -ca *adj.* rich
ridículo -la *adj.* ridiculous; **poner en ridículo** to make a fool of
riesgo *m.* risk, danger
rigor *m.* rigor; **en rigor** as a matter of fact
riguroso -sa *adj.* rigorous; severe
rincón *m.* corner
río *m.* river
rioplatense *adj.* Platine (referring to the Basin of the Plata river)
riqueza *f.* wealth, riches; **riquezas** *fpl.* wealth
risa *f.* laugh, laughter
risueño -ña *adj.* smiling
rítmico -ca *adj.* rhythmic
ritmo *m*, rhythm
ritual *adj. & m.* ritual
rival *mf.* rival
riza *f.* ravage. destruction
robador -dora *mf.* robber, thief
robar *va.* to rob, to steal
robusto -ta *adj.* robust, strong
roca *f.* rock
roce *m.* contact
rodar *va.* to roll; *vn.* to tumble
rodear *va.* to surround; *vr.* to turn
rodela *f.* buckler
rogar *va. & vn.* to beg
rojez *f.* redness
rojo -ja *adj.* red
Roma *f.* Rome
romance *m.* ballad; octosyllabic verse with alternate lines in assonance; narrative poem
románico -ca *adj.* Romanesque
romano -na *adj.* Roman; *mf.* Roman
romanticismo *m.* romanticism
romántico -ca *adj.* romantic; *mf.* romantic
romper *va.* to break; to break through
ropa *f.* clothing
ropaje *m.* clothing
rosa *f.* rose

rostro *m.* face
roto -ta *pp. of* romper; *adj.* broken, shattered
rozar *va.* to graze; *vr.* to be close
rubio -bia *adj.* blond, fair
ruborizar *vr.* to blush
rudo -da *adj.* crude
rueca *f.* distaff for spinning
rueda *f.* wheel
ruego *m.* request, entreaty
rugiente *adj.* bellowing
rugir *vn.* to roar
ruido *m.* noise
ruidoso -sa *adj.* noisy, loud; sensational
ruin *adj.* base
ruina *f.* ruin
ruiseñor *m.* nightingale
rumbo *m.* course, direction
rumor *m.* murmur; sound
rústico -ca *adj.* rustic
rustiquez *f.* rusticity

S

sábado *m.* Saturday
sabandija *f.* insect; sabandijas *fpl.* vermin
saber *m.* knowledge; *va. & vn.* to know; saber + *inf.* to know how to, to be able to + *inf.*
sabiduría *f.* wisdom
sabio -bia *adj.* wise; learned; *m.* wise man, scholar
sabor *m.* taste, flavor
sacar *va.* to take out, get out; to remove
sacerdote *m.* priest
sacrificar *va.* to sacrifice; to slaughter
sacrificio *m.* sacrifice
sacristía *f.* sacristy
sacudir *va.* to shake off
sagrado -sa *adj.* sacred
sagrario *m.* sanctuary, shrine
sajón -jona *adj. & mf.* Saxon
sal *f.* salt
sala *f.* hall
salado -da *adj.* salt; salty
saldo *m.* settlement; balance

salida *f.* departure; way-out, exit
saliente *adj.* prominent
salir *vn.* to come out; to leave
salmodiar *va.* to sing monotonously
salón *m.* salon; música de salón dance music
saltar *va.* to jump
salud *f.* health; welfare; salvation; greetings; estar bien de salud to be in good health
saludar *va.* to greet, salute
saludo *m.* greeting
salutación *f.* salutation, greeting
salvación *f.* salvation
salvajina *f.* wild animal
salvar *va.* to save; *vr.* to save oneself
¡salve! *interj.* hail!
salvo *prep.* save, except for; salvo que unless
san *adj. apocopated form of* santo
sangre *f.* blood
sangriento -ta *adj.* bloody
sano -na *adj.* safe; unbroken; sano y salvo safe and sound
santo -ta *adj.* saint, saintly, holy; santo y seña password
santuario *m.* sanctuary
saña *f.* rage; cruelty
saqueo *m.* sacking
satélite *m.* satellite
sátira *f.* satire
satisfacer *va. & vn.* to satisfy
satisfecho -cha *adj.* satisfied
savia *f.* sap (of a plant)
sazón *f.* season; time
sección *f.* section
seco -ca *adj.* dry; dried, dried up
secretario -ria *mf.* secretary
secretear *vn.* to whisper
secreto *m.* secret
secta *f.* sect
secular *adj.* secular
secundar *va.* to second
secundario -ria *adj.* secondary
sed *f.* thirst
seda *f.* silk
sede *f.* seat
sedentario -ria *adj.* sedentary
sediento -ta *adj.* thirsty
seducción *f.* seduction; bribery
sefardita *mf.* Sephardi, Spanish Jew

seglar *m.* layman
seguidor -dora *mf.* follower
seguir *va.* to follow; *vn.* to still be
según *prep.* according to; *conj.* as, according as
segundo -da *adj.* second
seguridad *f.* security; certainty
seguro -ra *adj.* sure, certain; secure, safe, dependable; confident
selva *f.* forest; jungle
sello *m.* seal; stamp
semblante *m.* face, appearance
sembrar *va.* to sow; to scatter; to strew
semejante *adj.* like, similar; such; **semejante a** like
semejanza *f.* similarity, resemblance
sementera *f.* sowing; sown land
semidiós *m.* demigod
semillero *m.* seed plot; (*fig.*) hotbed
senado *m.* senate
sencillez *f.* simplicity
sencillo -lla *adj.* simple, plain
senda *f.* path
sendero *m.* path
sendos -das *adj. pl.* one each, one to each
seno *m.* bosom; cavity, hollow, refuge
sensibilidad *f.* sensibility; sensitivity
sensitivo -va *adj.* sensitive; sentient
sensual *adj.* sensual, sensuous
sentado -da *adj.* seated; firm
sentar *vr.* to sit
sentido *m.* sense; meaning
sentimental *adj.* sentimental
sentimentalismo *m.* sentimentality
sentimiento *m.* sentiment; feeling; sorrow
sentir *va.* to feel; to hear; *vr.* to feel
seña *f.* sign
señal *f.* sign, token; scar; signal
señalado -da *adj.* noted, distinguished
señalar *va.* to mark; to indicate
señor -ñora *m.* sir, gentleman; lord; **el Señor** the Lord; **nuestro Señor** our Lord; *f.* mistress; **Nuestra Señora** our Lady
señorear *va.* to lord it over
señorita *f.* young lady
señuelo *m.* lure; enticement
separar *va.* to separate
septentrión *m.* north; Great Bear
septiembre *m.* September

sepulcro *m.* grave
sepultar *va.* to bury
sepultura *f.* sepulture, grave; **dar sepultura a** to bury
sequía *f.* drought
ser *m.* being; essence; life; *vn.* to be
serenar *vn.* to become calm
serenidad *f.* serenity, calm
sereno -na *adj.* serene, calm
serie *f.* series
seriedad *f.* seriousness; severity
serio -ria *adj.* serious
serpiente *f.* serpent; snake
servicio *m.* service
servidumbre *f.* servitude
servil *adj.* servile
servilidad *f.* servility
servir *va.* to serve; to help; **no servir para nada** to be of no use; **servir de** to serve as
seudónimo *m.* pseudonym, pen name
severo -ra *adj.* severe; stern
si *conj.* if; whether
siempre *adv.* always; **de siempre** usual
sierra *f.* jagged mountain range
siervo -va slave; humble servant; **siervo de Dios** servant of God
siesta *f.* siesta; hottest time of day
siglo *m.* century; times
significación *f.* significance
significado *m.* meaning
significar *va.* to mean; to indicate
significativo -va *adj.* significant
signo *m.* sign
siguiente *adj.* following; next
silencio *m.* silence; **en silencio** in silence
silencioso -sa *adj.* silent
silogismo *m.* syllogism
silueta *f.* silhouette
silva *f.* verse of iambic hendecasyllables intermingled with seven-syllable lines, with some verses rhymed
silla *f.* chair
sillón *m.* armchair
simbólico -ca *adj.* symbolic
simbolismo *m.* symbolism
simbolizar *va.* to symbolize
símbolo *m.* symbol
simiente *f.* seed
simpatía *f.* sympathy; liking, friendliness
simple *adj.* simple

simplicidad *f.* simplicity
simplificación *f.* simplification
simplificar *va.* to simplify
sin *prep.* without; **sin que** + *subj.* without + *ger.*
sinceridad *f.* sincerity
sincero -ra *adj.* sincere
sinfonía *f.* symphony
sinfónico -ca *adj.* symphonic
singular *adj.* singular
siniestro -tra *adj.* sinister
sino *conj.* but, except; **no ... sino que** only; **no sólo ... sino que** not only ... but, but also
síntesis *f.* synthesis
sintético -ca *adj.* synthetic
síntoma *m.* symptom
siquiera *adv.* at least; **ni siquiera** not even
sirte *f.* rocky shoal
sistema *m.* system
sitio *m.* place; location; siege
situación *f.* situation, position
situar *va.* to situate, locate
soberanía *f.* sovereignty
soberano -na *adj.* royal; *m.* sovereign
soberbio -bia *adj.* magnificent
sobre *prep.* on, upon, over, above
sobrehombre *m.* superman
sobrellevar *va.* to bear, carry
sobremanera *adv.* exceedingly
sobrenatural *adj.* supernatural
sobrerrealismo *m.* surrealism
sobresalir *vn.* to stand out
sobretodo *adv.* especially
sobrevenir *vn.* to take place
sobrevivir *vn.* to survive; outlive
sobriedad *f.* sobriety, moderation
sobrino *m.* nephew
sobrio -bria *adj.* sober, moderate
social *adj.* social
sociedad *f.* society
socorrer *va.* to aid
sofá *m.* sofa
sofocar *va.* to stifle, smother
sofrenada *f.* severe reprimand
sol *m.* sun
solamente *adv.* only, solely
solar *m.* manor house, ancestral mansion
soldado *m.* soldier
soldadote *m.* gruff old compaigner

soleado -da *adj.* sunny
solear *va.* to sun
soledad *f.* solitude; lonely place
solemne *adj.* solemn
solemnidad *f.* solemnity; formality
soler *vn.* to be accustomed to
solicitar *va.* to woo, to court
solicitud *f.* solicitude
sólido -da *adj.* solid, strong
solio *m.* throne with canopy, throne
solitario -ria *adj.* solitary
solo -la *adj.* only, sole; alone; lonely; single
sólo *adj.* only, solely
soltar *va.* to let go
solución *f.* solution
sombra *f.* shade, shadow, darkness
sombrear *va.* to shade
sombrío -a *adj.* somber; gloomy
sometido -da *ad.* submissive, docile
son *m.* sound, sweet sound
sonar *va.* to sound; to play
sonatina *f.* sonatina
soneto *m.* sonnet
sonido *m.* sound
sonoro -ra *adj.* sonorous; resounding
sonoroso -sa *adj.* resounding
sonreír *vr.* to smile
sonrisa *f.* smile
sonrosear *vr.* to blush
soñar *va.* to dream; *vn.* to daydream
soñoliento -ta *adj.* sleepy, drowsy
soplar *va.* to blow
soplo *m.* breath; puff, gust
soportar *va.* to bear, hold up; endure
sor *f.* (used before names of nuns) sister
sorber *va.* to absorb, to soak up
sorbo *m.* sip; draught
sordina *f.* mute
sordo -da *adj.* deaf; mute; dull
sorprendente *adj.* surprising; unusual
sorprender *va.* to surprise; to catch
sorpresa *f.* surprise
sosiego *m.* calm, serenity
sospecha *f.* suspicion
sospechar *va.* to suspect
sospechoso -sa *adj.* suspicious
sostener *va.* to hold up, sustain, to keep
soterrar *va.* to bury
suave *adj.* smooth; soft; delicate

subido -da *adj.* high, superior
subir *va.* to go up; **subir a** to mount
subjetivo -va *adj.* subjective
sublime *adj.* sublime
subordinado -da *adj.* subordinate
subrayar *va.* to emphasize
subrept cio -cia *adj.* surreptitious
subsiguiente *adj.* subsequent
subsistir *vn.* to subsist
subterráneo -a *adj.* underground
subyugar *va.* to subjugate
suceder *va.* to follow; *vn.* to happen
sucesión *f.* succession
sucesivo -va *adj.* successive
suceso *m.* event, happening; outcome; course; result
sudoeste *m.* southwest
sudor *m.* sweat; toil
suela *f.* sole
suelo *m.* ground, soil, land
suelto -ta *adj.* loose; free
sueño *m.* sleep, sleepiness; dream, fancy
suerte *f.* chance; fate, lot; **de suerte que** so that
suficiencia *f.* presumptuousness
suficiente *adj.* sufficient
sufrido -da *adj.* long-suffering
sufrimiento *m.* suffering
sufrir *va.* to suffer, to undergo
suicidio *m.* suicide
sujetar *va.* to subdue
sujeto -ta *adj.* subject; *m.* individual
suma *f.* sum; **en suma** in short
sumar *va.* to add
sumario *m.* summary, résumé
sumergir *va. & vr.* to submerge
sumo -ma *adj.* extreme
suntuoso -sa *adj.* sumptuous, elaborate
superación *f.* surpassing, excelling
superar *va.* to surpass; to overcome, conquer; to exceed
superficie *f.* surface
superior *adj.* superior; **superior a** superior to; *m.* superior; supervisor
superstición *f.* superstition
supervivencia *f.* survival
suponer *va.* to suppose; presuppose
supremo -ma *adj.* supreme
supresión *f.* suppression, elimination
suprimir *va.* to eliminate, do away with
sur *m.* south

Suramérica *f.* South America
surcar *va.* to furrow; to cut through
surco *m.* furrow
surgir *vn.* to come forth; to arise, appear
suscitar *va.* to stir up, provoke
suspenso -sa *adj.* hanging; **en suspenso** suspended
suspirar *vn.* to sigh
suspiro *m.* sigh
sustancia *f.* substance
sustentador -dora *mf.* sustainer, support
sustentar *va.* to sustain, support, feed
sustento *m.* sustenance
sustituir *va. & vn.* to substitute, to take the place of
sutil *adj.* subtle; keen
sutileza *f.* subtlety
(de) suyo on his (her, etc.) own accord

T

tabla *f.* board
taciturno -na *adj.* taciturn; reserved
tachar *va.* to accuse
tal *adj. indef.* such, such as; *adv.* so; in such a way; **tal vez** perhaps
tala *f.* felling of trees; destruction; south American hackberry tree
talento *m.* talent
taller *m.* shop, workshop; studio
tallo *m.* stem
tamaño -ña *adj.* such a big; *m.* size
tamarindo *m. (bot.)* tamarind
también *adv.* also, too
tampoco *adv.* neither, not either
tan *adv.* so
tanto -ta *adj.* so much; *pron.* so much, as much that; **algún tanto** somewhat, a little; **en tanto** while; **por lo tanto** therefore; **un tanto** somewhat; **tanto ... como** as much ... as; both ... and
tañer *va.* to play
tapera *f.* shack, hovel
tapiz *m.* tapestry
tardar *vn.* to be long; **tardar en** to be long in
tarde *adv.* late; **más tarde** later; *f.* afternoon, evening
tarea *f.* task, job

subido-tarea

tasa *f.* measure
tasajo *m.* jerked beef, meat
tasar *va.* to regulate
teatro *m.* theater
teclado *m.* keyboard
técnica *f.* technique
técnico -ca *adj.* technical
techo *m.* ceiling; roof
tejado *m.* roof
tejer *va.* to weave
tejido *m.* textile
tela *f.* cloth, fabric
telaraña *f.* spider web, cobweb
telúrico -ca *adj.* telluric (proceeding from the earth)
tema *m.* theme, subject
temblar *vn.* to shake, tremble, quiver
temblor *m.* tremor, shaking
tembloroso -sa *adj.* tremulous
temer *va.* to fear
temeroso -sa *adj.* timid; fearful
temible *adj.* dreadful
temor *m.* fear, dread
temperamento *m.* temperament
temperatura *f.* temperature
tempestad *f.* storm
templar *va.* to temper
temple *m.* temper; courage
templo *m.* temple
temporada *f.* period
temprano -na *adj.* early; *adv.* early
tendencia *f.* tendency
tender *va.* to spread, spread out; **tender a** to tend to
tener *va.* to have; to hold; **tener por** to consider as; **tener que** + *inf.* to have to + *inf.*
tensión *f.* tension
tentar *va.* to tempt; to try
tentativa *f.* attempt
tenue *adj.* tenuous; light
teobroma *m.* (*bot.*) cacao
teocalli *m.* teocalli (temple)
teología *f.* theology
teoría *f.* theory
teórico -ca *adj.* theoretical
tercero -ra *adj.* third
tercerola *f.* short carbine
tercio -cia *adj.* third; *m.* third
terco -ca *adj.* stubborn; hard
terminación *f.* termination; ending

terminante *adj.* definitive
terminar *va.* to finish
término *m.* end; boundary; manner; condition; term; **primer término** foreground
ternura *f.* tenderness
terraplén *m.* embankment; terrace
terremoto *m.* earthquake
terreno *m.* ground, terrain
terrible *adj.* terrible
territorial *adj.* territorial
territorio *m.* territory
terrón *m.* clod
terror *m.* terror
terruño *m.* country
tesis *f.* thesis
tesón *m.* tenacity
tesoro *m.* treasure
testa *f.* head
testigo *mf.* witness; **testigo de vista** eyewitness
testimonio *m.* testimony
texto *m.* text
tibio -bia *adj.* warm
tiempo *m.* time; weather; **a su tiempo** in due time; **a tiempo que** at the time that; **a un tiempo** at the same time; **de tiempo en tiempo** from time to time; **mucho tiempo** long time
tienta : **andar a tientas** to grope; to feel one's way
tiento *m.* touch
tierno -na *adj.* tender
tierra *f.* earth; **tierra firme** ground; terra firma
tigre *m.* tiger
tímido -da *adj.* timid
tinieblas *fpl.* darkness
tinto -ta *adj.* red
tío -a uncle; aunt
típico -ca *adj.* typical
tipo *m.* type
tiranía *f.* tyranny
tiranicida *mf.* tyrannicide (person)
tiranicidio *m.* tyrannicide (act)
tiránico -ca *adj.* tyrannical
tirano -na *mf.* tyrant
tiranuelo *m.* petty tyrant
tirar *va.* to throw; **tirar a** to shade into
tiro *m.* shot; charge; piece of artillery

titubeo *m.* wavering, hesitation

titular *va.* to entitle

título *m.* title; titled person

tocar *va.* to touch; to play (an instrument); **tocar a** to fall to the lot of

tocata *f.* (*mus.*) toccata

todavía *adv.* still, yet; **todavía no** not yet

todo -da *adj.* all; *pron.* everything; *mpl.* all, everybody; **del todo** wholly, entirely; **sobre todo** above all, especially

tolteca *adj. & mf.* Toltec

tomar *va.* to take; to seize; **tomar por** to take for

tomo *m.* volume

tonada *f.* melody, song

tonificante *adj.* invigorating

tono *m.* tone

toque *m.* touch; knock

torbellino *m.* whirlwind

torcer *va.* to twist; to turn

tormenta *f.* storm, tempest

tormento *m.* torment; torture

tornar *vn.* to return; **tornar a** + *inf.* *verb* + again

tornasolar *va.* to make iridescent

tornear *va.* to turn

torno *m.* turn; **en torno** around; **en torno de** around

torpe *adj.* slow; awkward; stupid

torre *f.* tower

torrente *m.* torrent

tórrido -da *adj.* torrid

tortuga *f.* tortoise, turtle

torvo -va *adj.* grim, stern

tostado -da *adj.* tan; brown

total *adj. & m.* total

trabajar *va.* to work

trabajo *m.* work; trouble; *mpl.* tribulations, hardships

tradición *f.* tradition

traducción *f.* translation

traducir *va.* to translate

traer *va.* to bring; to carry

tragedia *f.* tragedy

trago *m.* swallow; draught

traición *f.* treachery

traidor *m.* traitor

traje *m.* dress, costume

trámite *m.* step

tramo *m.* stretch; section

trampa *f.* trick; **hacer trampas** to cheat

tranquilo -la *adj.* tranquil, calm

transcribir *va.* to transcribe

transcripción *f.* transcription

transcurrir *vn.* to pass, to elapse

transcurso *m.* course (of time)

transeúnte *mf.* passer-by

transfiguración *f.* transfiguration

transformación *f.* transformation

transformar *va.* to transform

tránsito *m.* transition

transitorio -ria *adj.* transitory

transmisión *f.* transmission

transparentar *vr.* to show through

transparente *adj.* transparent

transportar *va.* to transport

transporte *m.* transportation

tras *prep.* after; **tras de** in addition to

trascendental *adj.* far-reaching; transcendental

trasegar *va.* to decant

trashumante *adj.* nomadic

trasladar *va.* to transfer; to copy; *vr.* to move

traslucir *va.* to infer; *vr.* to become evident

trasmitir *va. & vn.* to transmit

trasmundo *m.* afterlife

trasmutar *va. vn. & vr.* to transmute

trasponer *va. & vr.* to disappear behind

trastorno *m.* upheaval, disturbance

tratado *m.* treatise

tratar *va.* to deal with; to treat; **tratar de** to deal with; **tratar de** + *inf.* to try to + *inf.*; **tratarse de** to deal with; to be a question of

trato *m.* treatment; manner; deal; business; friendly relations

través *m.*: **a través de** through, across

travieso -sa *adj.* dissolute

trazado -da *adj.* traced; *m.* plan; lay-out

trazar *va.* to design

trazo *m.* stroke

trecho *m.* stretch: **de trecho en trecho** from place to place

tremendo -da *adj.* tremendous

tremer *vn.* to tremble, to shake

trémulo -la *adj.* tremulous

trenza *f.* braid

tribu *f.* tribe

tribuna *f.* rostrum
tribunal *m.* tribunal
tributar *va.* to pay; to render
tributo *m.* tribute
trigal *m.* wheat field
trino *m.* trill
triste *adj.* sad
tristeza *f.* sadness
triunfal *adj.* triumphal
triunfar *vn.* to triumph; triunfar de to triumph over
triunfo *m.* triumph
trizar *va.* to break to pieces
trocar *vr.* to change
tronco *m.* trunk
trono *m.* throne
tropa *f.* troop
tropel *m.* bustle, rush
tropical *adj.* tropical
trópico *m.* tropic; trópico de Cáncer tropic of Cancer
tropiezo *m.* error; hitch
trovador *m.* troubadour
trozo *m.* piece
trueno *m.* thunder
truncar *va.* to truncate; to leave unfinished
tul *m.* tulle
tumba *f.* grave, tomb
tupido -da *adj.* thick
turbador -dora *adj.* disturbing
turbar *va.* to disturb; *vr.* to become disturbed
turbio -bia *adj.* muddy
turbulento -ta *adj.* turbulent

U

u *conj.* (used for o before a word beginning with the vowel sound o) or
ubérrimo -ma *adj. super.* most abundant or fertile
ufano -na *adj.* proud
último -ma *adj.* last; ultimate; a lo último finally; por último at last
ultraje *m.* outrage
umbral *m.* threshold
umbrío -a *adj.* shady
umbroso -sa *adj.* shady

unánime *adj.* unanimous
unción *f.* fervor
undoso -sa *adj.* waving, wavy
único -ca *adj.* only, sole; unique
unidad *f.* unit; unity
unido -da *adj.* united; close together
unificar *va.* to unify
uniforme *adj. & m.* uniform
uniformidad *f.* uniformity
unión *f.* union
unir *va. & vr.* to unite, join
universal *adj.* universal
universalismo *m.* universalism
universidad *f.* university
universitario -ria *adj.* (pertaining to a) university
universo *m.* universe
uno -na *adj. & pron. indef.* one, someone; unos -nas some, about
urbanidad *f.* urbanity, civility
Uruguay, (el) Uruguay
uruguayo -ya *adj. & mf.* Uruguayan
usanza *f.* custom
usar *va.* to use, make use of; *vn.* to be accustomed
uso *m.* use; usage; practice
útil *adj.* useful
utilidad *f.* utility, usefulness
utilitario -ria *adj.* utilitarian
utilizar *va.* to utilize
utopía *f.* utopia
utópico -ca *adj.* utopian or Utopian
uva *f.* grape

V

vacilar *vn.* to hesitate; vacilar en + *inf.* to hesitate to + *inf.*
vacío -a *adj.* empty; hollow; *m.* emptiness
vadear *va.* to ford
vago -ga *adj.* wandering; vague
vaharada *f.* breathing
valenciano -na *adj. & mf.* Valencian
valentía *f.* valor, bravery; heroic exploit
valer *m.* worth, merit; *va.* to avail; to be worth; to produce; *vn.* to have worth; to be valuable; hacer valer to make felt; to assert; vale (tanto) como it is as much as; no poder valerse to be helpless

válido -da *adj.* valid
valiente *adj.* valiant; *m.* brave man
valor *m.* value; worth; courage
valorar *va.* to value
vallado *m.* fence
valle *m.* valley
vanidad *f.* vanity
vano -na *adj.* vain; **en vano** in vain
vapor *m.* steam; mist; steamer
vaporoso -sa *adj.* light
vara *f.* measure of length : 2.8 ft.
varar *vn.* to run aground
variación *f.* variation, change
variado -da *adj.* varied; variegated
variedad *f.* variety
varilla *f.* rod; wand
vario -ria *adj.* various, varied; **varios**
-rias *adj. pl.* various, several
varón *m.* man
vaso *m.* glass; receptacle; vase
vasto -ta *adj.* vast
vate *m.* poet, bard
vecino -na *adj.* neighboring; *mf.* neighbor; native
vedar *va.* to forbid; hinder
vehemencia *f.* vehemence
vehículo *m.* vehicle
vejez *f.* oldness; old age
vela *f.* sail; **a vela** under sail
velar *va.* to watch
velo *m.* veil
veloz *adj.* rapid
vello *m.* down; hair
venado *m.* deer, stag
vencedor -dora *mf.* conqueror, victor
vencer *va.* to conquer, vanquish
vendar *va.* to bandage
venero *m.* source, origin
venezolano -na *adj. & mf.* Venezuelan
vengador -dora *mf.* avenger
venganza *f.* vengeance, revenge
vengar *va.* to avenge; *vr.* to take revenge;
vengarse de to take revenge for
venidero -ra *adj.* coming, future
venida *f.* coming
venir *vn.* to come, to go; **venir a** + *inf.*
to end by + *ger.*
venta *f.* roadside inn
ventaja *f.* advantage
ventajoso -sa *adj.* advantageous
ventana *f.* window

ventura *f.* chance; **por ventura** perhaps, perchance
ver *vn.* to see
verano *m.* summer
veras : **de veras** really
verbal *adj.* verbal
verboso -sa *adj.* verbose, wordy
verdad *f.* truth; **en verdad** really; **ser**
verdad to be true
verdadero -ra *adj.* true; real
verde *adj.* green
verdura *f.* verdure, foliage
verecundo -da *adj.* shy
vergel *m.* flower and fruit garden
vergonzoso -sa *adj.* shameful
vergüenza *f.* shame
verídico -ca *adj.* truthful
verosímil *adj.* likely, probable
versificación *f.* versification
versión *f.* version; translation
verso *m.* verse
vértebra *f.* vertebra
verter *va.* to pour; to shed; *vr.* to run
vestido *m.* clothing
vestidura *f.* clothing; vestment
vestigio *m.* vestige
vestir *va.* to clothe, to dress; to wear
vez *f.* time; **a la vez** at the same time;
alguna vez sometimes; **a su vez** in
turn; **a veces** at times; **cada vez más**
more and more; **muchas veces** often;
tal vez perhaps; **toda vez que** since;
una vez once
vía *f.* route, way
viable *adj.* feasible
viajar *vn.* to travel, to journey
viaje *m.* trip, voyage; travel; **hacer un**
viaje to take a trip
viajero -ra *mf.* traveler
vibrante *adj.* vibrant
vibrar *va.* to vibrate
vicio *m.* vice; defect
víctima *f.* victim
victoria *f.* victory
vida *f.* life
vidrio *m.* glass
viejo -ja *adj.* old, ancient
viento *m.* wind
viernes *m.* Friday
vigencia *f.* operation; vogue
vigente *adj.* in force

válido-vigente

vigilancia *f.* vigilance, watchfulness
vigilar *va.* to watch over
vigilia *f.* vigil
vigor *m.* vigor
vigoroso -sa *adj.* vigorous
vil *adj.* vile, base
villa *f.* town
villancico *m.* carol, Christmas carol
vínculo *m.* tie, bond
vino *m.* wine
violento -ta *adj.* violent
violín *m.* violin
violinista *mf.* violinist
virgen *f.* virgin; **la Virgen** the Virgin Mary
viril *adj.* virile
virreinal *adj.* viceregal
virreinato *m.* viceroyalty
virtud *f.* virtue
virtuoso -sa *adj.* virtuous
víscera *f.* organ
visible *adj.* visible; evident
visigótico -ca *adj.* Visigothic
visión *f.* vision; sight
visita *f.* visit
visitación *f.* visitation
visitar *va.* to visit
vislumbrar *va.* to glimpse; to suspect, surmise
vista *f.* glance; view, sight; **de vista** by sight; **perder de vista** to lose sight of
visto *pp.* of **ver** seen
vital *adj.* vital
vitalicio -cia *adj.* lifetime; (lasting for) life
vitalidad *f.* vitality
vituperoso -sa *adj.* vituperative
viudo -da *m.* widower; *f.* widow
viveza *f.* quickness, briskness
vivido -da *adj.* based on life or experience
vívido -da *adj.* lively; vivid
viviente *adj.* living
vivificar *va.* to enliven
vivir *vn.* to live
vivo -va *adj.* alive; vivid; intense, bright

vocablo *m.* word
vocabulario *m.* vocabulary
vocación *f.* vocation
volar *vn.* to fly
volcar *va.* to overturn
volubilidad *f.* fickleness, inconstancy
volumen *m.* volume
voluntad *f.* will
volver *va.* to turn; to return; **volver a** + *inf. verb* + again; *vr.* to become, to turn, to return
vorágine *f.* whirlpool
voz *f.* voice; **a voces** shouting
vuelo *m.* flight
vuelto -ta *pp.* of **volver**; *f.* turn, return; **dar una vuelta** to take a stroll; **dar la vuelta a** to go around; **dar vuelta a** to turn around
vulgo *m.* common people

Y

y *conj.* and
ya *adv.* already; now; **ya no** no longer; **ya que** since, inasmuch as; **ya ... ya** whether ... or
yacer *vn.* to lie; to rest
yacimiento *m.* deposit, field
yerba *f.* grass
yermo -ma *adj.* deserted
yerro *m.* error, mistake
yesca *f.* tinder; fuel
yeso *m.* plaster
yo *m.* (*philos.*) I
yugo *m.* yoke

Z

zambullir *vr.* to dive
zarabanda *f.* (*mus.*) saraband
zarzal *m.* underbrush
zona *f.* zone; **zona tórrida** torrid zone
zumo *m.* juice

Credits and notes on illustrations

Title page — detail of a Peruvian wool embroidery of the pre-Inca period, Early Nazca Culture, *The Metropolitan Museum of Art, Gift of George D. Pratt, 1932.* 2-3 — Map, *The I.N. Phelps Stokes Collection, New York Public Library, Prints Division.* 4 — Pyramid of the Sun at Teotihuacán, Mexico, *photo Silberstein from Monkmeyer;* gauchos in Argentina, *photo René Burri, Magnum Photos;* a Peruvian musician, *photo Sergio Larrain, Magnum Photos;* llamas, *photo Elliott Erwitt, Magnum Photos.* 5 — Church of Santa Prisca in Taxco, Mexico, *photo Pease from Monkmeyer;* modern hotel in Caracas, Venezuela, *photo Fritz Henle from Monkmeyer;* blackware of the Late Chimu Period, Peru, *Courtesy of the American Museum of Natural History.* 8 — Detail of a door jamb in a temple at Kaban, Yucatán, *Courtesy of the American Museum of Natural History.* 9 — Temple of the Magician, Uxmal, Mexico, *Courtesy Pan American Union.* 10 — Pyramid of the Sun, Teotihuacán, Mexico, *photo Marilu Pease from Monkmeyer.* 11 — Skull on the small temple of Quetzalcoatl, San Juan Teotihuacán, Mexico, *photo Fritz Henle from Monkmeyer;* snake heads at the temple of Quetzalcoatl, San Juan Teotihuacán, Mexico, *photo Philip Gendreau.* 12 — Aztec drawings, *New York Public Library.* 13 — Sacsahuamán, an Inca fortress near Cuzco, Peru, *photo Fujihira from Monkmeyer.* 14 — Blackware of the Late Chimu Period, Peru, *Courtesy of the American Museum of Natural History;* Machu Picchu, Peru, *photo Hans Mann from Monkmeyer.* 15 — Bowls from Peru, *Courtesy of the American Museum of Natural History.* 16 — Maya clay figure, probably Tabasco, Mexico, *Courtesy of the American Museum of Natural History.* 19 — Christopher Columbus with his family, *New York Public Library, Prints Division.* 21 — Columbus' arrival in the New World, *New York Public Library.* 22 — Columbus' letter to the Catholic Sovereigns, *N. Y. Public Library.* 25 — Columbus' ships among Indian pearl hunters, *New York Public Library.* 26-27 — Portrait of Columbus, his Coat of Arms, and his signature, *New York Public Library, Prints Division.* 28 — Ferdinand Cortés, *New York Public Library, Prints Division.* 29 — Title page of a 1632 Madrid edition, *New York Public Library.* 30 — Meeting of Cortés and Montezuma, *Courtesy of the American Museum of Natural History.* 32 — Facsimile of a page from the 1632 edition of *Historia Verdadera de la Conquista de la Nueva España. New York Public Library.* 35 — Cortés arrives in Mexico City, *New York Public Library.* 36 — From *Segunda Carta de Relación,* 1522 edition, *New York Public Library.* 38 — Mexico City after the Conquest, 1530, *New York Public Library, Picture Collection.* 41 — A church in Cuzco, Peru, *photo Cornell Capa, Magnum Photos.* 44-45 — A double-page spread from Motolinía's *Doctrina Christiana, New York Public Library.* 49 — Two pages from the first edition of *La Araucana, New York Public Library.* 54 — A Mexican feather painting, *Courtesy of the American Museum of Natural History.* 57 — Chilean horsemen, *photo Sergio Larrain, Magnum Photos.* 58 — Portrait of Garcilaso de la Vega, *New York Public Library, Prints Division.* 63 — Indian farmer of Peru, *photo Sergio Larrain, Magnum Photos.* 68 — Atahualpa, King of the Incas, *New York Public Library, Picture Collection.* 69 — An Inca fortress, *New York Public Library, Picture Collection.* 70 — Embroidery, Early Nazca Culture. Peru, *Courtesy The Metropolitan Museum of Art, Gift of George D. Pratt, 1933,* 71 — Bolivian Altiplano, *photo Fenno Jacobs from Three Lions.* 72 — In the Andes of Peru, *photo Sergio Larrain, Magnum Photos.* 73 — Cuzco, Peru, *New York Public Library.* 74 — Portrait of Juan Ruiz de Alarcón, *Pan American Union.* 78-79 — *Photo Mas, Barcelona.* 81 — View of Madrid, *New York Public Library, Prints Division.* 83 — Portrait of Sister Juana Inés de la Cruz, by Miguel Cabrera, *Collection Instituto Nacional de Antropología e Historia,* Mexico City, *photo The Museum of Modern Art.* 87 — Mexico City, *The I. N. Phelps Stokes Collection of American Historical Prints, New York Public Library, Prints Division.* 91 — Mexican bowl, nineteenth century, *The*

CREDITS lxii

Metropolitan Museum of Art, Gift of Mrs. Robert W. de Forest, 1911. 92 — The pulpit of San Blas, Cuzco, Peru. 93 — Inca wall in Cuzco, Peru, *photo George Pickow from Three Lions.* 95 — Sacsahuamán, an Inca fortress near Cuzco, Peru, *photo Fujihira from Monkmeyer.* 96 — Skull on small temple of Quetzalcoatl, San Juan Teotihuacán, Mexico, *photo Fritz Henle from Monkmeyer;* a pyramid and a detail of stairs at Teotihuacán, Mexico, *both photos Philip Gendreau.* 97 — Mayan ruins at Chichen Itza, Mexico, *photo Three Lions;* El Castillo, a pyramid at Chichen Itza, Mexico, *photo Tiers from Monkmeyer.* 98 — Church of the Barefoot Monks (Descalzos) in Lima, Peru, *photo Three Lions.* 99 — San Carlos University, 1675, Antigua, Guatemala, *photo Philip Gendreau;* Convent of Actopan, Mexico, *photo Fritz Henle from Monkmeyer.* 100 — Cathedral of Santo Domingo, the oldest church in the New World (Dominican Republic), *photo Tiers from Monkmeyer;* San Agustín Acolman, Mexico, *photo Tiers from Monkmeyer.* 101 — San Agustín Acolman, Mexico, *photo Fritz Henle from Monkmeyer;* cupolas of the Carmen Convent at San Angel, Mexico, *photo Fritz Henle from Monkmeyer;* cupolas of San Gabriel in Cholula, Mexico, *photo Fritz Henle from Monkmeyer.* 102 — Tower of the Cathedral in Potosí, Bolivia, *photo Mann from Monkmeyer.* 104 — Church at Ocotlan, Mexico, *photo Pan American Union;* towers of Santa Prisca in Taxco, Mexico, *photo Marilu Pease from Monkmeyer.* 105 — Patio of the Torre Tagle Palace in Lima, Peru, *photo Philip Gendreau.* 106 — Caracas, Venezuela, *photo Philip Gendreau;* homes in Caracas, Venezuela, *photo Fritz Henle from Monkmeyer;* Hotel El Panamá, Panama City, Panama, *photo Philip Gendreau.* 107 — Brasilia, Brazil, *photo René Burri, Magnum Photos.* 110 — Portrait of Simon Bolivar, *New York Public Library, Prints Division.* 113 — War memorial in Caracas, Venezuela, *photo Fritz Henle from Monkmeyer.* 115 — View of Lima, Peru (c. 1800), *The I. N. Phelps Stokes Collection of American Historical Prints, New York Public Library, Prints Division.* 116 — Simon Bolivar, *Pan American Union.* 117 — An Indian woman of Cuzco, Peru, *photo Sergio Larrain, Magnum Photos.* 118 — The valley of La Paz, Bolivia, *photo Fenno Jacobs from Three Lions.* 119 — Ciudad Bolivar, Venezuela, *photo Fritz Henle from Monkmeyer.* 120 — Andrés Bello, *Pan American Union.* 122 — San Carlos University, Lima, Peru, *photo Philip Gendreau;* University of Panama, Panama City, *photo Philip Gendreau.* 123 — University of Caracas, Venezuela, *photo Fritz Henle from Monkmeyer;* University City in Mexico City, *photo Marilu Pease from Monkmeyer.* 127 — Peruvian field laborer, *photo Sergio Larrain, Magnum Photos.* 129 — The Battle of Boyacá, *Pan American Union.* 130 — José María Heredia, *Pan American Union.* 133 — Niagara Falls, *photo Philip Gendreau.* 137 — Domingo Faustino Sarmiento, *Pan American Union.* 140-141 — Gauchos, *photo René Burri, Magnum Photos.* 145 — Buenos Aires (c. 1850) *The I. N. Phelps Stokes Collection of American Historical Prints, New York Public Library, Prints Division.* 147 — Jorge Isaacs, *Pan American Union.* 150 — The home of Isaacs' heroine María, *Pan American Union.* 154 — Mexican tile, *Courtesy of the Hispanic Society of America.* 156 — "Birth of the Virgin" by José Ibarra, *Pan American Union.* 157 — "Portrait of a Lady" by Baltasar de Echave, *Pan American Union.* 159 — "Santiago at the Battle of Clavijo" by Gregorio Vázquez de Arce, *Pan American Union.* 161 — "Juana Vermie" by Martín Tovar y Tovar, *Courtesy of Ministry of National Education, Venezuela (Pan American Union);* sculpture by Caspicara, *Collection of the Embassy of Ecuador, photo Grace Line (Pan American Union);* "Ana Tovar de Zuloaga" by Martín Tovar y Tovar, *Courtesy of Ministry of National Education, Venezuela (Pan American Union).* 162 — "Don Quixote and Sancho Panza" by José Guadalupe Posada, *Courtesy of The Museum of Modern Art.* 163 — "The Verdigris Goblet" by Emilio Pettoruti, *Courtesy of the Museum of Modern Art.* 164 — "The Night Has Returned" by Hector Poleo, *Courtesy of The Museum of Modern Art.* 165 — "Study for Mother and Child" *by Osvaldo Guayasamin Courtesy of The Museum of Modern Art;* "Mythological Personage" by René Portocarrero, *Courtesy of The Museum of Modern Art.* 166 — Diego Rivera, *photo Silberstein from Rapho Guillumette Pictures.* 167 — "Agrarian Leader Zapata" by Diego Rivera, *Courtesy of The Museum of Modern Art.* 168 — Alfaro Siqueiros, *photo Inge Morath, Magnum Photos;* "Self Portrait" by José Clemente Orozco, *Courtesy of The Museum of Modern Art.* 169 — "Hands" by Alfaro Siqueiros, *Courtesy of The Museum of Modern Art;* "The Sob" by Alfaro Siqueiros, *Courtesy of The Museum of Modern Art;* "Indians," by José Clemente Orozco, *Courtesy of The Museum of Modern Art.* 170 — "Children" by Guerrero Galván, *Collection John E. Abbott, photo Courtesy of the Museum of Modern Art;* "Dead Soldier"

CREDITS

CREDITS

sen en resistir la prisiõ:q̃ reqriessen a ciertas comunidades comarcanas a aq̃lla ciudad que
alli les señalo pa q̃ fuessen cõ mano armada pa los préder: por manera q̃ no viniessen sin
ellos. Los q̃les luego se partierõ τ assi ydos le dire al dicho Muteeçuma q̃ yo le agrade
cia la diligécia q̃ ponia enla prisiõ de aq̃llos: porq̃ yo auia de dar cuéta a vra alteza ð aq̃
llos españoles. E q̃ restaua pa yo dalla q̃ el estuuiesse en mi posada fasta táto q̃ la verdad
mas se aclarase τ se supiesse el ser sin culpa. Y q̃ le rogaua mucho q̃ no recibiesse pena ðllo
porq̃ el no auia de estar como p̃so sino en toda su libertad. Y q̃ en seruicio ni enel mãdo de
su señorio yo no le pornia ningũ impedimiéto. Y q̃ escogesse vn q̃rto de aq̃l aposento dõ
de yo estaua q̃l el q̃siesse: τ q̃ alli estaria muy a su plazer. Y q̃ fuesse cierto q̃ ningũ enojo ni
pena se le auia de dar: antes de mas de su seruicio los de mi cõpañia le siruiriã en todo lo q̃
el mãdasse. Acerca desto passamos muchas platicas τ razones q̃ seria largas pa las escre
uir: τ avn pa dar dellas cuéta a vra alteza algo ꝓlixas: τ tãbié no sustanciales pa el caso
y por táto no dire mas de q̃ finalméte el dixo q̃ le plazia de se yr comigo. Y mãdo luego yr
a adereçar el aposentamiéto dõde el q̃so estar. El q̃l fue muy p̃sto y muy bié adereçado Y
hecho esto vinierõ muchos señores y q̃tadas las vestiduras τ puestas por baxo delos bra
ços τ descalços trayã vnas andas no muy bié adereçadas τ llorãdo lo tomarõ en ellas cõ
mucho silencio: τ assi nos fuymos hasta el aposento dõde estaua sin auer alboroto enla
ciudad avn q̃ se coméço a mouer. Pero sabido por el dicho Muteeçuma embio a mãdar
q̃ no lo ouiesse. E assi ouo toda q̃etud segũ q̃ ãtes la auia: τ la ouo todo el tpo q̃ yo tuue p̃so
al dicho Muteeçuma: porq̃ el estaua muy a su plazer τ cõ todo su seruicio segun en su ca
sa lo tenia: q̃ era bié grande τ marauilloso segun adeláte dire. E yo τ los de mi cõpañia l
haziamos todo el plazer q̃ a nosotros era possible. E auiendo passado. xv. o. xx. dias de l
prisiõ: vinieron aq̃llas p̃sonas q̃ auia embiado por Qualpopoca τ los otros q̃ auiã mue
to los españoles. E traxerõ al dicho Qualpopoca τ a vn hijo suyo: τ con ellos. xv. p̃sonas
q̃ deziã q̃ eran principales τ auiã sido enla dicha muerte. E al dicho Qualpopoca trayã
en vnas andas τ muy a manera de señor como de hecho lo era. E traydos me los entreg
rõ: τ yo los hize poner a bué recaudo cõ sus p̃siones. Y despues q̃ confessarõ auer muer
los españoles les hize interrogar si ellos era vassallos de Muteeçuma. Y el dicho qua
popoca respõdio q̃ si auia otro señor de q̃en pudiesse ser lo: casi diziendo q̃ no auia otro
q̃ si eran. E assi mesmo les p̃gũte si lo q̃ alli se auia hecho si auia sido por su mãdado: τ di
rõ q̃ no: avn q̃ despues al tpo q̃ enellos se execute la sentencia q̃ fuessen q̃mados: todos
vna boz direrõ q̃ era verdad q̃ el dicho Muteeçuma gelo auia ébiado a mãdar: τ q̃ p
su mãdado lo auiã hecho. E assi fueron estos q̃mados p̃ncipalméte en vna plaça sin au
alboroto algũo. Y el dia q̃ se q̃marõ porq̃ cõfessarõ q̃ el dicho Muteeçuma les auia n
dado q̃ matassen a aq̃llos españoles le hize echar vnos grillos: de q̃ el no rescibio poco
panto. Avn q̃ despues de le auer fablado aq̃l dia gelos q̃te: y el q̃do muy cõtéto. Y de
adeláte siempre trabaje de le agradar τ cõtétar en todo lo a mi possible: en especial q̃ sie
pre publiq̃ τ dire a todos los naturales dela tierra assi señores como alos q̃ a mi veniar
vra majestad era seruido q̃ el dicho Muteeçuma se estuuiesse en su señorio reconoscié
el q̃ vra alteza sobre el tenia: y q̃ siruiriá mucho a vra alteza en le obedescer τ tener por
ñor como antes q̃ yo ala tierra viniesse le temiá. E fue táto el bué tratamiéto q̃ yo le hize
el cõtétamiéto q̃ de mi tenia: q̃ algunas vezes τ muchas le acometi cõ su libertad rogã
le q̃ se fuesse a su casa: τ me dixo todas las vezes q̃ gelo dezia q̃ el estaua bié alli: τ q̃ no q̃
yrse porq̃ alli no le faltaua cosa delo q̃ el q̃ria como si en su casa estuuiesse E q̃ podria se
yendose y auiédo lugar q̃ los señores dela tierra sus vassallos le importunassen o le int
ziessen a q̃ hiziesse algũ cosa cõtra su volũtad q̃ fuesse fuera del seruicio ð vra alteza. y
el tenia ꝓpuesto de seruir a vra majestad en todo lo a el possible. Y q̃ hasta tanto q̃ los
uiesse informados delo q̃ q̃ria hazer: τ q̃ el estaa bien alli. Porq̃ avn q̃ alguna cosa le